Schriften aus dem Nachlaß · Band 4
Herausgegeben von Rainer Funk

Erich Fromm

Ethik und Politik

Antworten
auf aktuelle politische Fragen

Herausgegeben von Rainer Funk

WILHELM HEYNE VERLAG
MÜNCHEN

HEYNE SACHBUCH
Nr. 19/5054

Übersetzt aus den amerikanischen
Originalmanuskripten von Rainer Funk und anderen

Umwelthinweis:
Dieses Buch wurde auf chlor- und säurefreiem Papier gedruckt

Ungekürzte Taschenbuchausgabe
im Wilhelm Heyne Verlag GmbH & Co. KG, München

Printed in Germany 1996
Umschlagillustration: Archiv für Kunst und Geschichte, Berlin
Umschlaggestaltung: Atelier Adolf Bachmann, Reischach
Druck und Verarbeitung: Presse-Druck Augsburg

ISBN 3-453-09897-8

Inhalt

Vorwort

Wer den Menschen in seinem Denken, Fühlen und Handeln begreifen will, der muß lernen, ihn von seinen meist verborgenen leidenschaftlichen Strebungen her zu verstehen. Diese aber sind für Erich Fromm in erster Linie Ausdruck eines Identifikationsprozesses mit den Erfordernissen einer bestimmten Kultur, für die der Mensch im wesentlichen selbst die Verantwortung trägt.

Den mit dem Denken Fromms Vertrauten überrascht es deshalb nicht, daß Fromm zeitlebens am politischen Leben aktiv Anteil nahm und entsprechend seinen Möglichkeiten als Psychoanalytiker und Sozialpsychologe selbst politische Verantwortung übernahm. Die vorliegende Auswahl aus dem Nachlaß vermittelt einen Eindruck davon, in welcher Weise Fromm diese Verantwortung auf politischer Ebene wahrnahm. Der Schwerpunkt dieser bisher überhaupt nicht oder nur einem kleinen Kreis bekannten Schriften liegt zeitlich in den sechziger Jahren. Die in Band V der Erich-Fromm-Gesamtausgabe versammelten Schriften zur Politik geben insgesamt doch wenig Einblick, wie konkret und entschieden sich Fromm den aktuellen politischen Fragen stellte und Stellung bezog.

Die meisten Beiträge entstanden zu einer Zeit, als Fromm in Mexiko seinen Hauptwohnsitz hatte, er sich zugleich jedoch jedes Jahr für drei bis vier Monate in New York aufhielt. In diesen Jahren setzte er sich sehr intensiv mit der amerikanischen Außenpolitik auseinander. Unverkennbar erlebt Fromm das Spannungsfeld seines Lebens zwischen Cuernavaca und New York und spürt, daß jede Politik, zumal die einer Großmacht wie die Vereinigten Staaten, immer die Verantwortung für die ganze Menschheit im Auge behalten muß. Diese Sorge für die Menschheit wird vor allem von zwei Faktoren bestimmt: vom atomaren Wettrüsten, das die Mög-

lichkeit zur Wahrscheinlichkeit werden ließ, daß die ganze menschliche Zivilisation einem Atomkrieg zum Opfer fällt, und von der kolonialen Revolution in der Ländern der Dritten Welt. Dabei spitzt sich seine Sorge jeweils im Hinblick auf ein Land zu: Es muß alles getan werden, damit China seine Führungsrolle bei der kolonialen Revolution nicht noch mehr ausbauen kann, und es muß ein für allemal Deutschland der Zugriff zu Atomwaffen verwehrt werden. Sein Hauptanliegen freilich ist die Entspannungspolitik zwischen den Vereinigten Staaten und der Sowjetunion, die Fromm möglich scheint, weil er schon in den sechziger Jahren die wechselweisen Projektionen des eigenen Machtstrebens durchschaut und in der Politik Chruschtschows jene Ansätze zu einer Verständigung erkennt, die Gorbatschow gut zwanzig Jahre später offen in die Ost-West-Verhandlungen einbringt.

Angesichts der vielfältigen Aspekte, unter denen Fromm die Außenpolitik der Vereinigten Staaten gegenüber der Sowjetunion, China, Deutschland und Kuba beleuchtet, lassen sich Wiederholungen bei den Argumentationen nicht ganz vermeiden. Sie sind bezüglich Fromms Kritik an der Wiederbewaffnung Deutschlands bewußt auch nicht vermieden worden, um einen Eindruck zu vermitteln, wie besorgt und skeptisch der aus dem Hitlerdeutschland emigrierte amerikanische Staatsbürger Fromm die Entwicklung im Nachkriegsdeutschland verfolgte.

Einige Beiträge zur Außen- und Deutschlandpolitik veröffentlichte Fromm ab 1961 als Manuskripte in einer Art monatlichem Rundbrief, der vor allem an Politiker des Senats und des Abgeordnetenhauses der Vereinigten Staaten ging. Diese Rundbriefe, in denen neben Fromm auch David Riesman, Michael Maccoby, Roger Hagan, später auch H. Stuart Hughes, A. J. Muste, Robert Heilbronner, Seymour Martin Lipset, Stewart Meacham, Charles Osgood und andere ihre Analysen politischer Ereignisse veröffentlichten, trugen die Bezeichnung Council for Correspondence – Newsletter *und knüpften an die Tradition der „American Revolutionary Committees of Correspondence" an. Die Broschüren verstanden sich „als Organ akademischer Proteste und Vorschläge zu Fragen der Außen- und Verteidigungspolitik". Ab 1964 erschienen die Beiträge unter dem Namen* The Correspondent.

Den einzelnen Beiträgen sind jeweils einige editorische Bemerkungen in kursiver Schrift vorangestellt. Die Auswahl der Beiträge und ihre Gliederung besorgte der Herausgeber, ebenso die Titel jener Beiträge, die im amerikanischen Originalmanuskript keine Überschriften aufwiesen. Kürzungen und Zufügungen des Herausgebers sind durch eckige Klammer kenntlich gemacht.

Tübingen, im Juli 1990 — *Rainer Funk*

I. Sozialpsychologische Erkenntnisse und ihre politische Umsetzung

1. Sind wir geistig noch gesund? (1965)

Das Manuskript dieses Beitrags wurde 1965 für einen Reader über „Abnormal Psychology" verfaßt. Die Übersetzung aus dem amerikanischen Originalmanuskript besorgte Rainer Funk nach einer Vorlage von Emmanuel Picard.

Wenn zwei Menschen sich ganz sachlich über ein Experiment unterhalten würden, das einem Viertel der Einwohner ihrer Stadt einschließlich ihrer Frauen und Kinder das Leben kosten könnte, und wenn sie weiterhin erklärten, sie müßten das Risiko einer Anwendung dieser Erfindung auf sich nehmen, weil sie sonst befürchten müßten, daß ein anderer dasselbe zuerst machen würde, dem man schon deshalb nicht trauen könnte, weil er nicht an Gott glaube und seine Kinder schlage, dann würde man die beiden ohne Zweifel in eine Irrenanstalt stecken und sie dort wie gemeingefährliche Wahnsinnige in strengster Verwahrung halten. Sind wir uns dessen bewußt, daß wir uns in derselben Weise wie die beiden verhalten?

Neulich erklärte ein Offizier der Zivilverteidigung, daß 49900000 (man beachte die Art der Preisauszeichnung, in der die Zahl angegeben wird) bei einem atomaren Erstschlag gegen die Vereinigten Staaten getötet werden könnten, um dann über diese Möglichkeit in Begriffen des „Risikos" eines Atomkriegs weiterzusprechen. Sind wir geistig noch gesund?

Unsere Pläne zur Zivilverteidigung sehen Massenevakuierungen aus den großen Städten im Falle eines atomaren Angriffes vor. Gleichzeitig wissen wir, daß die Interkontinentalraketen uns weniger als 15 Minuten Zeit für eine solche Evakuierung lassen würden. Sind wir geistig noch gesund?

Die Außenminister des Westens und Rußlands verbrachten vier Wochen in Genf damit, Vorschläge zu unterbreiten, von denen beide Seiten von vorneherein wußten, daß sie für die jeweilig andere Seite unannehmbar waren. Ihre Unfähigkeit, zu einer Vereinbarung zu kommen, bringt die Menschen einen Schritt näher an den Abgrund eines atomaren Holocausts. Sind wir geistig noch gesund?

Ginge es um Kinderlähmung oder eine Grippeepidemie, würde jeder alles unternehmen, um sich und seine Familie zu schützen. Bei der größten aller Bedrohungen unserer Existenz und des ganzen Menschengeschlechts reagieren wir kaum und bleiben teilnahmslos und ruhig. Sind wir geistig noch gesund?

Wie läßt sich erklären, daß wir, die wir intelligente, gebildete und wohlmeinende Menschen sind, noch nicht einmal ansatzweise natürlich reagieren und alles tun, um uns selbst und unsere Familien davor zu bewahren, in Asche verwandelt zu werden – nicht zu sprechen von der Zerstörung unserer ganzen Zivilisation.

Dies sind verwirrende Fragen – und doch läßt sich auf sie eine Antwort finden, wenn wir die Lage des einzelnen in der heutigen industriellen Gesellschaft betrachten.

Wo steht der Mensch heute?

Auch wenn es heute noch viele Millionen in den Vereinigten Staaten gibt, die unter einem menschenwürdigen Lebensstandard leben und obwohl der Rest der menschlichen

Familie – insbesondere die Völker Asiens und Afrikas – nur fünf Prozent des Einkommens und nur die Hälfte der Lebenserwartung eines Durchschnittsamerikaners erreichen, haben wir in Amerika doch einen materiellen Reichtum entwickelt, der vor hundert Jahren wie ein Wunder erschienen wäre. Der Lebensstandard des Arbeiters ist hauptsächlich durch die Aktivitäten der Gewerkschaften erheblich gestiegen und seine Wochenarbeitszeit wurde von 70 auf 40 Stunden reduziert. Autos, Radios, Fernseher, Kühlschränke, alle möglichen technischen Geräte kann sich der durchschnittliche Amerikaner leisten. Unsere Vorväter träumten noch von einem solchen Leben in Reichtum und mit so viel Freizeit, und für sie waren Reichtum und Freizeit *Mittel zum Zweck*. Der Zweck war ein glückliches, reichhaltiges, bedeutungsvolles Leben für den Menschen, ein Leben, in dem er all seine menschlichen Fähigkeiten und seine Kräfte entwikkeln konnte und in dem der einzelne wirklich zu einem unabhängigen und stolzen Individuum werden konnte.

Aber was ist wirklich geschehen?

Die Mittel wurden zum Selbstzweck. Wir produzieren nur noch, um zu produzieren; wir konsumieren, um zu konsumieren. Wir reden viel über Freiheit, Ideale, Gott, aber in Wirklichkeit sind unsere Hauptinteressen rein materieller und selbstsüchtiger Natur und sind wir dabei, zu kleinen Robotern zu werden: Jeder ist nur ein kleines Zahnrädchen in einer riesigen Organisationsmaschinerie von Produktion und Konsum. Unser größtes Interesse ist, Dinge zu produzieren und Dinge zu konsumieren, und im Zuge dieses Prozesses werden wir selbst zu Dingen. Wir produzieren Maschinen, die wie Menschen handeln, und werden dabei zu Menschen, die wie Maschinen handeln.

Die Konzentration des Kapitals führte zur Bildung riesiger Unternehmen, die durch hierarchisch organisierte Bürokratien gelenkt werden. Große Gruppen von Arbeitern arbeiten zusammen, sind Teil einer riesigen Produktionsmaschinerie und müssen, um überhaupt zu funktionieren, glatt, ohne Reibung und ohne Unterbrechung funktionieren. Der einzelne Arbeiter oder Angestellte wird in dieser Maschine zu einem Zahnrad, dessen Aufgabe und Tätigkeiten durch die Gesamtstruktur ihrer Organisation festgelegt sind.

In den großen Unternehmen sind die rechtmäßigen Besitzer der Produktionsmittel vom Management getrennt und haben an Bedeutung verloren. Die großen Unternehmen werden von einem bürokratischen Management gelenkt, doch dieses besitzt das Unternehmen nicht im rechtlichen, sondern im gesellschaftlichen Sinne. Solche Manager haben nicht die Eigenschaften der alten Besitzer: Sie zeichnen sich nicht durch individuelle Initiative, Wagemut und Risikobereitschaft aus, sondern durch Eigenschaften von Verwaltern. Sie zeichnen sich durch einen Mangel an Individualität aus, durch Unpersönlichkeit, Vorsicht und Phantasielosigkeit; sie verwalten Dinge und *Personen* und behandeln Personen wie Dinge.

Die bürokratisch verwaltete Organisation nähert sich mehr und mehr der Funktionsweise eines Computers an. Tausende von Daten werden in die Organisation eingegeben, die Bürokratie verarbeitet diese nach Gesichtspunkten von Wirtschaftlichkeit und Effizienz, und die gefällten Entscheidungen sind dann das logische Ergebnis aus den eingegebenen Daten und den Prinzipien, mit denen die Verarbeitung erfolgt. Keiner der Bürokraten hat einen Plan, geschweige denn eine Vision; er führt die Entscheidungen aus, die die bürokratische Maschine für ihn gefällt hat.

Wir werden nicht nur durch Manager-Bürokraten verwaltet; als Bürger werden wir auch noch von Regierungs- und Verwaltungs-Bürokraten sowie von den Bürokraten der Streitkräfte regiert. Selbst bei den Gewerkschaftsführern läßt sich beobachten, daß sie sich in Bürokraten verwandelt haben und ihre Organisationen in derselben Weise lenken, wie die Manager ihre Unternehmen führen.

Dadurch, daß die Menschen nur noch bürokratisch verwaltet werden, verwandelt sich der demokratische Prozeß zu einem Ritual. Ob es sich nun um ein Gewerkschaftstreffen, das Treffen der Aktienbesitzer eines großen Unternehmens oder eine politische Wahl handelt – der einzelne hat fast gänzlich die Möglichkeit verloren, auf Entscheidungen Einfluß zu nehmen und aktiv an der Entscheidungsfindung teilzunehmen. Insbesondere im politischen Bereich werden Wahlen mehr und mehr zu Volksabstimmungen, bei denen der einzelne nur noch ausdrücken kann, welchen der beiden nominierten Berufspolitiker er bevorzugt, so daß man höchstens noch davon sprechen kann, daß jemand mit seiner Zustimmung regiert wird. Und diese Zustimmung wird dann mit Hilfe von Suggestion und Manipulation erreicht. So kommt es, daß die wichtigsten Entscheidungen, nämlich die außenpolitischen, mit denen über Frieden und Krieg entschieden wird, von einer kleinen Gruppe getroffen werden, die der Durchschnittsbürger ansonsten kaum kennt.

Acht Arbeitsstunden lang wird der einzelne als Teil eines Produktionsteams verwaltet. In den acht Freizeitstunden wird er zum perfekten Konsumenten gemacht, der das mag, was er mögen soll und dabei die Illusion hat, seinem eigenen Geschmack zu folgen. Die ganze Zeit über werden ihm Werbesprüche eingetrichtert, ist er mit Suggestionen und Stimmen einer irrealen Welt konfrontiert, die ihm den letzten Rest an Wirklichkeitssinn rauben, den er noch haben mag. Von Kindheit an wird ihm der Mut zu echten Überzeugungen genommen. Es gibt nur noch wenig kritisches Denken, kaum noch ein echtes Fühlen, so daß der einzelne sich nur noch dadurch von einem unerträglichen Gefühl der Einsamkeit und Verlorenheit zu retten versucht, daß er sich dem Rest konformistisch anpaßt. Der einzelne erlebt sich nicht als der aktive Träger seiner eigenen Kräfte und seines inneren Reichtums, sondern als ein armseliges „Ding", das von äußeren Mächten abhängt, in die er seine Lebenskräfte hineinprojiziert hat. Der Mensch ist von sich selbst entfremdet und verbeugt sich vor seiner eigenen Hände Werk. Er kniet vor den von ihm produzierten Dingen nieder, vor dem Staat und den selbstgeschaffenen Führern.

Dies hat zur Folge, daß sich der Durchschnittsmensch unsicher, einsam, depressiv fühlt und an einem Mangel an Lebensfreude leidet. Wir könnten die Freudlosigkeit und die Bedeutungslosigkeit des Lebens nicht aushalten, wenn uns das System nicht permanent Fluchtwege – vom Fernseher bis zu den Psychopharmaka – anböte, die uns vergessen lassen, daß wir all das, was uns das Leben wertvoll macht, mehr und mehr verlieren. Allen gegenteiligen Behauptungen zum Trotz sind wir bald eine Gesellschaft, die von Bürokraten regiert wird, die den wohlgenährten und gut versorgten, aber seiner menschlichen Züge beraubten und depressiven Massenmenschen verwaltet. Dieser Massenmensch vergißt es sogar, sich seines Lebenswillens zu versichern und sich selbst und seine Familie gegen die Gefahr eines allzerstörenden Krieges zu verteidigen. Er überläßt die Lösung den Spezialisten, den Bürokraten und erhebt nicht mehr seine eigene Stimme, um gehört zu werden.

Heute geht es aber gerade darum, daß die eigene Stimme wieder zu Gehör gebracht wird. Demokratie war *nie* als System manipulierter Zustimmung gedacht, sondern als ein System, in dem jeder Bürger sich aktiv und verantwortlich an der Entscheidungsfindung beteiligt; als ein System, in dem ein Bürger gut informiert ist und nicht fehlinformiert wird, wie wir es heute trotz unserer Kommunikationsmittel Radio und Zeitung sind. Demokratie war nie als ein System gedacht, in dem die Anziehungskraft der Politiker derjenigen von Filmstars zu gleichen hat, sondern als ein System, bei dem Kompetenz, Wirklichkeitssinn, Intelligenz und Vorstellungskraft des Politikers zählen.

Es gibt einen Ausweg aus der Sackgasse, wenn jeder von uns aufwacht, um zu denken und zu fühlen, und aufhört, ein Automat zu sein. Der Ausweg lautet, die Demokratie wirklich zu praktizieren, statt nur über sie zu sprechen. Es gibt einen Ausweg, wenn wir die Bürokratisierung rückgängig machen und dafür sorgen, daß Ideen, Vorschläge, Anträge von der breiten Basis aus nach oben fließen, statt daß einem gesagt wird, daß die Bürokraten oben die Antworten bereithalten.

Der Mensch steht heute vor der wichtigsten Entscheidung, die ihm je gestellt worden ist: Er kann seine Fertigkeiten und seinen Verstand dazu einsetzen, eine Welt zu schaffen, die, wenn auch kein Paradies, so doch ein Ort der größtmöglichen Verwirklichung der menschlichen Möglichkeiten ist, eine Welt der Freude und Kreativität – oder der Mensch erschafft sich eine Welt, die sich selbst entweder mit Atombomben oder durch Langeweile und Leere zerstören wird. Der Mensch muß sich behaupten. Emerson sagte, *die Dinge säßen heute im Sattel und reiten den Menschen. Unsere Aufgabe ist es, den Menschen – den ganzen, wirklichen, unabhängigen Menschen – in den Sattel zurückzubringen.*

2. Der geistige Zustand Amerikas (1967)

Das amerikanische Manuskript zu diesem Beitrag wurde im Oktober 1967 für eine Veröffentlichung in Newsday *verfaßt. Es trägt die Überschrift* The Condition of the American Spirit *und knüpft (auch inhaltlich mit einzelnen Sätzen) an die dutzendfach wiederabgedruckte und übersetzte Diagnose des Seelenzustands des Amerikaners an, die Fromm im Jahr 1955 unter dem Titel* The Present Human Condition (Der gegenwärtige Zustand des Menschen, *1955c, GA V, S. 267-272) vorlegte. – Die Überset-*

zung besorgte Rainer Funk nach einer Vorlage von Emmanuel Picard.

Innerhalb eines Jahrhunderts haben Amerikas Macht und seine ökonomischen, politischen und militärischen Möglichkeiten ein unerhörtes Ausmaß erreicht. Das Ende dieses Höhenflugs scheint noch immer nicht erreicht zu sein. Zeigt der geistige Zustand Amerikas ein ebenso beeindruckendes und vielversprechendes Bild?

Wahrscheinlich sind jene noch immer in der Mehrzahl, für die der geistige Zustand nichts anderes als die psychische Haltung ist, die solche wirtschaftliche und militärische Erfolge ermöglicht. Die meisten verstehen darunter Energie, Disziplin, Verantwortungsbewußtsein und Mut und für sie müßte der geistige Zustand Amerikas auf Grund ihrer Prämissen in hohem Maße zufriedenstellend sein. Aber die Zahl derer wächst, die den Satz aus der Bibel nicht ganz vergessen können: „Was nützt es dem Menschen, wenn er die ganze Welt gewänne und seine Seele verlöre?" [Lk 9,25] Für sie gilt, daß der der materiellen Produktion dienende „Geist" nicht mit der „Seele" identisch ist und daß man beim Erwerb des einen das andere verlieren kann.

Wie wird der Geschichtswissenschaftler von morgen unsere heutige Gesellschaft beurteilen? Wird er den Vergleich wiederholen, den Professor W. K. C. Guthrie zwischen der hellenischen Gesellschaft, dreihundert Jahre vor Christus, und unserer eigenen gezogen hat? Guthrie ist der Meinung, daß die wachsende Erkenntnis der Bedeutungslosigkeit und Hilflosigkeit des einzelnen und der sozialen und politischen Institutionen angesichts mächtiger und hartnäckiger Kräfte, die den Gang der Ereignisse wie ein unpersönliches und unentrinnbares Schicksal bestimmen, eine Wirkung auf den Menschen hatte, die dem heutigen Erleben vergleichbar ist. Oder wird er mit Professor Strinfellow Barrs Charakterisierung der römischen Gesellschaft zur Zeit ihres Höhepunktes übereinstimmen, für den die Römer unter drei Übel litten: unter Angst, Einsamkeit und Langeweile, und daß sie wie wir heute alle drei Übel in ein leidenschaftliches Streben nach Macht verwandelten? Freilich beweisen solche Vergleiche mit vergangenen historischen Abschnitten an sich gar nichts. Wie jede Analogie verweisen sie nur auf ein Problem und regen zu einer Analyse des neueren Phänomens an, um dann entscheiden zu können, ob die Analogie mehr als eine zufällige Bedeutung hat.

Ich möchte mit dem Hinweis auf die Analyse einer geschichtlich jüngeren Situation beginnen, die ich in *Die Furcht vor der Freiheit* (E. Fromm, 1941a) vor vielen Jahren gemacht habe. Ich schreibe darin von der großen Angst, die den westlichen Menschen nach dem Zusammenbruch der mittelalterlichen Ordnung überfiel. Der Mensch befreite sich *von* den Ketten einer festgeschriebenen, statischen, feudalen Gesellschaft, doch wurde er dadurch einsam, ängstlich und isoliert. Er überwand dieses Unwohlsein, indem er sich einer unbändigen Arbeitswut und der Sucht nach Erfolg hingab. Seine ganzen Energien steckte er in seine Arbeit und versuchte so, seiner Einsamkeit und Angst zu entkommen. Es gelang ihm während der folgenden Jahrhunderte, eine industrielle Gesellschaft aufzubauen, in der er, zumindest soweit er der mittleren und oberen Gesellschaftsklassen angehörte, eine ziemlich große Sicherheit aus der neuen, von ihm gebildeten gesellschaftlichen Ordnung schöpfen konnte. Er war „der Kapitän auf seinem Schiff", auch wenn sein Erfolg auf der brutalen Ausbeutung jener Millionen von Menschen beruhte, die Ausgestoßene des Systems geblieben waren. Der Prozeß, der mit zunehmendem Tempo seit Beginn des zwanzigsten Jahrhunderts eingesetzt hat, ähnelt der Entwicklung seit dem Ausgang des Mittelalters, wenn er nicht sogar noch ausgeprägter ist.

Eine Revolution geht vor sich, die vielleicht so weitreichende Folgen wie die Französische oder Russische Revolution zeitigt, aber langsam und gewaltlos ist. Außer der Bezeichnung „Kapitalismus“ oder „privates Unternehmertum“ ist nur weniges gleich geblieben. Das kleine oder mittelständische Unternehmen ist entweder verschwunden oder verliert an Bedeutung; riesige Unternehmen, die formal im Besitz von Hunderttausenden sind, jedoch von einer kleinen Managerschicht verwaltet werden, dominieren die amerikanische Wirtschaft. (Die 200 größten Unternehmen erzeugen mehr als 60 Prozent der industriellen Produktion Amerikas.) Das Zeitalter des „Massenmenschen“ hat angefangen. Es gibt nunmehr keine hungernde Arbeiterklasse mehr (obwohl es immer noch eine Minderheit gibt, die auf Grund ihrer Armut und ihres Mangels an Bildung faktisch Ausgestoßene sind; zu ihnen gehören hauptsächlich, wenn auch nicht ausschließlich, die Schwarzen). Es gibt Autos, Radios, Fernsehgeräte, Waschmaschinen, Freizeit, genügend Essen für alle außer für die „unterentwickelte“ Minderheit. Es gibt eine zentralisierte, gutgemeinte Bürokratie, der sich der einzelne in seinem Verhalten, seinen Gedanken und in seiner psychologischen Ausstaffierung anzupassen hat. Und nur jene, die sich anpassen, erhalten die besseren Anstellungen und werden befördert.

Auch die Umwelt des Menschen hat sich dramatisch verändert. Düsenflugzeuge, Raketen, Weltraumeroberung, Mondlandung, die Entdeckung der Atomphysik mit ihren praktischen Auswirkungen für Atomenergie und -waffen, die Möglichkeit einer vollständigen Zerstörung jeglichen Lebens oder zumindest der gesamten westlichen Zivilisation, haben das Bild der Welt vollkommen verändert.

Die Auswirkungen dieser Veränderung sind denen zu Beginn der Neuzeit ähnlich. Wieder ist der Mensch voller Furcht, verängstigt, einsam. Er kann diese Veränderungen nicht verstehen, er kennt ihre Ursachen nicht und hat keine Ahnung, wo sie ihn hinführen werden. Der Mensch von heute hat noch keinen neuen Rahmen der Orientierung und der Hingabe für die sich ändernde Welt gefunden. Wie geht er mit seiner Angst um?

Es bieten sich verschiedene Möglichkeiten an. Eine Möglichkeit ist, die Angst und das Gefühl hilfloser Verwirrung zu unterdrücken, indem der Mensch hartnäckig an alten Denk- und Verhaltensmustern festhält. Eine andere ist, einen Sündenbock auszumachen. Als Inbegriff des Bösen wird diesem dann die Schuld am Verlust der alten Harmonie zugeschoben. Solche Sündenböcke werden als wichtigstes Hindernis für Sicherheit und Frieden fanatisch gehaßt. Eine weitere Art, mit der Angst fertig zu werden, ist das Untertauchen in der Herde. Man sucht Schutz in der großen Organisation, im Staat, bei der öffentlichen Meinung usw. Wie ein Kind, das bei einem Alptraum Trost bei der Mutter sucht, so sucht der angsterfüllte Mensch der Gegenwart Trost bei der heutigen „Großen Mutter", nämlich bei den Organisationen.

Eine weitere Möglichkeit, mit der Angst umzugehen, hat universelle Bedeutung und ist gewöhnlich mit einigen oder mit allen oben genannten Komponenten vermischt: die Leidenschaft zu konsumieren. Viele kennen diese Verknüpfung von Angst und Gier aus eigener Erfahrung: Plötzlich kommt ein intensiver Wunsch zu essen auf, ein vom normalen Appetit oder Hungergefühl gänzlich verschiedener Wunsch, eine fast unwiderstehliche Leidenschaft, die völlig unabhängig vom Zeitpunkt der letzten Mahlzeit auftreten kann. Wer in einer solchen Situation die Kraft hat, mit dem Essen einzuhalten, wird die Angst, die durch das Essen unterdrückt werden sollte, wahrnehmen. Andere, ähnliche Kompensationen sind die Leidenschaft, Dinge zu kaufen, zu trinken, zu rauchen. Auch was als echter sexueller Drang verspürt wird, ist oft nichts anderes als eine Flucht vor und eine Kompensation für die Angst. So ist der Mensch zum „totalen Konsumenten" geworden. Er „nimmt zu sich" Getränke, Essen, Zigaretten, Vorlesungen, Sehenswürdigkeiten, Bücher, Filme; alles wird konsumiert, verschluckt. Die Welt wird zu einem großen Gegenstand für seinen Appetit: zu einer großen Nuckelflasche, einem großen Apfel, einer großen Brust. Der Mensch ist zu einem Säugling geworden, der immer alles erwartet – und der ewig enttäuscht wird.

Es erübrigt sich fast, eigens zu betonen, wie diese Konsumsucht mit unserem industriellen System zusammenhängt. Ein Großteil unserer Produktion dient eben diesem Zweck der „Flucht durch Konsum". Aus wirtschaftlichen Gründen verführt ein gewisser Bereich der Industrie unter Einsatz aller erdenklichen Suggestionsmittel den einzelnen dazu, seine Abhängigkeit vom Konsum zu verstärken. (Es hat den Anschein, als ob unser hysterischer Kampf gegen die relativ harmlose Droge Marihuana diese zum Sündenbock für die allgemeine Konsumsucht machen will. Die Konsumsucht ist jedoch unter psychologischen Gesichtspunkten insgesamt viel schädlicher als diese Droge, die sich außerdem auch keiner Unterstützung durch ein mächtige Lobby erfreuen kann wie etwa Zigaretten oder Schnaps.)

Eng mit der Angst und Verwirrung verknüpft ist ein weiteres charakteristisches Merkmal des modernen Menschen: sein Gefühl der Ohnmacht. Wenn ich von der Ohnmacht des modernen Menschen spreche, höre ich schon die Gegenargumente: Der gegenwärtige Mensch zeichne sich vielmehr dadurch aus, daß er die Natur beherrsche, den Schlüssel zur Atomenergie entdeckte, über die Schwelle traditioneller Raumvorstellungen getreten sei, indem er sich in außerirdische Räume begeben habe. Fühlt sich der Amerikaner von heute denn machtlos, wo er doch seine Macht mit Ausnahme der kommunistischen und einiger neutraler Länder fast über die ganze Welt hin ausgedehnt hat? Ist seine Macht nicht ebenso groß wie die seiner römischen Vorfahren, deren stolzes Bekenntnis lautete: „Ich bin römischer Bürger"?

Dies mag alles wahr sein; aber wir dürfen nicht vergessen, daß Macht zwei Bedeutungen hat. Es gibt die Macht *über* etwas: die Macht über die Natur und über andere Menschen. Es gibt aber auch die Macht zu etwas: die Macht, oder die Kraft zu denken, zu lieben, tief zu fühlen, zu erschaffen und, wie Nietzsche einmal gesagt hat, die Macht zu versprechen. Anders ausgedrückt: die „Macht zu etwas" erwächst aus dem Erleben des Selbst, der Identität und der Unabhängigkeit, bei dem ich mich als Subjekt meiner eigenen authentischen Erfahrung, meines Fühlens, Denkens, Handelns erlebe – und deshalb als mächtig und stark. Im Gegensatz dazu wird „Macht über" als die Fähigkeit erfahren, die ich als Teil oder als verlängerter Arm einer Maschine habe. Ich bin dann das Ausführungsorgan bestimmter Handlungen, für die nur Intelligenz und Energie, aber keine „Seelentätigkeit" erforderlich ist. Am Lenkrad seines starken Sportautos fühlt sich der Fahrer mächtig, auch wenn er sich auf andere Menschen hin oder zu sich selbst gänzlich ohnmächtig fühlen mag. Nur allzu oft verwechselt er die Macht der Maschine mit seiner eigenen Macht.

Der gegenwärtige Mensch fühlt sich nicht nur ohnmächtig, weil er die derzeitigen revolutionären Veränderungen nicht versteht. Sein Gefühl der Ohnmacht hat vor allem darin seinen Grund, daß er als Individuum mit übermächtigen Bürokratien zu tun hat: den Geschäfts-, Staats-, Militärbürokratien usw. Sie alle sind unpersönlich. Das Individuum ist für sie lediglich eine Nummer, nützlich nur für das Gedeihen und glatte Funktionieren des Ganzen. Nicht, daß das Individuum schlecht behandelt würde, im Gegenteil. Es wird als wertvolles Stück Maschinerie behandelt, in dessen Ausbildung die Gesellschaft sehr viel investiert hat, das gut ernährt und bekleidet wird und das in dem Maße versorgt wird, wie es zu einem adäquaten und reibungslosen Funktionieren nötig ist.

Der Mensch von heute ist frei. Aber seine Freiheit besteht

hauptsächlich darin, daß er zwischen den verschiedenen Marken von Gebrauchsartikeln und Unterhaltsamkeiten auswählen kann, die alle um seine Gunst wetteifern. Er ist frei, zu denken und zu sagen, was er denkt. Diese Freiheit ist ein großer Segen; doch machen nicht allzu viele von ihr Gebrauch. Sie sind lieber davon überzeugt, daß die übernommenen Klischees exakt ihre ureigensten Gedanken zum Ausdruck bringen und daß es sich nicht lohnt, über Dinge nachzudenken, die sich, würden sie benannt, auf das eigene Fortkommen nachteilig auswirken könnten.

Vor allen Dingen aber fühlen sich die Menschen ohnmächtig, weil sie sich bewußt sind, daß sie keinen Einfluß auf Entscheidungen nehmen können, nicht einmal auf jene, die mit ihrem eigenen Leben und Tod oder mit dem ihrer Kinder zu tun haben. Wer für einen Präsidentschaftskandidaten und für Mitglieder des Kongresses votiert, wer als Aktienbesitzer auf einem Aktionärstreffen abstimmt, wer als Gewerkschaftsmitglied an der Nominierung der Führer mitwirkt – sie alle üben damit nur eine weitgehend rituelle Funktion aus. Die Tatsache, daß die Dinge, um die es geht, schwierig und komplex sind, daß sich die Umstände plötzlich ändern, machen eine aktive Teilnahme am Geschehen schon schwierig genug. Lassen sich diese Schwierigkeiten prinzipiell lösen, so gibt es andere, bei denen eine Lösung fast unmöglich ist.

Die Volksvertreter bilden eine Berufsgruppe, von denen viele, wenn auch nicht alle, hauptsächlich mit dem eigenen beruflichen Fortkommen befaßt sind. Es gibt keinen Mechanismus, der es dem einzelnen ermöglichen würde, eine Meinung auszudrücken und den Lauf der Ereignisse dadurch zu verändern. All dies ist um so schlimmer, als die vorhandene Information dürftig und oft entstellt ist. Das Schlimmste ist jedoch, daß der Durchschnittsbürger völlig ungeübt ist, kritisch zu denken. Er wird leicht durch plausible Argumente verführt, weil er es nicht gewöhnt ist, sich auf ein Thema zu konzentrieren und auf den Kern einer Sache vorzustoßen. In Wirklichkeit gibt es eine zweifache Verbindung zwischen Denken und Handeln. Einerseits trifft es zu, daß man richtig denken muß, um richtig handeln zu können; ebenso trifft es zu, daß das eigene Denken über Handlungen nur dann gute Wirkungen zeitigt, wenn es von der Möglichkeit zum Handeln geleitet ist. Sieht sich das Denken außerstande, überhaupt etwas zu beeinflussen, dann wird es schwach und verworren.

Kann religiöser Glaube dem Menschen von heute dabei helfen, seine Einsamkeit und sein Gefühl der Ohnmacht zu überwinden? Er sollte es wohl; die Idee des Glaubens ist es ja gerade, daß der einzelne in seinem Glauben und seinen Überzeugungen wurzelt und nicht hin und her rennt und nach der richtigen Antwort fragt, um dann schließlich doch die populärste zu übernehmen. Der Buddhismus wie auch das Judentum und das Christentum waren revolutionäre Religionen; die Evangelien waren tatsächlich „den Griechen ein Ärgernis". Auf der anderen Seite aber bedienen wir uns der Symbole, die einer echten religiösen Tradition entstammen und verwandeln sie in Formeln, die den Zwecken des entfremdeten Menschen dienen. Die Religion ist weitgehend zu einer leeren Hülse geworden; sie wurde in eine Selbsthilfe-Einrichtung zur Steigerung der eigenen Erfolgsaussichten verwandelt. Gott wird zum Geschäftspartner. [Pfarrer Peales] *Die Kraft positiven Denkens* löst [Dale Carnegies Bestseller] *Wie man sich Freunde schafft und Einfluß auf Menschen nimmt* ab.

Mit der Liebe zum Menschen verhält es sich ähnlich wie mit der Liebe zu Gott. Auch die Liebe zum Menschen ist ein seltenes Phänomen. Automaten lieben nun einmal nicht. Entfremdete Menschen sind einander gleichgültig. Was von Liebesexperten und Heiratsberatern angepriesen wird, ist eine Team-Beziehung zwischen zwei Personen, die einander mit der richtigen Technik manipulieren und deren Liebe im Grunde ein „Egoismus zu zweit" ist – ein Schutz vor dem sonst unerträglichen Alleinsein.

Wie könnte es auch anders sein, wo doch unsere gesamte industrielle Zivilisation praktisch all jene Grundhaltungen außer Kraft setzt, die von der religiösen Tradition gefordert werden: die Liebe zum Mitmenschen, die Demut, die Überwindung des Narzißmus, der Gier, des Begehrens nach allem. Wollen dies denn die meisten Menschen erreichen? Offensichtlich nicht. Denn wenn die Menschen diese Grundhaltungen anstreben würden, dann blieben sie in unserer heutigen Welt ohne Erfolg, denn diese belohnt genau jene Eigenschaften, die in den Augen des Alten und des Neuen Testaments sowie im Buddhismus und Taoismus Laster sind. Unsere industrielle Zivilisation nährt den Egoismus des Menschen, seine Gier nach Dingen, nach Macht, nach Prestige; und sie nimmt den Mut für Selbstlosigkeit und Demut in allen Lebensbereichen, außer vielleicht im Krieg. In Wirklichkeit führt sie zum Götzendienst.

Was sind Götzen, was ist Götzenverehrung? Der Götze ist ein Gegenstand von Menschenhand, aber einer, vor dem der Mensch niederkniet, als ob er der Sklave und seiner Hände Gebilde der Herr sei. Wenn er so handelt, ist er nicht mehr im vollen Sinne lebendig, weil er sich zum Anbeter eines Dinges macht, das „Nicht-Leben" ist. Statt ein offenes System mit der Möglichkeit zu unvorhergesehenen Entwicklungen zu sein, macht sich der Götzendiener zu einem geschlossenen System: so geschlossen wie das Bild, das er anbetet.

Wenn wir uns heute Götzen vorstellen, denken wir an Götzen, die es vor tausenden von Jahren gegeben hat: Baal, Astarte, Venus, Zeus, das Bild des römischen Kaisers. Wir glauben, daß wir keine Götzendiener sein können, weil wir an Gott „glauben". Dennoch beten wir das Werk unserer Hände und die von uns geschaffenen Zustände an; der einzige Unterschied dabei ist, daß wir ihnen andere Namen geben und sie für unser Bewußtsein nicht heilig sind. Wie heilig sie uns aber in Wirklichkeit sind, beweisen wir damit, daß wir bereit sind, für sie zu sterben und – noch schlimmer – für sie zu leben.

Um welche Götzen handelt es sich? Die Organisation, der Staat, die Macht, die „Zukunft“, unbegrenzter Konsum, und sogar Gott selbst wurden in einen Götzen verwandelt. Götzenanbetung ist identisch mit dem, was in der neueren philosophischen Diskussion „Entfremdung“ genannt wird. Der entfremdete Mensch sieht sich mit Dingen und Zuständen konfrontiert, die über ihm und gegen ihn stehen, obwohl es sich um Erzeugnisse seiner Hände handelt. Er hat eine Welt mächtiger Werkzeuge und komplizierter Zustände geschaffen, aber er beherrscht sie nicht mehr. Er wird durch sein eigenes Erzeugnis beherrscht. Er macht seine Werkzeuge noch wirkungsvoller und fühlt sich dann dementsprechend ohnmächtiger. Harvey Cox, ein großer amerikanischer Theologe, hat dieses Phänomen in religiösen Begriffen ausgedrückt: „Gott hat das Ruder der Geschichte in die Hand des Menschen gelegt, aber der Mensch hat sich in seine Hängematte gelegt und überläßt das Schiff den Winden und Gezeiten.“ Gibt es ein eindrucksvolleres Beispiel für die Entfremdung als die Atombombe: ein Erzeugnis menschlichen Erfindungsgeistes und doch eine Bedrohung für alle? Sie ist eine Bedrohung, die der Mensch trotz aller Anstrengungen noch nicht so unter Kontrolle bringen konnte, daß sie ihn nicht mehr auszulöschen droht.

Der Mensch von heute fühlt sich nicht nur ohnmächtig, einsam und ängstlich; er langweilt sich auch zutiefst. Manch ungläubiger oder sogar empörter Leser wird fragen, wie man dies behaupten kann, wo es doch gerade eines der besonderen Kennzeichen unserer Kultur ist, daß wir uns nie langweilen. Wir sehen stundenlang fern, machen eine Ausfahrt, reisen, gehen auf Partys usw. Da gibt es keine Minute zwischen dem Aufstehen und dem Schlafengehen, in der wir nicht beschäftigt sind. *Bewußt* sind wir tatsächlich nicht gelangweilt; ich möchte aber fragen, wie schrecklich gelangweilt man sein muß, um die meist völlig leere Unterhaltung am Fernsehen, das bedeutungslose Geschwätz, die verlogenen und sentimentalen Filme als befriedigende „Entspannung" zu empfinden? Wir strengen uns sehr an, Zeit zu sparen, aber dann wissen wir nicht, was wir damit anfangen sollen, außer, die gewonnene Zeit „totzuschlagen".

Langeweile hat mit der Abwesenheit von innerer Lebendigkeit, produktiver Aktivität, genuiner Bezogenheit zur Welt und echtem Interesse an allem, was uns umgibt, zu tun. Am wichtigsten ist dabei wohl die Abwesenheit der Liebe zum Leben. Langeweile ist das Gegenteil von Freude, aber der moderne Mensch weiß kaum, was Freude ist. Er weiß, was Vergnügen, was Spaß, was Spannung ist; aber Freude, diese tiefe, glühende Erfahrung, die keiner Anregung von außen bedarf und keiner Apparate, die ernst und leicht zugleich ist, diese Freude ist eine seltene Erfahrung.

Dem gegenwärtigen Menschen geht aber nicht nur die Freude ab; jegliches tiefe Gefühl, bei dem man nicht „etwas tun" muß, das aber Konzentration und Stille braucht, ist den meisten Menschen fremd geworden. Sie wollen „glücklich" sein, doch sie meinen mit „Glück" die Befriedigung aller Wünsche und die Abwesenheit von Schmerz. Ein solches Glück ist wesensnotwendig oberflächlich und ohne Freude, denn es schließt die Trauer aus. Wir tun alles, um das Erleben von Trauer auszuschließen: angefangen beim Vermeiden von „Konflikten der Kinder wegen" bis zur gepflegten Erscheinung eines einbalsamierten Leichnams. Doch jeder, der die Fähigkeit zu echtem, tiefem Gefühl nicht verloren hat, kann nicht umhin, oftmals traurig zu sein. In Wirklichkeit besteht das Problem des Lebens nicht darin, glücklich zu sein, sondern lebendig zu sein. Ob man sich freudig oder traurig erlebt, ist gegenüber dem Gefühl, lebendig zu sein, zweitrangig.

Es könnte zum geschilderten Seelenzustand noch viel hinzugefügt werden: unsere Unfähigkeit, still zu werden und uns zu konzentrieren, statt daß wir die ganze Zeit von dem Zwang getrieben werden, etwas tun zu müssen; oder unsere Verwechslung von Information und Wissen oder die von seichtem Intellektualismus und durchdringendem Denken; oder unsere Verantwortungslosigkeit uns selbst und zukünftigen Generationen gegenüber, wenn wir unsere Städte verkommen lassen und es zulassen, daß unsere Flüsse verschmutzt, die Luft verpestet und unsere Straßen verstopft sind.

Schließlich gilt es, unser Augenmerk auf die Tatsache zu lenken, daß uns die Frage nach Mitteln und Wegen mehr beschäftig als die nach dem Sinn. Wir fragen uns nicht, *wohin* wir gehen, solange wir nicht den Weg gefunden haben, *wie* wir „dorthin" gelangen. Wir sind wie ein Mensch, der Auto fährt und die schwache Ahnung hat, daß er den Weg verloren hat. Statt nun anzuhalten und seine Situation zu orten, um herauszufinden, ob die eingeschlagene Richtung stimmt, fährt er nur noch schneller und jagt seinen Motor hoch, um noch höhere Geschwindigkeiten aus ihm herauszuholen. Wir fahren anscheinend „nirgendwohin" mit immer schnellerer Geschwindigkeit. Dieses „Nirgendwohin" kann in Wirklichkeit die Selbstzerstörung der menschlichen Rasse bedeuten. Wir erfinden immer wirksamere Waffen, um zu zerstören, und nehmen nicht wahr, daß wir den Weg unserer eigenen „Auslöschung" eingeschlagen haben.

Gibt es keine Hoffnung mehr? Sind wir Zeugen des letzten Aktes einer griechischen Tragödie, bei der ein Chor vor dem erwarteten Unglück warnt, aber handlungsunfähig ist? Vielleicht ist es so. Aber solange es Leben gibt, solange die menschliche Kreativität so schöne Ausdrucksweisen findet wie in der zeitgenössischen Wissenschaft, in Kunst und Literatur, gibt es Hoffnung. Voraussetzung dafür, daß sich etwas ändert, ist allerdings, daß man die Tatsachen in ihrer Objektivität zu sehen bereit ist und sich keinen Rationalisierungen hingibt. Wir müssen sie erkennen und die Widersprüche zwischen dem, was wir faktisch tun, und dem, was wir vorgeben, aus der Welt schaffen. Wir müssen uns dazu entscheiden und willens sein, die Liebe höher einzuschätzen als den Haß, die spirituelle Stärke dem Erfolg auf dem Markt vorzuziehen, das *Sein* als wichtiger anzusehen als das *Haben*.

Millionen junger Amerikaner, aber nicht nur die junge Generation, sind heute in einer nachdenklichen Stimmung und auf der Suche nach einem sinnvolleren Leben. Sie sind spirituell hungrig und tasten nach Antworten, die ihre Suche befriedigen. Weder Gewalt noch LSD noch sexuelle Promiskuität werden befriedigende Antworten zeitigen, auch wenn jede dieser Antworten auf entstellte Weise ein Körnchen Wahrheit enthält. Meiner Meinung nach ist diese nachdenkliche Stimmung und die Bereitschaft zur Änderung in den Vereinigten Staaten verbreiteter und tiefreichender als in irgendeinem anderen Land. Mag sein, daß aus diesem Grund Amerika auch das Land ist, das für eine spirituelle und soziale Erneuerung potentiell am meisten verspricht.

Das „Paradies des Konsumenten" ist schon in greifbare Nähe gerückt. Doch viele spüren, daß das Mehr nicht bedeutet, deswegen lebendiger oder glücklicher zu werden. Viele junge Menschen sind zur Änderung bereit, aber sie sind unsicher, welche Richtung sie einschlagen sollen. Sie mißtrauen allen traditionellen, philosophischen, religiösen und politischen Formulierungen, weil sie berechtigterweise spüren, daß die herkömmlichen Ideale zur Aufrechterhaltung selbstsüchtiger Interessen und Aggressionen mißbraucht worden sind und daß ihr eigener Idealismus ausgenutzt worden ist. Wenn die Verbindung mit unserer Tradition aber durchtrennt wird, wohin wird die junge Generation dann gehen? Es gibt keinen Ersatz für die Errungenschaften des menschlichen Geistes der letzten fünftausend Jahre. Wir kommen nicht umhin, der Tradition wieder das Leben zurückzugeben, sie aus einer Lage zu befreien, in der sie ein steriler und entfremdeter Teil der „Bildung" geworden ist, und sie auf die heutigen Probleme anzuwenden.

Kommt es nicht zu einer solchen Renaissance unserer humanistischen Tradition, dann wird es allenthalben zu einem Aufblühen des Fanatismus kommen. Wenn der Mensch keinen rationalen Glauben hat, fürchtet er sehr, daß er zum Hassen verdammt ist. Die einzige Möglichkeit, sich seiner eigenen Werte zu versichern, besteht dann darin, daß er seinen Feinden vorwirft, diese Werte nicht zu haben; er projiziert seinen eigenen Mangel auf den „Feind". So versuchen wir, uns unserer Werte zu versichern, indem wir die Kommunisten anklagen, sie seien materialistisch usw., vergessen dabei aber, daß wir genauso materialistisch sind und daß wir nicht dadurch weniger materialistisch werden, daß wir einen Teufel erfinden, der die Verkörperung des Bösen ist. Der Gebrauch dieses Projektionsmechanismus hat den Effekt, daß man sich vielleicht besser fühlt und nicht so sehr seinen Selbstzweifeln ausgesetzt ist, aber er wirkt sich auf jeden Versuch, sich selbst zu ändern, destruktiv aus. Deshalb ist der antikommunistische Kreuzzug, abgesehen von den in ihm liegenden politischen Gefahren, für die Chancen unserer eigenen menschlichen Entwicklung äußerst gefährlich.

Zu einem neuen Glauben zu kommen, sei er theistisch oder nicht-theistisch, ist keine leichte Aufgabe. Er läßt sich nicht durch Gewalt oder öffentlichen Haß finden, sondern nur, wenn wir den Mut haben, uns selbst ins Gesicht zu sehen, ohne andere oder uns selbst dabei anzuklagen. Aber dies allein reicht noch nicht. Wir müssen uns ein Leben aufbauen, das unsere Liebe zum Leben wirklich wachsen läßt und nicht eines, das unsere Liebe zum Toten fördert. Es reicht nicht, das Leben einfach nur zu absolvieren. Zu leben muß für den einzelnen wirklich interessant sein. Dies zu erreichen, erfordert nicht nur bei unseren geltenden Werthaltungen tiefgreifende Änderungen, sondern auch in unserer sozio-ökonomischen Struktur. Ökonomische Zwecke, der Profit, die „Organisation" dürfen nicht mehr länger Herrscher über den Menschen sein, sondern müssen seine Diener werden.

3. Der politische Radikalismus in den Vereinigten Staaten und seine Kritik (1968)

Der folgende Text entstand im Zusammenhang mit dem Buch Die Revolution der Hoffnung *im Jahr 1968. Es war Teil der Gegenwartsanalyse in Kapitel 3 des Buches und trug den Titel „Wo stehen wir heute?" Bei der Straffung des Buches wurde der hier erstmals veröffentlichte Text wieder aus dem Verlagsmanuskript herausgenommen. – Der hier gewählte Titel und die Übersetzung stammen vom Rainer Funk.*

Die Art, wie wir in den westlichen Industriegesellschaften produzieren und konsumieren, macht den Menschen zu einem Anhängsel der Maschine. Er wird ganz von deren Takt und ihren Zwängen beherrscht. Die Maschine verwandelt den Menschen in einen *homo consumens*, den totalen Konsumenten, dessen einziges Ziel es ist, mehr zu haben und mehr zu gebrauchen. Die Industriegesellschaft erzeugt viele nutzvolle Dinge und im gleichen Ausmaß viele nutzlose Menschen. Der Mensch ist nur noch ein Zahnrad in der Produktionsmaschinerie; er wird zu einem Ding und hört auf, ein Mensch zu sein. Er verbringt seine Zeit mit Dingen, für die er sich nicht interessiert und mit Menschen, an denen er kein Interesse hat. Er produziert Dinge, für die er sich nicht interessiert; und wenn er nicht produziert, dann konsumiert er. Er ist der ewige Säugling. Sein Mund steht ständig offen. Teilnahmslos, ohne Anstrengung und ohne innere Aktivierung nimmt er alles auf, was ihm die Industrie aufdrängt, um Langeweile zu vermeiden und sie zugleich hervorzubringen: Zigaretten, Schnaps, Filme, Fernsehen, Sport, Lektüre und Sex – kurzum alles, was sich jeder ohne viel Aufwand an Leidenschaft leisten kann. Aber dieser Industrie, die mit Apparaten, Automobilen, Filmen und mit Fernsehen Langeweile vermeiden will, kann es lediglich gelingen, die Langeweile nicht bewußt werden zu lassen. Unbewußt bleibt die Langeweile nichtsdestoweniger Langeweile.

Wenn das Leben selbst uninteressant ist und der Mensch ganz passiv ist, wenn er nicht selbst in aktiver Weise auf das Leben bezogen ist und am Leben teilhat, dann wird er ängstlich, einsam und verzweifelt. Er verbringt sein Leben nur noch damit, seine bloße Existenz zu sichern. Das Leben als einen Selbstzweck zu leben, ist dann – menschlich gesehen – sinnlos. Das Fehlen von Interesse und Freude resultiert aus einer inneren Verzweiflung und Angst. Allerdings bleiben diese im allgemeinen unbewußt. Wer wagt es schon, sich seines Unglücks bewußt zu sein, wenn Unglücklichsein heißt, daß man ein Versager ist?

Sind Langeweile, Angst und Einsamkeit, ist diese chronische Depression gänzlich unbewußt? Jeder, der schon die Gelegenheit hatte, frei und offen mit jungen, aber auch mit Amerikanern mittleren Alters und mit Alten zu sprechen, weiß, daß die Antwort ein „Nein" ist. Viele sind sich sehr wohl solcher Gefühle bewußt; viele andere reagieren, wenn sie darauf angesprochen werden, mit einem plötzlichen Aufleuchten ihres Gesichts. Aus ihren Gesichtern spricht eine Erkenntnis, die jemandem aufgeht, wenn etwas ihm wohl Bekanntes erwähnt wird, das er sich aber nie zu denken traute. Sie schütten dann ihr Herz aus und illustrieren ihre Gefühle anhand vieler konkreter Beispiele.

Es gibt wohl kein Land auf der Erde, in dem die Werte der Konsumkultur – die Anzahl der Autos, die Größe der Häuser, die Cocktail-Partys, der Bekanntheitsgrad usw. – so viel bedeuten wie in den Vereinigten Staaten. Menschen aus Ländern, die noch nicht das amerikanische Ausmaß des Konsums erreicht haben, scheinen darauf zu bauen, daß sie eines Tages, wenn jeder Mensch ein, zwei oder drei Autos haben wird, glücklich sein werden. So hören sie nicht auf, darauf zu warten, auch wenn sich der Wunsch nicht mehr in ihrem eigenen Leben, sondern erst im Leben ihrer Kinder und Enkel realisieren wird. Die meisten Amerikaner wissen aber bereits, wie es sich anfühlt, ein Auto, einen Fernseher, einen Kühlschrank, eine Tiefkühltruhe, eine Waschmaschine zu besitzen, und vielen dämmert es, daß sie immer noch nicht auf der Straße des Glücks sind, obwohl sie alles mögliche haben und gebrauchen. Sie stellen deshalb auch bereitwilliger diese Konsumwerte infrage als die Menschen in den relativ gering industrialisierten Ländern.

Zu welchen Reaktionen kommt es angesichts der wachsenden Zweifel und Unzufriedenheit?

Die Mehrheit reagiert vermutlich so, daß sie das Vorhandensein von Zweifeln verleugnet. Diese Menschen halten an ihren alten Ansichten, Vorstellungen, Gefühlen und Methoden fest, und zwar um so heftiger und fanatischer, je mehr sie vor dem Bewußtwerden ihres Zweifels zu fliehen versuchen. Sie verleugnen einfach, daß es jenseits des rein technischen Wandels überhaupt eine große Veränderung auf der Welt gibt. Den technischen Wandel begreifen sie als eine einseitige Gnade. Sie behaupten mit Nachdruck überholte Ansichten zur nationalen Überlegenheit und sprechen vom Krieg (auch von Atomkrieg) als einer Fortführung der Politik mit anderen Mitteln. Viele kompensieren hierbei ihr eigenes Gefühl persönlicher Machtlosigkeit mit dem Wunsch, die Vereinigten Staaten möchten eine unbeschränkte Macht über die ganze Welt bekommen. Gegen alle Vernunft kleben sie an dem Glauben, daß sich grundsätzlich nichts geändert hat und daß noch immer Macht alle Probleme lösen kann. Und wenn dies stimmt, warum sollte man sie nicht auch benutzen? Es berührt sie kaum, daß sie und ihre Kinder beim Ausprobieren totaler Macht, das heißt, bei einem Atomkrieg, mit untergehen werden. Wer verzweifelt ist und unfähig, das Leben sinnvoll und mit Freude zu leben, für den ist selbst die Vorstellung völliger Vernichtung farblos im Vergleich zu seiner Angst, sich der Tatsache bewußt zu werden, nur ein ohnmächtiges *Ding* zu sein. Außerdem gilt: Für den, der nicht den Mut zum Leben hat, ist der Mut zu sterben der nächstbeste Ersatz.

Ein nicht unbeträchtlicher Teil der amerikanischen Öffentlichkeit reagiert zunehmend nachdenklich und mit bewußten Zweifeln. In den letzten 10 Jahren haben die Menschen in wachsendem Maße angefangen, zu denken und Fragen zu stellen. Sie geben sich nicht mehr mit den schlagfertigen Erklärungen von Sprechern der Verwaltung zufrieden. Sie stellen selbst die Weisheit von Generälen in militärischen Angelegenheiten in Frage. Sie verlangen die ganze Wahrheit, denn sie wissen, daß ihnen nur die halbe Wahrheit erzählt wird und daß sich die halbe Wahrheit verheerender auswirkt als eine glatte Lüge.

Mit ihrem Gespür für das, was menschlich ist, und auf Grund ihres Gewissens protestieren sie zum Beispiel gegen das unmenschliche Abschlachten der Bevölkerung in einem weit entfernten Land in Südostasien; sie sind gegen die wirkungslosen und halbherzigen Hilfsmaßnahmen für die schwarzen Amerikaner und für die ärmsten der Weißen, mit denen diesen eine materiell bessere Ausgangsbasis und dadurch – wenn auch indirekt – ihre Freiheit in mehr als nur einem rein formal-politischen Sinn ermöglicht werden soll.

Unter denen, die in dieser Weise reagieren, sind viele Intellektuelle, Studenten, Geschäftsleute und solche Industrielle, die nicht aus der Großindustrie kommen, sowie auch ehrliche, menschliche und kluge Politiker. Aus diesem Kreis kommen die Führer und Mitglieder von Bewegungen für den Frieden, für Abrüstung, für eine Weltregierung, für die Gleichheit aller Rassen. Auch wenn das Ausmaß nicht genau bestimmt werden kann, so haben diese Organisationen bisher durchaus einen bestimmten indirekten Einfluß auf die Entscheidungen der Administration.

Menschen, die zu dieser Gruppe zählen, sind keine „Radikalen"; aber sie sind kritisch, sensibel und engagiert. Freilich sind viele ihrer Anhänger zugleich von einem Gefühl der Ohnmacht und Hilflosigkeit ergriffen, weil ihre Überzeugungen in der Presse nur einen spärlichen Widerhall finden; die in den Verwaltungen Tätigen nehmen kaum Notiz von ihnen; manchmal ernten sie nur Spott und Hohn. Sie kommen sich in der Rolle des griechischen Chors vor, der den tragischen Ausgang kennt und voraussagt und der doch auf den Lauf der Dinge keinen Einfluß hat. Sie warnen, machen Petitionen, protestieren, und je aktiver sie sind, desto mehr kommt Verzweiflung über sie, daß ihre ganze Anstrengung keinen Erfolg zu haben scheint.

Bei denen, die angesichts der zunehmenden Zweifel und Unzufriedenheit reagieren, gibt es noch eine dritte, kleine Gruppe, die sich aus „Radikalen" zusammensetzt. Meist handelt es sich um junge Menschen, vor allem um Studenten, obwohl auch einige ältere Menschen mit ihnen sympathisieren oder zusammenarbeiten. Die „Radikalen" sind jedoch keine einheitliche Gruppierung; um ihre Unterschiede zu beschreiben, reichten nicht einmal einige Abschnitte aus.

Den konservativsten Flügel bilden die Kommunisten, die in einem Dilemma stecken. Da die Sowjetunion mit Stalin zu einem der konservativsten Länder Europas wurde, das die revolutionäre Ideologie nur benützte, um sein gesellschaftliches System zu zementieren, und da sich die anderen kommunistischen Parteien zum Sprachrohr der sowjetischen Parteidoktrin machten, wurden sie notgedrungen in eine konservative Haltung gedrängt. Wer die Sowjetunion als Realisierung des kommunistischen Traums bewundert, der kann nur konservativ sein. Aus der Tatsache, daß die amerikanischen Kommunisten zwar nicht in der Sowjetunion leben, in Amerika aber in der Rolle einer verfolgten Minderheit leben, ergab sich zugleich, daß sie sich einen bestimmten radikalen, kritischen, rebellischen, ja vielleicht sogar revolutionären Zug erhielten, der ihnen in den Augen ihrer Mitbürger ein revolutionäres Image verleiht. Freilich ist die Verbindung des Konservativismus, der allen Bewunderern des sowjetischen „Sozialismus" eigen ist, mit dem ideologischen und manchmal auch tatsächlichen Radikalismus, der in einer Tradition wurzelt, die auf Lenin und Trotzki zurückgeht, ein schwieriges und in der Tat lähmendes Unterfangen. Insgesamt ist jedoch die Gruppe dieser Radikalen oder – wie sie sich selbst gerne nennen – Marxisten im Spektrum der amerikanischen Radikalen eine unbedeutende Minorität.

Auf der anderen Seite des Spektrums der amerikanischen Radikalen ist ebenfalls eine kleine Minorität: Sie befinden sich in der Bewegung der Beatniks und Hippies. Sie sind weder vorrangig politisch noch definieren sie sich von einer revolutionären Tradition her; vielmehr protestieren sie überzeugend gegen die Unaufrichtigkeit, die Leere und die Lieblosigkeit ihrer Eltern. Ihr Protest gegen das bürgerliche Leben drücken sie mehr durch ihre Art zu sein aus als durch irgendeine konzertierte Aktion oder durch Ideologien. Im Vergleich mit ihren konservativen und angepaßten Zeitgenossen lassen sich unter ihnen vermutlich mehr finden, die offensichtlich neurotisch sind; viele von ihnen sind mehr der Konsumentenkultur verfallen, als sie von sich glauben;

und viele suchen den kürzesten Weg zur „Erleuchtung", zu einer tieferen und wirklicheren Lebenserfahrung mit Hilfe von Drogen. Und doch pflegen sie ganz überzeugend eine größere Gefühlsfreiheit, ein Leben im Hier und Jetzt und ein Leben in Freude, die sexuelle Lust eingeschlossen.

Die Beatniks und Hippies sind die Vorkämpfer für eine sehr große Gruppierung innerhalb der jungen Generation, für die die Beatles mit ihren einfachen und oft sentimentalen und sinnlosen Gesangstexten und ihrem Rhythmus der Musik das sind, was für deren Eltern die mechanisierte und leblose Lust an Autos und Kühlschränken ist. Ihre Begeisterung ist pathetisch und rührend. Was für die Jugend der zwanziger Jahre sentimental und kitschig geklungen hätte, ist für sie Ausdruck von Leben und Spiritualität. Wie leer an Anregendem, an Interesse, an Hoffnung muß eine Jugend sein, wenn sie ihren Trost in der Kultur der Beatles findet – eben jener Beatles, die selbst ein Produkt einer publizitätssüchtigen Massenkultur sind! Sie geben ihren falschen Zauber dadurch zu erkennen, daß sie einem indischen Schwindler-Guru anhängen, der persönliche Mantras für mindestens 35 Dollar verkauft und der in einem vier Monate dauernden Paukkurs geistliche Führer ausbildet – zu haben für 400 Dollar und einer Reise zu den Vorgebirgen des Himalayas. Mag sein, daß der Maharishi für sein Unternehmen ihr Erspartes ebenso braucht wie die Jugendlichen ein neu modelliertes Image, das ihre Spiritualität betont.

Nur jung zu sein, reicht noch nicht aus, zumal die Jugendzeit auch einmal ein Ende hat. Was für die „Kinder der Liebe" von heute belebend sein mag, mag für die gleichen „Kinder" lästig sein, wenn sie einmal 40 Jahre alt sind. Bärte verdecken mehr, als daß sie ausdrücken, und die Nachlässigkeit bei der Kleidung ist noch kein Hinweis auf Hoffnung. Vielleicht stimmt es, daß sie in ihren körperlichen Bewegungen und in ihrem sexuellen Genuß freier und spontaner sind. In dieser Hinsicht sind sie wohl auch anders als ihre Eltern in den Vorstädten, die eine Art von sexueller Freiheit praktizieren, die nur ihre innere Leere verdeutlicht. Für die Älteren ist die sexuelle Freiheit der eine kleine Kitzel, der bei ihrer tiefen Langeweile Abhilfe schafft, aber er ist von so geringer emotionaler Intensität, daß man in ihm kaum eine Bereicherung des Lebens sehen kann. (Bei dieser Gelegenheit sollte erwähnt werden, daß es der Fehler eines so begabten Psychoanalytikers wie Wilhelm Reich und eines so begabten Philosophen wie Herbert Marcuse war, in Begriffen der alten Konservativen zu denken, für die sexuelle Unterdrückung ein Teil ihres politischen und moralischen Glaubensbekenntnisses war. Doch dies ist heute nicht mehr so.) Ähnlich wie die Nazis im Gegensatz zu den Nationalkonservativen die sexuelle Freiheit begünstigten, ist auch die Subkultur der Vorstädte kein bißchen humaner oder politisch progressiver wegen ihrer sexuellen Zügellosigkeit.

Sexualität ist zu einem Konsumartikel geworden. Wie schon Aldous Huxley in *Schöne Neue Welt* mit Scharfblick voraussah, wird sie als eine wichtige kompensatorische Aktivität gebraucht, um die Langeweile zu vertreiben und die Illusion von Abenteuerlust zu erzeugen und so den Zusammenhalt der bürokratischen Industriegesellschaft zu stärken. Freud betonte die Gefahren sexueller Verdrängung und protestierte mit Recht gegen die viktorianische Mittelklassen-Gesellschaft. Doch er vermochte ebenso wie die neue Mittelklasse nicht, das Wesen der sexuellen Befriedigung des entfremdeten Menschen zu analysieren.

Eine dritte Gruppierung bei den Radikalen sind die Aktivisten. Sie wenden rigorosere und selbst gewaltsame Methoden des zivilen Ungehorsams an wie Demonstrationen, Sitzblockaden als die weniger aktivistischen Mitglieder der Friedensbewegung und der Bürgerrechtsbewegung. Auch diese aktivistischen Radikalen sind keine homogene Gruppe. Einige konzentrieren sich auf den Vietnamkrieg und die

Anti-Rekrutierungs-Kampagne; einige von ihnen haben Verbindung mit den radikaleren Kreisen der Black-Power-Bewegung; einige wenige sehen in Castros Kuba die große Verheißung für die Zukunft. Selbstverständlich überlappen sich diese Untergruppierungen, und manchmal ist es nur eine Frage der Zeit und der Energie, ob ein Mitglied der radikalen Aktivisten sich mit seinen Kräften in der einen oder der anderen Richtung engagiert.

Es gibt noch eine andere und wichtigere Unterteilung unter ihnen: Manche von ihnen sind vor allem mit Haß erfüllt gegen die bestehende Ordnung und fühlen sich sehr von Gewalt angezogen. Andere entrüsten sich, allerdings mit nur wenig Haß; sie glauben auch nicht an die produktive Funktion von Gewalt, ja, sie verabscheuen Gewalt unabhängig von der Zielsetzung. Selbstverständlich zieht eine Bewegung von radikalen Aktivisten wie jede revolutionäre Bewegung auch Neurotiker, Fanatiker, narzißtische Machthungrige und selbstgerechte Dogmatiker an. Dies läßt sich auch kaum vermeiden. Es wäre aber meines Erachtens vorschnell und ungerechtfertigt, zu glauben, daß die radikalen Aktivisten hauptsächlich solche Menschen sind. Man muß weder fanatisch noch machtlüstern noch ein Hasser sein, um Abscheu zu fühlen, der manchmal mit Haß gemischt sein mag, gegen Systeme und Politiken, die barbarische Grausamkeiten befehlen und ihren Vollzug rechtfertigen, und die kalten Herzens damit beschäftigt sind, sowohl die Zerstörung des eigenen Landes wie die des größten Teils der Erde vorzubereiten, indem sie ein raffiniertes Hasardspiel mit Atomwaffen spielen.

Nicht, daß unter den radikalen Aktivisten auch Hasser und Fanatiker sind, scheint mir der Punkt der Kritik zu sein: es ist etwas anderes, Grundlegendes. Sie wenden viel Energie auf für ihren Protest, ihre Entrüstung, ihre Gefühlsausbrüche, ihren Trotz und die Realisierung von dramatischen Gesten. Sie üben Kritik, oft sehr laut, und wiederholen wieder und wieder, wie unmoralisch, stupid und gefährlich der Vietnamkrieg, die Außenpolitik der Vereinigten Staaten und die Behandlung der Schwarzen sind. Ich meine nicht, daß an dieser Kritik oder an den Manifestationen des Protests in der einen oder anderen Weise selbst etwas falsch sei; sie ist wichtig und muß geübt werden. Die große Schwäche aber und – wie ich meine – das Versagen dieser radikalen Aktivisten liegt in der Tatsache begründet, daß sie nur daran denken, ihrer Entrüstung und Kritik Ausdruck zu verleihen, statt daß sie Alternativen ausarbeiten bzw. auf jene Probleme hinweisen, die gelöst werden müssen, wenn ihre Gesellschaft sich so verändern soll, daß es sowohl physisch wie spirituell wieder eine Aussicht auf Leben gibt.

Unter den radikalen Aktivisten, die den zivilen Ungehorsam vertreten, gibt es auch eine Menge Verwirrung. Insofern sie mit ihrem zivilen Ungehorsam auf dramatische und eindrückliche Weise die Stimme ihres Gewissens zu Gehör bringen möchten, haben sie das Recht, für die Wahrheit Zeugnis abzulegen, und verdienen sie die volle Achtung für ihr Handeln. Doch das Problem ist damit noch nicht gelöst. Nicht wenige von ihnen glauben, daß sie durch Handlungen des zivilen Ungehorsams einen direkten Einfluß auf die Regierung nehmen könnten, ja, daß sie die Regierung zwingen könnten, ihren Kurs zu ändern.

Manchmal scheinen sich diese Gruppen im unklaren darüber zu sein, ob sie eine Revolution wollen oder ob sie einen wichtigen Bereich der öffentlichen Meinung in Amerika in Richtung auf radikale Reformen bewegen möchten. Sie analysieren nicht ausreichend, daß eine Kampfmaßnahme im Falle einer revolutionären Situation befürwortet werden mag, also dann, wenn ein Großteil der Bevölkerung am Rande einer politischen Kampfhandlung steht, so daß einschneidende Handlungen einer kleinen Gruppe die Funktion haben können, die „kritische Masse" zu entflammen. Die Situation der Vereinigten Staaten ist nun ganz eindeutig keine revolutionäre; deshalb bewirken die gleichen Aktivisten nur, den reaktionären Kräften den Rücken zu stärken und in weiten Teilen der Bevölkerung Besorgnis zu erregen, statt daß diese für radikale Reformen gewonnen würden. Es ist politisch naiv, in einer nicht-revolutionären Situation revolutionäre Taktiken anzuwenden. Es ist höchste Zeit, daß die radikale Linke sich darüber Gedanken macht, ob sie an die revolutionären Möglichkeiten der Vereinigten Staaten in dieser Epoche glaubt oder nicht und sorgfältig prüft, welche Strategien und Taktiken für eine revolutionäre Situation angemessen sind und welche für eine nicht-revolutionäre. (M. Oppenheimer, 1968, S. 5f., hat dieses Problem treffend herausgearbeitet.)

Mit meinen kritischen Bemerkungen behaupte ich nicht, daß nur der das Recht zu kritisieren hat, der auch einen Weg zeigen kann, wie man es besser machen kann. Jeder hat das Recht, ja die Pflicht zu kritisieren, selbst wenn er keine Alternative weiß. Ich behaupte aber, daß die Kritik nutzlos und historisch ineffektiv bleibt, wenn sie nicht mindestens den Versuch macht, jene Fragen zu stellen, die auch zu einer Antwort führen können. Wenn sie zu keiner Antwort führen, so sollen sie wenigstens in die Richtung weisen, von wo eine Antwort kommen kann. Eine Kritik, die dies nicht wenigstens versucht, setzt sich dem Verdacht aus, eine eigenartige Form von Egoismus zu sein, bei der man seine Seele und sein Gewissen damit zu retten versucht, daß man sich beweist, besser als der Rest der Menschen zu sein. Der Schutzpatron dieser Art Kritik ist der biblische Prophet Jona, der wollte, daß die Einwohner von Sodom und Gomorra für ihre Sünden bestraft würden und der enttäuscht war, als sie bereuten und verschont wurden. Die großen Propheten, von Jesaia bis Marx, waren auch Kritiker; aber sie blieben nicht bei der Entrüstung stehen und bauten nicht auf Hoffnungslosigkeit und Haß. Sie waren vor allem darum bemüht zu erklären, zu überzeugen, zu warnen und – dies war ihnen besonders wichtig – neue Wege, neue Alternativen zu zeigen. *Das Versagen der radikalen Aktivisten ist darin zu sehen, daß sie keine Alternativen aufzeigen.*

Dieser Eindruck bezieht sich noch auf einen anderen Mangel bei den Radikalen: ihr fehlender Bezug zum überbrachten Denken oder – wie man manchmal geradezu argwöhnen muß – ihre Verachtung für sie. Die [amerikanischen] Kommunisten freilich kann man – zumindest im buchstäblichen Sinne – dessen nicht anklagen. Sie glauben ja, die Überlieferung von Marx zu vertreten, und das heißt im Falle der gebildeteren, daß sie mindestens einen gewissen Bezug zu Hegel und den Philosophen vor ihm haben. Im großen und ganzen ist jedoch ihre Vorstellung ebenso entstellt wie die der sowjetischen Marxisten. Man kann kaum von einer lebendigen Beziehung zur Denktradition des Westens, geschweige denn zu der des Ostens sprechen. Da diese Denktraditionen für sie unwichtig sind, kümmern sie sich auch nicht um sie.

Bei den Hauptvertretern der Hippies wie bei denen der radikalen Aktivisten findet man in der Regel kein Interesse an und keine Beschäftigung mit der Überlieferung. Mag sein, daß ihre Verachtung und ihr Mißtrauen gegen die ältere Generation sie auch verächtlich und mißtrauisch gegenüber Büchern und Theorien macht. Ginge es nur um eine Kritik an der Art, wie Theorien an den Universitäten oft nahegebracht werden, wäre diese Kritik durchaus gerechtfertigt; aber es geht nicht nur darum. Sie sind schlicht und einfach nicht interessiert an den komplizierten und tiefgreifenden Gedanken von Marx oder Hegel oder Goethe oder Feuerbach oder Spinoza – um nur einige wenige Namen zu nennen. Sie glauben, es reiche, jung zu sein und sich zu entrüsten, um die Welt zu verändern. In Wirklichkeit sind sie zu jung und zu sehr entrüstet, um zu merken, daß sie mit dieser Einstellung falsch liegen. Sie verstehen nicht, warum der Marxismus des 19. und beginnenden 20. Jahrhunderts zu einer Philosophie wurde, die die Massen, selbst die ungebildete und wenig anspruchsvolle, ergriff. Sie können nicht sehen, daß sich Kultur, auch in ihren revolutionären Phasen, auf der Grundlage der Entwicklung des menschlichen Denkens, der Vernunft, der Vorstellungskraft, der intellektuellen Anstrengung gebildet hat und nicht ein Ergebnis von Gefühlsausbrüchen und von Haß ist. Wenn wir den Kontakt mit der Denktradition verlieren, sind wir wie eine Pflanze, die heute noch blüht, weil sie noch das Regenwasser von gestern in sich hat, morgen aber verwelken wird.

Und noch etwas verstehen diese Gruppen der Radikalen nicht: Man kann andere Menschen für etwas gewinnen, indem man ihre Entrüstung, ihren Ehrgeiz oder sogar ihren Haß anspricht. Man kann aber mit diesen Gefühlen Menschen nie dazu bringen, konstruktive und wahrhaft revolutionäre Handlungen mitzutragen. Menschen können zu verändernden Handlungen nur motiviert werden, wenn sie Hoffnung haben. Und sie können nur Hoffnung haben, wenn es eine Vision gibt; und sie können nur dann eine Vision haben, wenn man ihnen Alternativen zeigt. Solche Alternativen aber gibt es nur auf Grund enormer Anstrengung von Denken und Vorstellungsvermögen und nicht, wenn sich alle Energien auf Protest und Entrüstung konzentrieren.

Es ist relativ einfach, Menschen unter einer Fahne von Entrüstung und Haß zu vereinen. Hitler zeigte dies, und jeder Krieg beweist es. Es gelingt aber nur, wenn die Menschen wissen, daß die Macht auf ihrer Seite ist. Liegt die Macht in den Händen des Gegenübers, dann werden Entrüstung und Gewalt auf Minoritäten beschränkt bleiben. – Manche Menschen sind davon überzeugt, daß es zum Sieg führen werde, wenn Entrüstung, Protest und Gewalt sich ausbreiten, und daß nach dem Sieg Gelegenheit sein wird, sich zu überlegen, was dann zu tun und in welche Richtung weiterzumachen sei. Auch sie sind naiv und blind. Ohne eine tief wurzelnde und innere Veränderung in den Menschen wird das Anwachsen von Gewalt nur ein Sprungbrett für eine Art amerikanischen oder weltweiten Faschismus sein.

Es scheint, als ob viele der „radikalen" Linken nur wenig Glauben haben. Sie glauben nicht daran, daß der Mensch berührt und verändert werden kann. Deshalb haben sie auch kein Interesse, Wege zu finden, wie eine solche Veränderung vor sich gehen kann. Sie klammern sich an ihren Unglauben trotz der Tatsache, daß es in der Geschichte Beispiele dafür gibt, daß sich das Wunder ereignete: Massen wurden von einer Idee ergriffen, und es kam zu tiefgreifenden Veränderungen. Ich meine mit einer solchen tiefgreifenden Veränderung nicht, daß in jedem Menschen so etwas wie eine religiöse Konversion vorgehen müßte. Vielmehr kamen bei vielen dieser Menschen verborgene und verdrängte Gefühle und Gedanken zum Vorschein und vereinigten sich mit denen anderer; auf diese Weise wurde eine „kritische Masse" erzeugt, eine neue Atmosphäre, ein neues Gespür für Solidarität und eine neue gemeinsame Hoffnung.

Wie läßt sich ein Mensch in seiner Tiefe anrühren? Wie läßt sich ein Mensch zu radikalen Veränderungen in seinen Ansichten und in seiner ganzen Weltanschauung motivieren? Ich will auf diese Frage eine Antwort zu geben versuchen. Sowohl die Analyse historischer Bewegungen als auch die Psychoanalyse einzelner Menschen bieten für die Beobachtung reiches Material an, unter welchen Bedingungen es zu tiefgreifenden und dauerhaften Veränderungen kommt. Eine solche Behauptung mag Zweifel auslösen: Wurde nicht der religiöse Enthusiasmus und die Hoffnung der frühen Christen niedergekämpft und durch eine bürokratische und konservative Kirchenorganisation ersetzt? Wurde Jan Hus nicht bekämpft, als es ihm anfänglich gelungen war, die tschechischen Bauern zu einer gemeinsamen Begeisterung und zu gemeinsamem Handeln zu vereinen? Endete die Französische Revolution nicht im Bonapartismus und die Russische Revolution im Stalinismus? Scheiterte nicht die Pariser Kommune? Endeten nicht die meisten der mit Enthusiasmus gegründeten alternativen Gemeinschaften in Amerika als Fehlschlag?

Alle diese Fragen lassen sich gut als Argumente für einen Standpunkt der Hoffnungslosigkeit und Verzweiflung anführen. Aber sie beweisen nicht ganz, was sie behaupten. Jesus und Paulus, Hus und Danton, Marx und Lenin und die vielen Führer von kleineren enthusiastischen Bewegungen erreichten tatsächlich die Herzen und den Geist von nicht nur wenigen, sondern von Hunderttausenden und von Millionen von Menschen. Die Tatsache, daß sie später bekämpft wurden, macht nicht ihren Erfolg unwirksam, der darin bestand, daß sie die Herzen und das Denken der Menschen umwandelten und veränderten. Ihre Niederlage hatte einerseits mit ihren eigenen Fehlern zu tun, vor allem aber mit den Gegenkräften, die mit Hilfe ihrer Macht und Einschüchterung das „Neugeborene" wieder töteten.

Wir wissen einiges über die Voraussetzungen, unter welchen Menschen tief berührt werden: zuerst und vor allem dadurch, daß wir sie dazu bringen, die Wirklichkeit oder – um ein anderes Wort zu gebrauchen – die Wahrheit zu sehen. Wenn ich von „Wirklichkeit" und „Wahrheit" spreche, dann meine ich nicht ganz allgemein die Realität und auch nicht die Wahrheit von etwas; ich meine vielmehr die Wirklichkeit, insofern sie das eigene persönliche Leben eines Menschen, seine äußeren Umstände und seine inneren Prozesse betrifft. Wirklichkeit und Wahrheit müssen also für einen Menschen, für eine gesellschaftliche Schicht oder für eine ganze Bevölkerung *von Bedeutung sein*. Diese Behauptung bedarf noch weiterer Erklärungen.

Wirklichkeit und Wahrheit müssen eine Bedeutung haben,

ohne daß diese sich auf jedes einzelne Stück Realität beziehen müßte; insofern aber die Wirklichkeit eine Bedeutung hat, ist sie total, nicht fragmentiert und nicht geteilt. Zeigt man die Wirklichkeit nur in ihrer politischen *oder* ökonomischen *oder* kulturellen Dimension, also nur perspektivisch, dann hat diese Teilwahrheit keinen oder nur einen geringen Effekt. Sie kann deshalb nicht viel Wirkung haben, weil der Mensch eine ganzheitliche Größe ist und nicht in verschiedene Teilbereiche, unter denen es keine Verbindung gibt, aufgeteilt werden kann. Das gleiche Faktum, das unter ökonomischem Gesichtspunkt beschrieben werden kann, läßt sich auch unter einer psychologischen Perspektive betrachten und umgekehrt; dies gilt auch für alle anderen Ebenen des persönlichen und des gesellschaftlichen Lebens.

Noch etwas anderes gilt es zu verdeutlichen: Die Wahrheit muß nicht nur bedeutsam und ganz sein, sie muß auch radikal sein, nicht geschönt, gesüßt, mit Zuckerguß überzogen. Viele glauben, daß das Verstehen erleichtert werde, wenn man die Wahrheit in dosierten Portionen mitteilt. Sie verhalten sich wie Eltern, die vom Storch und von den Blüten und den Bienen reden, den anderen Teil der Geschichte aber dann später erzählen wollen. Die Erfahrung zeigt, daß die Wahrheit, das heißt, die Konfrontation mit der Wirklichkeit, dort eine besondere Wirkung hat, wo man sie vollständig, klar und ohne Kompromisse sieht. Es ist sehr schwer, dieser Wirklichkeit zu entkommen. Das heißt freilich nicht, daß die Menschen ihr nicht zu entkommen versuchen, denn die Wahrheit ängstigt sie, weil sie sie zwingt, ihre heiligen Sitten und ihre angewohnten Weisen, zu denken und sich zu verhalten, zu ändern.

Die Konfrontation mit der Wirklichkeit erzeugt momentan Angst; für einen Moment fühlt man sich verunsichert. Dieser „Widerstand" gegen die Wirklichkeit, die man nicht wahrzunehmen wünscht, ist oft stark genug, um die Wirkung verpuffen zu lassen, selbst wenn diese Wirkung erwartet werden müßte, weil die Wahrheit bedeutsam ist und die Ganzheit betrifft, und weil sie radikal ist und nicht „in Raten" mitgeteilt wird. Wer immer auch mit dieser Frage einige Erfahrungen sammeln konnte, kennt aber die oft unerwarteten und manchmal wie durch ein Wunder eintretenden Reaktionen bei Menschen, denen die Wirklichkeit in ihrer Objektivität ohne Fanatismus oder Angst und mit der Absicht, ihnen zu helfen, gezeigt wurde. Solche „Augenblicke der Wahrheit" gibt es tatsächlich. In ihnen geschieht völlig unerwartet und ganz plötzlich etwas, das sich auch kaum in Begriffen von Zeit fassen läßt. Ein Mensch sieht plötzlich und spürt: „Genau, das ist es!" Dabei hat er durchaus das Gefühl, daß er es schon immer wußte, oder er wundert sich, wie er nur so blind sein konnte, es nicht gewußt zu haben. Es ist, wie wenn jemand aus einem Traum oder aus einem halb-schläfrigen Zustand aufwacht.

Der Vorgang läßt sich für jemanden, der ihn nicht selbst erlebt hat, kaum in Worten beschreiben. Die meisten Menschen haben ihn aber zumindest ansatzweise bereits erlebt. Sie haben eine Gestik oder das Gesicht eines Menschen gesehen, den sie jahrelang so „kannten", und plötzlich ereignet es sich, daß sie diesen Menschen zum ersten Mal wirklich sehen und kennen – sei es zu seinem Vorteil oder Nachteil. Sie sind oft bestimmten ökonomischen oder gesellschaftlichen Motivationen gegenüber oder auch hinsichtlich einer politischen Handlung blind, und auf einmal „sehen" sie. Wo immer dies geschieht und jemand die Wirklichkeit tiefer begreifen kann als zuvor, und wer immer ein bißchen mehr aus seinem Halbschlaf aufwacht, in dem wir gewöhnlich leben, der fühlt sich gestärkt, auch wenn er sich momentan trauriger und enttäuscht fühlt. Daran ist nichts Wunderhaftes.

Wer mit der Wirklichkeit, der äußeren wie der inneren, in Kontakt ist, fühlt sich sicher. Wer hingegen in einer Fiktion lebt und von falschen, eingeimpften und suggestiven Kräften geleitet wird, ist hinsichtlich des Gebrauchs seiner eigenen Kräfte und Möglichkeiten gelähmt. Er ist wie eine Marionettenfigur, die nur die Bewegungen ausübt, die jene wünschen, die an den Fäden ziehen. Je mehr er aber selbst mit der Wirklichkeit in Kontakt ist, sie fühlt, spürt und bedenkt, desto mehr ist er selbst Subjekt, ist er selbst aktiv und unabhängig und desto weniger muß er sich ängstigen, daß jene, die an den Fäden ziehen, damit aufhören und ihn als hilflose, gelähmte Kreatur zurücklassen könnten.

Ist das nicht doch ein ziemlich zweideutiger Begriff, wenn ich hier die innere Überzeugung mit dem Eindruck umschreibe: „Genau, das ist es!"? Ist es nicht gerade diese Überzeugung des Fanatikers und des Paranoiden, vom normalen Menschen nur dadurch unterschieden, daß sie es stärker spüren? Es ist tatsächlich so, daß manchmal Überzeugung und Glaube nicht so ohne weiteres von Wahnvorstellungen und fanatischer Irrationalität zu unterscheiden sind. Doch zeigt sich diese Schwierigkeit nur für Menschen, die es nicht gelernt haben, zu beobachten.

Auch wenn für viele der Unterschied zwischen der Überzeugung, die auf dem Gewahrsein der Wirklichkeit gründet und einer solchen, die auf irrationalem Fanatismus und Narzißmus aufbaut, vielleicht nicht so ganz offensichtlich ist, so liegt er doch offen zutage und läßt sich klar definieren. Manchmal läßt sich der Fanatiker an einem eigenartigen Glitzern in seinen Augen erkennen, an seinem verzerrten Gesicht oder an der ständigen Wiederholung und Sterilität seiner Argumente; vor allem erkennt man ihn daran, daß er kein wirkliches Interesse am anderen und dessen Problemen hat, es sei denn, sein eigener Narzißmus ließe sich in den Problemen des anderen wiederfinden. Es sei zugegeben, daß man sich manchmal auch irren kann, vor allem dann, wenn der wirkliche Entdecker einer Wahrheit zugleich ein Fanatiker ist. Doch dies ist praktisch eher die Ausnahme. Meistens ist es nicht zu schwer, die Persönlichkeit eines nach Wirklichkeit und Wahrheit Suchenden von der eines Selbst-Suchers und Narzißten zu unterscheiden, für den etwas nur aus dem Grunde wahr ist, weil er daran glaubt. Es braucht nicht eigens betont zu werden, daß Fanatiker oft eine große Wirkung haben, und zwar gerade deshalb, weil sie so weit von der Wirklichkeit entfernt sind, so daß sie keinerlei Zweifel mehr haben und mit einer derart absolut wirkenden Überzeugung auftreten können, daß sie viele ansprechen, die von Zweifeln geplagt werden und die in dem Mann einen Gott sehen, den sie hören und berühren können.

Ein anderes Problem schließt sich hier an: Die Menschen des 20. Jahrhunderts mißtrauen jenen, die ihre Leidenschaft zeigen. Leidenschaft sei schon recht in der Liebe, und dort soll sie auch ihren eigentlichen Platz haben. Darüber hinaus darf es auch in Zeiten des Krieges (des heißen wie des kalten) Haß als Leidenschaft geben, wenn er sich gegen den richtigen Feind wendet, selbst wenn der Feind im Laufe von einigen Jahren zum Freund werden sollte oder umgekehrt der Freund zum Feind wird. Taucht Leidenschaftlichkeit aber im Zusammenhang mit einer vernünftigen Argumentation auf, dann ist sie suspekt – vor allem in den englischsprechenden Ländern. Hier gibt es eine strikte Trennung von Vernunft und Leidenschaft. Das Vernunftargument sollte nicht durch Leidenschaftlichkeit kontaminiert werden, nicht einmal durch Gefühle; geschieht es dennoch, dann beweist dies, daß einem solchen Menschen intellektuell nicht mehr zu trauen ist.

Wo Leidenschaftlichkeit von Vernunft getrennt ist, ist Argwohn gegenüber der Leidenschaft durchaus gerechtfertigt. Der gleiche Argwohn ist aber auch am Platz, wo die Vernunft von der Leidenschaft getrennt wird, denn eine solche Vernunft ist unmenschlich. Leidenschaftslose Vernunft ist das Produkt der „Gehirn-Maschine", die eines Tages hinsichtlich ihrer rein intellektuellen Funktion vom Computer ersetzt werden kann. Der Roboter zeigt tatsächlich keine Leidenschaftlichkeit. Vielleicht sollte man deshalb sprachlich statt von Vernunft besser von Intellekt reden, weil der Gebrauch des Wortes „Vernunft" selbst doppeldeutig ist und eine lange und verwickelte Geschichte hat.

Gewöhnlich wird auch heute die Leidenschaft von der Wahrheit getrennt: Wo Leidenschaft ist, da gäbe es keine Wahrheit, und wo die Wahrheit ist, da gäbe es keine Leidenschaft. Diese Trennung zwischen Wahrheit und Leidenschaft, zwischen Denken und Fühlen zeigt sich besonders deutlich in der neuen Art sozialwissenschaftlichen Denkens. Das Nachdenken über menschliche Angelegenheiten wird strikt von Gefühlen und Werturteilen getrennt. Den Menschen betreffende Fragen werden mit der gleichen Unberührtheit beschrieben, mit der man den Betrieb von Lastwagen oder die fortschrittlichste Technik für den Betrieb eines Schlachthauses analysiert. Die Möglichkeit, daß 80 Millionen Amerikaner bei einem Atomkrieg umkommen könnten, oder der Entwurf einer ausgeklügelten, totalen Bürokratisierung der Gesellschaft, in der es praktisch keine Individualität mehr gibt, werden ohne jede affektive Einlassung auf einer rein intellektuellen Ebene beschrieben. So stellt man sich eine wahrhaft wissenschaftliche und vernünftige Behandlung des jeweiligen Gegenstandes vor. Das Eingeständnis mancher Autoren, daß es hier und dort zu bedauernswerten und vom menschlichen Standpunkt aus sogar gefährlichen Folgen komme, macht es einem eher noch schwerer, sich der schizophrenen Qualität dieser Art von Wissenschaft gewahr zu werden. Solche Beschönigungen sind derart überzeugend, daß es für viele Leser sehr schwierig wird, den persönlichen Standort des Autors bezüglich seiner Werte und gefühlsmäßigen Reaktionen noch auszumachen. Herman Kahn ist hierfür ein gutes Beispiel: Ihm gelang es, vielen Amerikanern den Atomkrieg durchaus schmackhaft zu machen, und gleichzeitig schaffte er es, einige glauben zu machen, er sei ein Pazifist.

Die wirkliche Aufgabe für eine neue Integration von Mensch und Gesellschaft läßt sich daher als eine neue Synthese von Leidenschaft und Wahrheit definieren. Leidenschaft ohne Wahrheit ist blind, und Wahrheit ohne Leidenschaft ist ohnmächtig. Leidenschaft, die mit der Wirklichkeit verzahnt ist, und Wahrheit, die mit jener Vernunft des Herzens verbunden ist, die Pascal (in den *Pensées*, 277) die „Vernunftgründe des Herzens" nennt, können wachgerufen werden, wenn die Wirklichkeit gezeigt wird. Sie darf aber nicht in einer entfremdeten, „herzlosen" Weise gezeigt werden, sondern als etwas, auf das der ganze Mensch - mit seinem Kopf und seinem Herzen – antwortet.

II. Außenpolitik im Kalten Krieg

1. Geistig gesundes Denken und Außenpolitik (1961)

Der folgende kleine Beitrag aus dem Jahr 1961 ist einer Broschüre entnommen, die den Titel trägt Sane Comment. *In ihr äußerte sich Fromm programmatisch zum Verständnis einer geistig gesunden und vernünftigen Politik. Die Übersetzung „geistig gesund und vernünftig" gibt dabei nur behelfsweise das amerikanische „sane" wieder, das Fromm erstmals in seinem Buch* The Sane Society *(1955, deutsch:* Wege aus einer kranken Gesellschaft, *GA IV) benützte. Es läßt sich kaum adäquat übersetzen, weil es kein deutsches Wort für den psychiatrischen Gegenbegriff zur „insanity", zur Geisteskrankheit, gibt. Der Sache nach fordert Fromm mit einer „sane policy" eine Politik, die weder hysterisch noch paranoid noch schizoid noch phobisch, sondern geistig gesund und vernünftig ist.- Die Übersetzung stammt von Rainer Funk nach einer Vorübersetzung von Emmanuel Picard.*

Eine geistig gesunde und vernünftige Außenpolitik hängt von der geistigen Gesundheit jener Menschen ab, die sie machen und die sie unterstützen. Von daher ist die Untersuchung unserer Denkprozesse ebenso wichtig, wie eine Überprüfung der zu unserer Sicherheit entwickelten technischen Sicherheitsvorkehrungen. *Unsere Verteidigung ist nur in dem Maße gesund, wie unser Verstand geistig gesund ist.*

Die meisten Menschen stellen sich nie die Frage, ob das, was Millionen denken, auch vernünftig und geistig gesund ist. Eigenartigerweise scheinen Menschen, die in ihrem Privatleben gesund und vernünftig denken und entsprechend moralisch handeln, in öffentlichen Angelegenheiten zu geistig kranken und unvernünftigen Denkweisen zu neigen und ihre sonst geltenden moralischen Skrupel zu verlieren. Die Tatsache, daß Millionen irren, lassen die Irrtümer dennoch nicht zu Wahrheiten werden, genausowenig wie unmoralische Handlungen deshalb zu Tugenden würden.

Unter den vielfältigen Formen geistig kranken und unvernünftigen Denkens, die unseren Wirklichkeitssinn in Fragen der Außenpolitik trüben, gibt es zwei sehr gefährliche und häufig auftretende Formen: das *paranoide* und das *projektive* Denken. Die paranoide Einzelpersönlichkeit ist leicht zu erkennen. Sie hegt zum Beispiel die Überzeugung, daß sich andere gegen sie verschwören. Das Besondere an der paranoiden Wahnvorstellung ist, daß man den Wahn nicht widerlegen kann, indem man ihn als *unmöglich* oder unlogisch hinstellt; man kann nur darauf hinweisen, daß die Vorstellung *unwahrscheinlich* ist. Das ist aber gerade der springende Punkt bei der Wahnvorstellung des Paranoiden: Sobald etwas möglich ist, ist er auch davon überzeugt, daß es der Wirklichkeit entspricht; er ist nicht in der Lage, sich auf eine sorgfältige Prüfung der konkreten Tatsachen einzulassen, die allein zeigen können, ob etwas tatsächlich zutrifft oder nur wahrscheinlich ist. Paranoides Denken fragt nur nach dem *Möglichen;* geistig gesundes und vernünftiges Denken fragt sowohl nach dem *Wahrscheinlichen* wie nach dem Möglichen.

Bei der Anwendung dieses Prinzips auf die Außenpolitik fällt besonders auf, wie sehr unser Denken über den Kommunismus dem paranoiden Prinzip folgt, nur auf das fixiert zu sein, was möglich, statt auf das, was wahrscheinlich ist. „Tatsächlich" ist es möglich, daß Chruschtschow einen Konflikt mit den Chinesen inszeniert, um uns in den Schlaf zu wiegen und dann anzugreifen. Ist dies aber auch wahrscheinlich? Um diese Frage beantworten zu können, müssen wir den konservativen Charakter des Systems von Chruschtschow im Gegenüber zum revolutionären chinesischen System analysieren, das gerne zum Führer der Staaten werden möchte, die „nichts haben".

Realistische Analysen erfordern, daß wir noch eine andere Ausprägung pathologischen Denkens aufgeben: die *Projektion*. Wesensmerkmal projektiven Denkens ist, das in uns steckende Böse auf eine außenstehende Gestalt zu projizieren, so daß diese zum Inbegriff des Bösen wird, während wir selbst dabei vollkommen gut und rein sind. Dieser Projektionsmechanismus ist in der Regel im Krieg wirksam; heute findet er vor allem im Blick auf den Kommunismus Anwendung. Die *anderen* sind keine Menschen mehr, ihre Absichten sind teuflisch, während *wir* die Verkörperung des Guten und Edlen sind.

Dem projektiven Denken mangelt es eindeutig an Demut und Nächstenliebe; auch ist es, ganz besonders in Verbindung mit paranoidem Denken, für die Außenpolitik äußerst gefährlich. Oft verwandelt paranoid-projektives Denken Annahmen in Tatsächlichkeiten und produziert auf diese Weise sich selbst bestätigende Vorhersagen.

Unsere Sicherheit gründet sich auf geistig gesunde und vernünftige Denkweisen; dies bedeutet einen rationalen, besonnenen Realismus, dem die Tatsachen über unsere Gegner und uns selbst bekannt sind, der die Wahrscheinlichkeit auf der Grundlage tatsachenbezogener Untersuchungen, und nicht auf Grund der bloßen Möglichkeiten abschätzt und sich nicht projektiver Selbstgerechtigkeit hingibt.

2. Anmerkungen zu einer realistischen Außenpolitik (1961)

Das Manuskript von „Remarks on a Realistic Foreign Policy" fand sich im Nachlaß Fromms und wurde wohl im Zusammenhang mit dem ebenfalls 1961 geschriebenen Buch Es geht um den Menschen. Eine Untersuchung der Tatsachen und Fiktionen in der Außenpolitik *(1961a) verfaßt. Die Übersetzung aus dem amerikanischen Manuskript besorgte Linda Bender und wurde von Rainer Funk überarbeitet.*

Die Situation der Welt ist seit dem Ende des Ersten Weltkriegs durch verschiedene Merkmale gekennzeichnet:

(1) durch die politische Machtverschiebung von Europa weg auf die Vereinigten Staaten hin;
(2) durch den Aufstieg der Arbeiterklasse in Europa und Nordamerika sowie deren wirtschaftliche und politische Teilhabe an der Mittel-und Oberschicht;
(3) durch die Umgestaltung des westlichen Industriesystems auf immer noch größere Großunternehmen hin, die von Managern geleitet werden und bei denen die Manager nicht mehr die Besitzer sind;
(4) durch die Niederlage der revolutionären Arbeiterbewegung im Westen und den Erfolg eines zentralisierten Staatskapitalismus (unter dem Namen Sozialismus) in Rußland;
(5) durch den Erfolg eines revolutionären China, das durch Methoden umfassender Mobilisierung und Manipulation seiner Bevölkerung einer der mächtigsten Staaten der Welt wird;
(6) durch das wirtschaftliche und militärische Wiedererstarken Deutschlands nach seiner Niederlage im Zweiten Weltkrieg, wodurch es zur beherrschenden Macht in Westeuropa wird;
(7) durch das Fortschreiten der Revolution in den unterentwickelten Ländern Asiens, Afrikas und Lateinamerikas;

(8) durch den offenen Konflikt zwischen den „kommunistischen" und den „kapitalistischen" Ländern sowie den versteckten, aber wachsenden Konflikt zwischen der Sowjetunion (und den meisten ihrer europäischen Verbündeten) und dem kommunistischen China;
(9) durch die Entwicklung von Waffensystemen, die es China und einer Reihe anderer Länder in wenigen Jahren möglich machen wird, in den Besitz von Atomwaffen zu kommen, und ein Wettrüsten, das aller Wahrscheinlichkeit nach durch einen Fehler oder durch Torheit zu einem Atomkrieg führen und damit unsere demokratische Zivilisation zerstören wird.

Jede realistische amerikanische Außenpolitik muß diese Tatsachen zur Grundlage ihres Handelns machen. Während einige dieser Tatsachen allgemein anerkannt werden, gibt es bezüglich einiger anderer Tatbestände eine große Verwirrung: vorwiegend über das, was die Sowjetunion will, über den grundlegenden Konflikt mit China, über den Weg, welchen die koloniale Revolution möglicherweise nehmen wird und über die Gefahr eines wiederbewaffneten Deutschlands für den Westen als auch für die Sowjetunion. Die folgenden Überlegungen gehen auf diese Fakten ein.

Lenin und Trotzki waren Revolutionäre, die glaubten, daß Rußland zusammen mit einem kommunistischen Deutschland eine sozialistische Gesellschaft aufbauen könnte, die nach einer diktatorischen Übergangszeit schließlich zu einer klassenlosen Gesellschaft führen würde, in welcher das nicht-entfremdete Individuum seine größtmögliche Selbstverwirklichung finden könnte. Ihnen unterliefen mehrere schwere Fehler. Sie erkannten nicht, daß die Arbeiter im Westen in keiner revolutionären Stimmung waren, sondern zu einem integrierten Teil ihres jeweiligen Systems geworden waren. Unabhängig hiervon erkannten sie auch nicht, daß gerade ihre Methode der Diktatur, bei der sie eine kleine Elite an die Stelle der Mehrheit der Arbeiter und Bauern setzten, zur Niederlage ihrer sozialistischen Hoffnungen führen würde.

Als nach Lenins Tod Stalin an die Macht kam, „säuberte" er Rußland von der sozialistischen Revolution. Mit der Parole vom „Sozialismus in *einem* Land" begann Stalin, in Rußland einen Staatskapitalismus aufzubauen. Durch Ausrottung derer, die noch die Ideen der Revolution vertraten, schaffte er sich diese vom Hals. Das Ziel einer schnellen Kapitalanhäufung erforderte enorme Opfer seitens der Bevölkerung, die nur mit Hilfe von Terror aufgebracht wurden. Da er weder eine religiöse noch irgendeine andere Ideologie hatte, um die Massen an sein System zu binden, bediente er sich (zusammen mit einer nationalistischen) der traditionellen kommunistischen Revolutionsideologie; ebenso machte er sich das Ansehen von Lenin und Marx zunutze, um sich die Stellung eines „Führers in eine sozialistische Zukunft" widerrechtlich anzueignen. Auch nahm er die Tatsache hin, daß es keine Aussicht auf eine revolutionäre Bewegung unter den Arbeitern des Westens gab, und er gab nicht nur die Hoffnung auf eine kommunistische Revolution im Westen auf, sondern versuchte sogar, wenn auch nicht mit vielen Worten, alles, was an echter kommunistischer Revolutionsbewegung noch übriggeblieben war, klein zu halten.

Stalin handelte so, nicht nur weil er dem Erfolg solcher Revolutionsbewegungen mißtraute, sondern auch, weil ein Sieg der Revolution im Westen eine Gefahr für den in Rußland entstehenden autoritären Staatskapitalismus dargestellt hätte. Dennoch sprach Stalin weiterhin von „Sozialismus" und „Weltrevolution", und er unterstützte dem Anschein nach die kommunistischen Parteien in Europa, Amerika und anderen Teilen der Welt. Für die meisten Beobachter des Westens scheint es sehr schwierig zu sein, diese Erklärungen nicht für bare Münze zu nehmen, obwohl es in der Geschichte genügend Beispiele gibt für den Gebrauch religiöser, philosophischer oder politischer Ideologien, mit denen Tatsachen, die der Ideologie genau entgegengesetzt waren, abgedeckt wurden.

Stalin hatte hauptsächlich zwei Gründe für sein Verhalten: Erstens benutzte er die kommunistischen Parteien des Westens, die ja für die anderen ein Ärgernis bedeuteten, als einen Verhandlungspunkt seiner Außenpolitik. Zweitens mußte er dem Kommunismus das Wort reden (später ergänzt durch einen russischen Nationalismus), da die kommunistische die einzige Ideologie war, die die Massen verband und mit der er sie an sich binden konnte. Vielleicht hat er sogar selbst geglaubt, daß sein reaktionärer Staatskapitalismus den marxistischen Sozialismus heraufführen werde. (Die Frage seiner eigenen „Aufrichtigkeit" ist allerdings geschichtlich ebenso belanglos wie die Frage, ob einige der Renaissance-Päpste an die von Christus vertretenen Vorstellungen von Demut, Armut und Liebe glaubten.)

Für den westlichen Beobachter ist es besonders schwierig, die eigentlich nur rituelle Bedeutung der sowjetischen Ideologie zu verstehen, weil er eine nur geringe oder – noch schlimmer – nur eine total verzerrte Kenntnis des marxistischen Sozialismus hat. In Wirklichkeit war der Sozialismus von Marx ganz vom Humanismus des 18. Jahrhunderts beeinflußt und tief anti-materialistisch wie dessen Geist. Er trachtete nach der Befreiung des Menschen von den Fesseln wirtschaftlicher Interessen und nach dem Aufbau einer gesellschaftlichen Grundlage, die die volle Entwicklung des nicht-entfremdeten, wahrhaft selbst-bewußten Individuums ermöglichen sollte – eines Menschen also, um mit den Worten von Marx zu sprechen, der reich ist, weil er viel *ist*, nicht weil er viel *hat*. Stalins Verwendung marxistischer Begriffe war ein großer historischer Betrug. Statt das Scheitern der revolutionären Hoffnungen zuzugeben, baute er einen autoritären Staatskapitalismus auf und nannte ihn „Sozialismus".

Stalin hatte „Erfolg" damit. Wahrscheinlich wäre er auch mit einem viel geringeren Maß an Einschüchterung erfolgreich gewesen, wäre er nicht ein krankhaft mißtrauischer und machthungriger Mann gewesen, hätte er die Tatkraft der Menschen auf konstruktivere Wege leiten können, und wäre er beim Tempo der Kapitalanhäufung nicht so unnachgiebig gewesen. Aber wie immer dies auch gewesen sein mag: Als Stalin starb, hinterließ er ein Land, in welchem die industrielle Grundlage für einen weiteren Ausbau der Industrie, für Rüstung und für eine wachsende Konsumgüterproduktion geschaffen war.

Nach Stalin entstand das Rußland Chruschtschows. Chruschtschow verkörpert das neue Gesicht Rußlands, nicht das eines sozialistischen Rußlands, auch nicht das eines revolutionären Rußlands, sondern eines Rußlands des Staatskapitalismus, eines Systems der Zentralisierung und Industrialisierung, regiert von einer politischen und militärischen Bürokratie: Dieses System ist durchdrungen von einem Geist, dessen Ziel eine höhere Produktion und eine größere materielle Befriedigung der Gesellschaft ist. In ihm werden die Arbeiter – wie alle anderen Bürger – ihres kritischen Denkens und Handelns wie auch jener ganz gewöhnlichen Freiheiten beraubt, die im Westen schon selbstverständlich sind. Immerhin hat Chruschtschow Rußland immer mehr vom Terror des Stalin-Regimes befreit und diesen ersetzt durch Manipulations- und Suggestionsmethoden mit Hilfe politischer Parolen und verbunden mit den Praktiken eines Polizeistaates.

Das sowjetische Rußland zur Zeit Chruschtschows ist ein Staat, der keineswegs dem marxistischen Sozialismus entspricht. Denn dieser zielte auf die Kontrolle der Wirtschaft *durch* die Arbeiter und auf das Verschwinden des Staates, während das System Chruschtschows den Arbeiter durch eine den Staat beherrschende Bürokratie kontrolliert. Der Umstand, daß die Industrie Rußlands verstaatlicht und zentral gelenkt ist, macht noch kein sozialistisches System. Die Bezeichnung „Staatskapitalismus" oder „Superkartell" wäre passender. Damit wird der derzeitige Trend in der westlichen Industriegesellschaft auf die Spitze getrieben: die Entwicklung hin zu riesigen Unternehmen und zu einem totalen Zentralismus.

Der „Chruschtschowismus" von heute ist eine Mischung aus modernsten Methoden eines Riesenunternehmens und Monopols, dem Geist eines konservativen Viktorianismus und den Methoden eines Polizeistaates, verbunden mit einer sozialistischen Ideologie. Tatsächlich nähern sich – trotz vieler Unterschiede – Chruschtschows System und das der Vereinigten Staaten einander an, es sei denn, es kommt bei uns zu einer Renaissance des Individualismus. Beide Systeme stellen Maschinenkulturen dar und basieren auf dem Prinzip maximaler Produktion und größter wirtschaftlicher Effizienz. Beide haben eine materialistische Zielsetzung, ungeachtet einer christlichen Ideologie im Westen und eines säkularisierten Messianismus im Osten. In beiden Systemen wird das Individuum mehr und mehr zu einem Rädchen in der großen Maschine. Vermutlich wird das sowjetische System, je mehr es sich wirtschaftlich entwickelt, die Einschüchterung durch Methoden psychologischer Manipulation ersetzen können. Wie dem auch sei – heute gehört die Sowjetunion zu den Staaten des „Habens", und sie ist in vielerlei Hinsicht konservativer als die Vereinigten Staaten. Außerdem fühlt sie sich durch das kommunistische China bedroht, welches die Rolle für sich beansprucht, bei den früheren Kolonialvölkern Asiens, Afrikas und Lateinamerikas die Revolutionen anzuleiten.

Der rasche Erfolg des kommunistischen China verursachte einen bedeutenden Wandel in der Politik der Sowjetunion gegenüber den kommunistischen Parteien Chinas und gegenüber anderen unterentwickelten Ländern. China, das äußerst drastische Methoden anwendet, um Gedanken und

Gefühle von Hunderten von Millionen zu aktivieren und manipulieren, hat einen unglaublich schnellen Fortschritt in der Industrialisierung gemacht und droht zu einer bedeutenden Militärmacht zu werden. Es bietet anderen unterentwickelten Ländern in Asien, Afrika und Lateinamerika seine Methoden und seine Hilfe an, und droht zum Führer aller Völker, die nichts haben, zu werden. So wird China nicht nur für Rußland – als einer Nation des „Habens" (zumal eines Volkes mit weißer Hautfarbe, was, psychologisch gesehen, kein unwichtiger Punkt ist) – zu einer Bedrohung, sondern China wird auch zum Rivalen Rußlands als Führer der nationalen Revolutionen in den unterentwickelten Ländern.

Chruschtschow befindet sich in folgendem Dilemma: Er muß entweder zu einer Verständigung mit den Vereinigten Staaten kommen, was zum Ende des Kalten Krieges und des Wettrüstens führen würde, oder er wird von der prochinesischen, stalinistischen Fraktion abgesetzt werden, bzw. er wird dazu gezwungen, ihre Politik auszuüben. In letzterem Fall sind die Friedensaussichten in der Tat sehr gering. Er kämpft um Frieden und um sein eigenes politisches Überleben, indem er versucht, zu einer Verständigung mit den Vereinigten Staaten zu kommen. Aber er kann seine Vorstellungen nicht frei äußern. Er muß in der Sprache des Kommunismus und des Anti-Imperialismus sprechen, da er andernfalls in der Konkurrenz um die Führung bei den Koloniallländern gegen China verlieren würde. Es ist offensichtlich, daß er Versprechungen Chinas in Kuba oder im Kongo ausgleichen muß, aber es bleibt in der Hauptsache beim Sprechen, während er sich aggressiver Handlungen enthält. Die große Schwäche der amerikanischen Position ist, daß sie seine Worte als Taten begreift, das heißt, daß sie den konservativen Charakter von Chruschtschows Rußland nicht sieht, das Wesen des Sozialismus nicht begreift und unfähig ist, zwischen Chruschtschows Ideologie und seinen wirklichen Absichten zu unterscheiden.

Es gibt keine wirklichen Konflikte zwischen der Sowjetunion und dem westlichen Block (sieht man von gegenseitigen Verdächtigungen, deren Ursache das Wettrüsten ist, ab), außer dem Problem, das mit der deutschen Frage verbunden ist. Deutschland ist das jüngste der hochindustrialisierten Länder Europas, auf Gebietserweiterungen aus und auf der Suche nach Rohstoffen und Märkten. Dieser Hang zu expandieren, führte zum Ersten und zum Zweiten Weltkrieg. Es ist ein Irrtum, zu glauben, daß der Militarismus des Kaisers oder die Bösartigkeit Hitlers die „Gründe" für diese Kriege waren. Sowohl der Kaiser, als auch Hitler waren die Vorreiter für das explosive Gemisch aus einer starken deutschen Industrie und militärischem Können. Diese gleichen Kräfte gibt es in Deutschland bis heute und sie werden gestärkt durch ein zunehmend nationalistisches Gefühl hinsichtlich der „geraubten Gebiete" und der Frage der Wiedervereinigung, die diesmal durch demokratische Politiker vertreten wird. Neben Rußland ist Deutschland bereits heute sowohl wirtschaftlich als auch militärisch die stärkste Macht und deshalb imstande, Westeuropa als Führer eines neuen Wirtschafts- und Militärblocks zu beherrschen. Die Russen waren seit Stalin von der Vorstellung besessen, daß Deutschland eine Gefahr sei, und sie sind es – zu Recht oder zu Unrecht – anscheinend immer noch. Das Ende des Kalten Krieges ist nur möglich, wenn sowohl West- als auch Ostdeutschland abrüsten. Auf dieser Grundlage wird es keine Schwierigkeit wegen Berlin geben, da Chruschtschow die Berlin-Frage nur dazu benutzt hat, um den Westen zu Zugeständnissen gegen die Wiederbewaffnung Westdeutschlands zu bringen.

Die Politiker der Vereinigten Staaten und ihre Berater müssen ihre Haltungen zum Sozialismus überdenken. Sind sie grundsätzlich gegen sozialistische Systeme, egal wo in der Welt? Betrachten sie solche Systeme automatisch als politische Verbündete der Sowjetunion und/oder des kommunistischen China und deshalb als Gefahr für die Vereinigten

Staaten? Wenn sich die Vereinigten Staaten diese Haltung zu eigen machen, werden sie schließlich die meisten dieser Länder in den chinesischen Einflußbereich treiben. Wenn die Vereinigten Staaten andererseits wirklich sozialistische Regierungen, die nicht von Anfang an mit China verbündet sind, unterstützen, werden diese Regierungen wenigstens neutral bleiben, wenn sie nicht Freunde der Vereinigten Staaten und möglicherweise sogar Freunde der Sowjetunion werden. Dies bedeutet aber auch, daß die Vereinigten Staaten ihre Politik der Unterstützung amerikanischer Unternehmen in fremden Ländern in dem Maße aufgibt, wie diese Unternehmen nach einer politischen und wirtschaftlichen Herrschaft in diesen ärmeren Ländern streben; denn eine solche Herrschaft würden ihnen amerikanische Gesetze innerhalb der Vereinigten Staaten nie erlauben.

Die Castro-Revolution ist hierfür ein treffendes Beispiel: Sie wurde weder von den Russen noch von den Chinesen angestiftet. Sie wurde zu einer echten sozialistischen Revolution. Sobald im Verlauf der Revolution die finanziellen Interessen Kubas oder Amerikas berührt wurden, agierte man zunehmend gegen die vermeintliche kommunistische Gefahr, verhängte wirtschaftliche Sanktionen gegen Castro und förderte die kontra-revolutionären Kräfte sowohl in Kuba als auch auf amerikanischem Boden. Dies trieb Castro in immer größere Abhängigkeit von russischer und chinesischer Unterstützung (wobei die russische aus oben genannten Gründen nur widerwillig gewährt wurde). Die Behauptung, die Castro-Revolution habe kommunistischen Charakter, ist eine typische sich selbst bestätigende Prophezeiung. Eine andere Haltung gegenüber einem sozialistischen Regime hätte wahrscheinlich zu einer wesentlich weniger nationalistischen und anti-amerikanischen Haltung auf Castros Seite geführt.

Das Andauern des Wettrüstens ist eine zwangsläufige Begleiterscheinung des fortgesetzten Kalten Krieges. Das

Wettrüsten wird aller Wahrscheinlichkeit nach durch Zufall, durch ein Mißverständnis oder durch Torheit zum Ausbruch eines Atomkrieges führen, was in jedem Fall das Ende jener Zivilisation, die wir im Westen so wertschätzen, bedeuten wird. Folglich muß eine weltweite kontrollierte Abrüstung angestrebt werden, solange es noch nicht zu spät ist. Eine solche Übereinstimmung erfordert die Beteiligung Chinas, was dann wiederum den Sitz Chinas in den Vereinten Nationen und die Anerkennung der Regierung in Peking durch die Vereinten Nationen erforderlich macht.

Aus den genannten Überlegungen ergeben sich folgende Ziele für die amerikanische Außenpolitik:

(1) Verhandlungen mit der Sowjetunion mit der Absicht, den Kalten Krieg zu beenden. Diese Verhandlungen gründen sich auf dem Einvernehmen, daß keine der beiden Mächte versuchen wird, ihre gegenwärtige Machtstellung auszubauen, indem sie andere Länder beherrscht. Eine solche Politik muß sich die Einsicht zu eigen machen, daß Chruschtschow kein unumschränkt herrschender Diktator ist wie Stalin; daß er gegen die Chinesen und ihre stalinistischen Verbündeten verlieren wird, wenn er keine Erfolge vorweisen kann (das heißt, keine Zugeständnisse des Westens); und daß ein Sieg über Chruschtschow nur ein Sieg zugunsten seiner Gegner ist und deshalb eine Niederlage für die Hoffnungen auf Frieden.

(2) Verhandlungen für weltweite und kontrollierte Abrüstung unter Einbezug von China; Anerkennung der Regierung in Peking sowie ihre Aufnahme in die Vereinten Nationen.

(3) Entmilitarisierung von West- und Ostdeutschland.

(4) Amerikanische Unterstützung für neutrale, demokratische und sozialistische Regierungen bei den früheren Kolo-

nialvölkern; Unterstützung für die „Dritte Kraft", für Tito, Nasser, Nehru.

(5) Gemeinsam mit der Sowjetunion massive wirtschaftliche und technische Hilfe für die unterentwickelten Länder über eine Unterorganisation der Vereinten Nationen.

(6) Eine Politik der Vernunft sollte auf der Einsicht in jene Entwicklungstrends aufbauen, die die Geschichte der Gegenwart bestimmen; sie sollte sich auf Bewegungen stützen, die notwendige Entwicklungen vorwegnehmen, statt diese einfach ihrem Lauf zu überlassen und in einer Katastrophe enden zu lassen. Noch ist es Zeit für eine solche umsichtige und vorausschauende Politik.

3. Rußland, Deutschland, China: Bemerkungen zur Außenpolitik (1960)

Diese Bemerkungen zur Außenpolitik fanden sich als hektographiertes Manuskript mit dem Titel „Russia, Germany, China: Remarks on Foreign Policy" im Nachlaß Fromms in zwei verschiedenen Versionen. Die Übersetzung von Linda Bender folgt der längeren Version, welche aber, um Duplizierungen zu vermeiden, um zwei Abschnitte gekürzt wurde.

Die Sowjetunion wurde beim Ausbruch der bolschewistischen Revolution 1917 von Revolutionären geführt, die ganz und gar davon überzeugt waren, daß der Sieg der Revolution in Rußland und der erwartete Sieg in Deutschland sowie in anderen europäischen Ländern eine neue historische Epoche einleiten würde – so, wie es sich Marx und andere Sozialisten vorgestellt hatten. Ihnen unterliefen jedoch ein Reihe schwerwiegender Fehler. Ein erster war ihre Überzeugung, daß sich zumindest Deutschland den revolutionären Kräften anschließen würde; es besteht kein

Zweifel daran, daß sie die Macht in Rußland nicht übernommen hätten, wenn sie gewußt hätten, daß dies ein Irrtum war. Abgesehen von diesem Irrtum, der darin bestand, daß sie den Verlauf der Geschichte falsch einschätzten, sahen sie auch nicht die Gefahren, die von Zentralisierung und Bürokratisierung, von der Unterdrückung der Spontaneität und Freiheit unter den Arbeitern und schließlich von der Anwendung von Terror und Gewalt ausgehen.

Mit der Krankheit und dem Tode Lenins und dem Sieg Stalins endete die Revolution in Rußland. [...] Stalins Methoden zielten darauf ab, die Grundlage für eine starke Industrie zu schaffen, die nicht nur die Errichtung einer mächtigen Militäreinrichtung erlaubte, sondern die auch die Möglichkeiten bot, die Konsumwünsche in zunehmendem Maße zu befriedigen. [...]

Das sowjetische Rußland unter der Führung Chruschtschows ist ein Staat, der keineswegs dem marxistischen Sozialismus entspricht. Dieser war ursprünglich eine Bewegung zur Befreiung des Individuums und zur Selbstverwirklichung der nicht entfremdeten menschlichen Persönlichkeit. Der „Chruschtschowismus" ist eine neue Form von Staatskapitalismus, die zwar wirtschaftlich effektiv ist, menschlich jedoch verarmend wirkt. Chruschtschow muß zu kommunistischen Parolen von der Weltrevolution, zu den Lehren von Marx und Engels, zu Lenin als Führergestalt usw. greifen, da er keine andere Ideologie hat, die das Denken der Menschen bindet und vereint. Wer aber glaubt, er sei ein Revolutionär oder ein Sozialist, weil er mit deren Worten spricht, der ist ungefähr ebenso naiv, wie jemand, der glaubt, daß die Päpste der Renaissance Christen gewesen seien. Rußland wird augenblicklich von einer großen industriellen, politischen und militärischen Bürokratie regiert, die sich mehr und mehr aus ihren eigenen Reihen rekrutiert – mit Ansichten und Interessen, die mit denen der Managergruppen in den Vereinigten Staaten und in anderen kapitalistischen Ländern vergleichbar sind. Zu diesen Gemeinsamkeiten zählen: der Anschein einer konservativen und vorsichtigen Haltung, das Streben nach Machtzuwachs und nach einem höheren Status für sich selbst wie für die eigenen Kinder, ein größeres Einkommen zur Befriedigung tatsächlicher oder als Statussymbol dienender Konsumbedürfnisse. Tatsächlich ist Rußland heutzutage nicht mehr ein Staat des „Nicht-Habens", sondern ein Staat des „Habens", eines der reichsten und wohlhabendsten Länder der Welt und offensichtlich auf dem Weg, noch reicher und wohlhabender zu werden. Hieraus resultieren aber auch seine politischen Ziele.

Die Sowjetunion, die 1917 die Weltrevolution anführte, ist heute eine der konservativsten Mächte. Mehr und mehr gründet ihr System auf einer starren Klassenstruktur, die von einer zentralistisch organisierten Schicht leitender Funktionäre regiert wird. Weil sie ihre Massen mit traditionellen kommunistischen Parolen bindet, muß sie oft die Sprache Lenins und des Kommunismus zu Hilfe nehmen. Doch jene im Westen, die glauben, daß Rußland für das, was es sagt, einsteht, fallen nur auf Worte herein, statt Tatsachen zu sehen. Es besteht kein Zweifel, daß Chruschtschow heute den führenden Industriellen der Vereinigten Staaten näher steht als Marx oder Lenin, allerdings mit dem Unterschied, daß er es wahrscheinlich besser weiß als die führenden Industriellen der Vereinigten Staaten. Wie Nehru kürzlich sagte, sind sich die Sowjetunion und die Vereinigten Staaten heute in Wirklichkeit ähnlicher als sonst noch zwei andere Länder der Welt, ja er sagte voraus, daß sie sich in Zukunft noch ähnlicher würden, denn sie beide seien von Maschinen geprägte Zivilisationen. (Vgl. hierzu die *New York Times* vom 10. Oktober 1960.)

Für Chruschtschows Außenpolitik folgt daraus, daß Rußland als einer der „Haben-Staaten" Angst vor den „Nicht-Haben-Staaten" hat, an deren Spitze heute China steht.

Chruschtschow schaut auf China genau so, wie die kapitalistischen Völker vor vierzig Jahren auf Rußland schauten: als einen möglichen Führer für Revolutionen in den Kolonialvölkern und, nebenbei bemerkt, von Revolutionen der Menschen mit dunkler Hautfarbe gegen die wohlhabenden weißen Völker.

Wiederum darf man sich durch Parolen nicht täuschen lassen. Chruschtschow kann seine Befürchtungen im Hinblick auf China nicht offen aussprechen (obwohl bei näherer Betrachtung diese Gründe in den vergangenen Monaten fast auf der Hand lagen). Er muß weiterhin dem Kommunismus und der Revolution das Wort reden, obwohl er zur gleichen Zeit verzweifelt ein Bündnis mit dem anderen großen und konservativen „Haben-Staat" – den Vereinigten Staaten – sucht. Er wetteifert zur Zeit mit China um die Freundschaft der neutralen Länder Asiens, Afrikas und sogar Kubas, und er muß sich den Anschein geben, daß er sich für ihre Befreiung ebensosehr einsetzt, wie es die Chinesen tun. Sein wirkliches Interesse liegt aber vor allem in einer Konsolidierung der Weltlage durch ein stillschweigendes Übereinkommen zwischen Rußland und den Vereinigten Staaten.

Ich möchte für diese Behauptung einige Beispiele geben: Chruschtschow versuchte im Kongo Fuß zu fassen, aber wahrscheinlich ging es ihm mehr darum, die Chinesen daran zu hindern, sich dort festzusetzen, als selbst neue Eroberungen zu machen. In Wirklichkeit unternahm er kaum etwas. Er schickte fünfzehn Transportflugzeuge, vielleicht auch einige Waffen (die Chinesen sollen Waffen im Werte von 2½ Millionen Dollar geschickt haben), und nach Lumumbas Niederlage zog er sich zurück. Seine ganze Reaktion auf diese politische Niederlage bestand darin, daß er ein wenig laut wurde und Drohungen ausstieß. Das gleiche, denke ich, gilt auch für Kuba. Auch hier muß Chruschtschow die Konkurrenz Chinas abwehren und betonen, wie sehr er den Kolonialvölkern hilft. Meiner Überzeugung nach ist die Tatsache, daß er seinen groß angekündigten Besuch in Kuba nicht unternahm, ein klarer und symbolischer Ausdruck für seine Abneigung, Kuba zu einem Satellitenstaat werden zu lassen oder gar zu einem Militärstützpunkt, denn sein politisches Ziel ist noch immer ein Bündnis mit den Vereinigten Staaten. Kürzlich wurde dies völlig klar, als er erklärte, das Angebot von sowjetischer Militärhilfe an Kuba sei nur „symbolisch" gemeint gewesen. Auch seine zögernde Haltung, der Regierung Castros die ganze wirtschaftliche Hilfe, die sie eigentlich bräuchte, zu geben, verdeutlicht dies.

Der größte Fehler der amerikanischen Außenpolitik sowie der Außenpolitik der Länder in Europa, die unserem Beispiel folgen, ist der, daß wir das Wesen des Kommunismus von Chruschtschow völlig fehlgedeutet haben. Wir sehen seinen konservativen und reaktionären Charakter nicht; wir nehmen Worte für Taten; wir verstehen nicht die dialektische Beziehung zwischen politischen Ideologien und politischen Tatsachen; schließlich erkennen wir nicht, daß Chruschtschow den konservativen und hauptsächlich friedlich-gesinnten Flügel Rußlands verkörpert und daß er um sein politisches Überleben gegen die Chinesen und den aggressiven stalinistischen Flügel, den es in Rußland noch immer gibt, kämpft. Wir meinen, daß jede Niederlage Chruschtschows ein Sieg für uns ist, und vergessen dabei, daß dies eigentlich ein Sieg für die Chinesen und ihre russisch-stalinistischen Verbündeten ist. Wir vergessen, daß Chruschtschow keineswegs die unumschränkte Machtposition Stalins hat und daß er entweder zurücktreten oder – opportunistisch, wie er ist – die politische Linie seiner Gegner übernehmen muß, wenn er mit seinen Zielen scheitert. Dann werden wir in der Tat einem aggressiven China gegenüberstehen, das auf Expansion aus ist, sowie einer ebensolchen russischen Führung, und beide werden eng miteinander verbündet sein.

Ein Abkommen zwischen den Vereinigten Staaten und Rußland wird eine Übereinkunft zweier konservativer Mächte schaffen, was einem vielleicht ebenso unlieb ist wie ein Bündnis zwischen den Vereinigten Staaten und dem zaristischen Rußland gewesen wäre. In Anbetracht der Tatsache, daß der heutige Mensch vor allem einen neuen Krieg vermeiden will, ist eine russisch-amerikanische Verständigung eine Notwendigkeit, da sie die Bedingung für ein Ende des Wettrüstens ist. Mit einer solchen Verständigung wird auch ein atomarer Holocaust unwahrscheinlicher. Ein solches Abkommen nährt auch die Hoffnung, daß die blockfreien Länder, besonders die früheren Kolonialvölker, Formen eines demokratischen Sozialismus annehmen werden, welche sie weder dem russischen oder dem chinesischen Lager noch dem der Vereinigten Staaten oder ihrer Verbündeten zuordnen.

Was steht einer russisch-amerikanischen Verständigung im Wege? Wie bereits erwähnt, steht an erster Stelle ein Mißverständnis der politischen Struktur Rußlands, und zwar die falsche Annahme, daß Rußland als eine revolutionäre Macht die Welt für den Kommunismus erobern möchte. Jede Bürokratie einer imperialistischen Macht will für sich einige Vorteile in der Welt gewinnen; dies gilt für die russische Bürokratie heute ebenso wie für die britischen, französischen und russischen Staatsmänner des 19. Jahrhunderts. Allerdings waren diese Staatsmänner sehr vorsichtig und unternahmen keinen Schritt, der zu Krieg hätte führen können. Auch waren sie intelligent genug, um zwischen politischen Parolen und Tatsachen zu unterscheiden; und sie wußten, daß öffentliche Erklärungen in den Ohren der Regierten nicht zwangsläufig irgendwelche ernsthaften Absichten oder Ideen der Regierenden ausdrücken. Zweifellos ist Chruschtschow nicht weniger intelligent oder realistisch, als es die Staatsmänner im 19. Jahrhundert waren. Folglich weiß er auch, daß es nicht nur wünschenswert, sondern notwendig ist, einen Atomkrieg zu vermeiden.

Es ist für unsere politischen Führer vor allen Dingen wichtig, den Unterschied zwischen Ideologien und Tatsache verstehen zu lernen und etwas über die groben marxistischen Begriffe zu wissen, die die Russen verwenden. Dann wären sie nämlich von der Erklärung Chruschtschows: „Wir werden euch begraben!" nicht so schockiert; diese Erklärung ist eine herkömmliche, wenn auch grobe Formulierung der marxistischen Geschichtsphilosophie, die sich auf die „Gesetze der Geschichte", und nicht auf den Krieg bezieht.

Aber selbst wenn diese Mißverständnisse geklärt werden können, gibt es noch ein sehr ernsthaftes Problem, das eine Übereinkunft zwischen den Vereinigten Staaten und Rußland blockiert und somit die Gefahr eines Krieges in sich birgt: die Wiederbewaffnung Deutschlands.

Wir machen hier den gleichen Fehler wie im Hinblick auf die Sowjetunion, daß wir Worte mit Taten gleichsetzen. Deutschland trat als großes Land Europas erst in Erscheinung, als die Welt schon unter den alten Kolonialmächten verteilt war. Innerhalb kurzer Zeit entwickelte sich in Deutschland eine äußerst mächtige Wirtschafts- und Industriemaschinerie, und dieses Potential – zusammen mit der feudalen Militärtradition Deutschlands – schuf eine dynamische Mischung mit dem Ziel, zu expandieren und neue Gebiete, teils als Märkte und teils als Quellen für Rohstoffe, zu erwerben. Deutschland unternahm diesen Versuch erstmals zu Zeiten des Kaisers. Es hatte beinahe Erfolg damit, scheiterte jedoch, weil die deutschen Führer die Macht der Vereinigten Staaten unterschätzten.

Nach seiner Niederlage und dem Versailler Vertrag brauchte Deutschland nur einige Jahre, um nicht nur dorthin zu kommen, wo es vor der Niederlage gewesen war, sondern ein moderneres und wirksameres Industriesystem sowie eine fortschrittliche militärische Organisation zu errichten. Die gleichen auf Expansion ausgerichteten Kräfte sowohl der Industrie als auch der Junker machten sich nur einige Jahre nach der deutschen Niederlage wieder ans Werk. Die Industriellen und die Generäle Deutschlands wurden jedoch bei ihren Expansionsplänen behindert durch die Macht der Arbeiterklasse und einige Gruppen der liberalen Mittelklasse, die zusammen nur knapp die Mehrheit im Parlament besaßen. Ein halb-verrückter Mann mit seinen sozial abgestiegenen und aufgebrachten Anhängern aus der unteren Mittelklasse bot seine Dienste nicht nur an, um die linken und liberalen Parteien und die Gewerkschaften zu zerstören, sondern auch um die Ideologie und Leidenschaft zu stärken, die für den neuen Versuch militärischer Ausweitung nötig waren. Wiederum hätte Deutschland beinahe Erfolg gehabt; wieder beging es den gleichen Fehler: die Macht der Vereinigten Staaten zu unterschätzen, abgesehen von anderen militärisch und politisch dummen Fehlern, die nicht überraschten, wenn man bedenkt, daß sein Führer talentiert, doch halb-verrückt war. Heute, nur fünfzehn Jahre nach einer vernichtenden Niederlage, ist Deutschland, vom wirtschaftlichen Standpunkt aus gesehen, das mächtigste Land und baut gerade den mächtigsten Militärapparat in Westeuropa auf.

Die Kräfte, die dem Expansionismus der deutschen Monarchie und Hitler zugrunde lagen, sind noch immer die gleichen, und sie erstarken von neuem. Diesmal wird die Zündschnur nationalistischer Sentimentalität ebenso wirksam vorbereitet, wie der Kaiser die patriotischen Gefühle und die Gefühle des Kampfes gegen die russische Autokratie benutzte, und wie Hitler den Groll gegen den Versailler Vertrag ausnutzte. Die deutsche Regierung hat die Oder-Neiße-Linie nie offiziell anerkannt, und erst kürzlich erklärte ein Mitglied der deutschen Regierung, daß die deutsche Bevölkerung ein Recht habe, die „gestohlenen Gebiete“ zurückzuerhalten, und fügte lediglich hinzu, daß Deutschland nicht versuchen werde, dies gewaltsam zu erreichen. Eine solche Formulierung wurde auch von Hitler bis kurz vor Kriegsausbruch verwendet. Sie ist bedeutungslos, da es auf der Hand liegt, daß weder Rußland noch Polen diese Gebiete den Deutschen freiwillig zurückgeben werden. Die Forderung nach der Rückgabe dieser Gebiete läßt sich nicht einmal unter realistischen oder moralischen Gesichtspunkten rechtfertigen. Ist ein Vertrag, der Millionen von Menschen dazu zwang, das Land zu verlassen, in dem sie jahrhundertelang gelebt hatten, eine unmoralische und unberechtigte Forderung, so wäre es ebenso ungerecht und unmoralisch, diejenigen, die jetzt dort leben, ihrerseits zum Verlassen zu zwingen. In Wirklichkeit wollen die früheren Bewohner in diese unterentwickelten Teile des ehemaligen Deutschen Reiches in Schlesien und Ostpreußen gar nicht mehr zurückkehren. Sie sind so gut in die heute blühende deutsche Wirtschaft integriert, daß Arbeiter von Italien und anderen Ländern nach Deutschland geholt werden müssen. Das ganze Gerede von der Wiedergewinnung der „gestohlenen Gebiete" gleicht dem Gerede von der Vereinigung Deutschlands; es ist nicht ernst gemeint, aber es wird als emotionale Zündschnur genutzt, um die deutsche Bevölkerung hinter ihre militärischen und industriellen Führer zu bringen.

Wir machen noch immer denselben Fehler: Wir glauben, daß das, was 1914 falsch war, die schlechten Absichten des Kaisers gewesen seien, und daß das, was 1939 falsch war, der Rassismus und die Irrationalität Hitlers gewesen seien. Wir erkennen nicht, daß Kaiser Wilhelm II. und Hitler, historisch gesehen, nur verschiedene äußere Aufmachungen der gleichen grundlegenden Wirklichkeit waren: des Expansionsdrangs der Deutschen unter Führung der Industrie und der Generäle. Genauso, wie wir glauben, daß Chruschtschow ein Revolutionär ist, weil er so spricht, glauben wir, daß Adenauer für Frieden ist, weil er davon spricht. Worüber könnte Adenauer denn sonst sprechen, solange er die militärische und wirtschaftliche Stärke Deutschlands noch nicht unangreifbar gemacht hat? Es ist ein Fehler zu glauben, die Hinrichtung der Nazi-Führer und die Entnazifizierung (die viele Nazis in führenden Positionen gelassen hat) bedeuteten, Deutschland sei jetzt eine „friedliche" Nation. Alle diese Vorgänge (einschließlich der Reparationszahlungen an den Staat Israel sowie die offizielle Einstellung gegen den Anti-Semitismus) sind lediglich Versuche, die nationalsozialistische Fassade eines auf Expansion ausgerichteten Deutschlands in eine friedliche „demokratische" Fassade zu verwandeln. Aber die Fassade ändert in Wirklichkeit noch nichts. Selbst ein Land mit einer demokratischen Regierungsform kann Expansionspolitik betreiben, wenn seine grundlegenden wirtschaftlichen und sozialen Kräfte auf Gebietserweiterung ausgerichtet sind.

Die meisten Amerikaner, die Deutschland beobachten, begehen den Fehler, daß sie kein dynamisches Verständnis von Deutschland haben, das heißt, den Prozeß und die Bewegung der deutschen Gesellschaft nicht begreifen, sondern Deutschland statisch, jeweils nur auf einen Augenblick bezogen, betrachten. Man kann ein lebendiges Geschehen (und diese Einsicht war Hegels großer Beitrag zum Verständnis des Menschen und der Geschichte) nur verstehen, wenn man es als Prozeß zu begreifen versucht, das heißt, wenn man untersucht, von welchem Punkt es ausgeht und woraufhin es sich zubewegt.

Deutschland ist im Begriff, sich von der Position der Niederlage aufzuwerfen in die Position neuer Stärke. Es wird dabei von den gleichen industriellen und militärischen Kräften wie schon zu Beginn dieses Jahrhunderts angetrieben. Um dieses Ziel zu erreichen, reden deutsche Politiker von Frieden und Demokratie und brauchen sie die Hilfe der Vereinigten Staaten, indem sie sich (wie schon Hitler) als den unverzichtbaren Bündnispartner im Kampf gegen den „Kommunismus" anbieten. Mittlerweile ist der Prozeß des militärischen Wiedererstarkens in Deutschland schon so weit fortgeschritten, daß manche demokratische Attrappe fallengelassen werden kann. (Hierfür einige Beispiele aus jüngster Zeit: das „Memorandum" der deutschen Generäle, die von der Regierung die atomare Aufrüstung und die allgemeine Wehrpflicht „fordern"; die Änderung der militärischen Vorschriften, die verlangten, daß ein Soldat nur die Offiziere seiner eigenen militärischen Einheit grüßen und ihnen gehorchen muß; ein wachsender Nationalismus, angestiftet sowohl von der Partei Adenauers als auch von den Sozialdemokraten, um für die Wahlen auf Stimmenfang zu gehen.) Wenn man diese Veränderungen nicht als Teil eines Prozesses sieht, wird man der Frage gegenüber, wohin Deutschland geht, ebenso blind sein, wie es die Welt zwischen 1930 und 1937 in Bezug auf das Nazi-Deutschland war.

All das bedeutet jedoch nicht, daß Adenauer lügt, wenn er sagt, er sei für Frieden. Er ist sich vielleicht nicht voll des historischen Prozesses bewußt, den er unterstützt (es macht freilich historisch wenig Unterschied, ob er sich dessen bewußt ist oder nicht). Ebensowenig bedeutet es, daß Adenauer zwangsläufig versuchen wird, einen Krieg zu beginnen. Seine wirtschaftliche Stellung sowie seine militärische Überlegenheit in Westeuropa, die ihm von der westlichen Politik auferlegt wurde, werden bald so überwältigend sein, daß er den Westen nach Art großer Unternehmen wird dirigieren können. Es wird „Fusionen" geben und freundlich aussehende „Verträge" und keinen Marsch der Infanterie und keinen Bombenflug.

Daß ein französischer General, der romantisch und eitel ist, diese Wirklichkeiten nicht sieht, ist nicht mehr verwunderlich, als die Tatsache, daß die französischen Generäle 1939 nicht sahen, daß eine unvollendete Maginot-Linie ebenso gut war wie überhaupt keine Maginot-Linie. Hat Deutschland einmal seine volle Stärke wieder erreicht, wendet es sich vielleicht gegen England oder gegen die Vereinigten

Staaten, am ehesten aber gegen Rußland. Davor haben die Russen Angst. Wahrscheinlich muß man ihre Angst ernst nehmen, da ja schon zweimal die gleichen Legionen eines imperialistischen Deutschlands einmarschiert sind. Aber selbst wenn Chruschtschow vor einem wiederbewaffneten Deutschland keine Angst hat, wie er behauptet, so ist doch die fortgesetzte Wiederaufrüstung Deutschlands das Symbol, das über das Scheitern oder den Erfolg seiner Politik bestimmt. Er hat immer wieder ganz klar und eindeutig zum Ausdruck gebracht, daß die Wiederbewaffnung Deutschlands der entscheidende Punkt ist, der einer russisch-amerikanischen Verständigung im Wege steht. Mit dem Aufbringen der Berlinfrage hat er den einzigen Punkt in Westeuropa, bei dem er – im Gegensatz zu uns – etwas bewegen kann, aufgegriffen, um uns einige Zugeständnisse abzunötigen. Wir [Amerikaner] waren sogar bereit, beim Treffen von Chruschtschow und Eisenhower im vergangenen Jahr [1959] einige symbolische Zugeständnisse zu machen, bis wir unter dem Druck von Adenauer, der die amerikanische Außenpolitik augenblicklich beträchtlich beeinflußt, erklärten, daß alle Zugeständnisse aufgehoben seien. Damit waren wir wieder am selben Punkt wie vor der Genfer Außenministerkonferenz und den Verhandlungen von Camp David angelangt. Als Reaktion auf diese Erklärungen hielt Chruschtschow seine grobe Rede in Baku, die auf der westlichen Seite keinerlei Wirkung zeigte.

Unsere Unnachgiebigkeit in der Frage der deutschen Wiederbewaffnung und in der Berlinfrage einerseits, und andererseits die ungeschickte und in der Tat verletzende Art, den U-2-Zwischenfall zu behandeln, ließen Chruschtschow keinen anderen Ausweg, als grob zu sprechen, wenn er nicht sein Ansehen innerhalb Rußlands und seinen Kampf gegen seine Gegner im eigenen Land verlieren wollte. Aber selbst nach der [Pariser] Gipfelkonferenz wich er in seiner Berlin-Rede nicht von den Versprechungen, die er in Camp David gemacht hatte, nämlich die Veränderungen in Berlin nicht zu übereilen, ab und selbst jetzt erklärt er, daß er bereit ist, sie bis zum Frühjahr 1961 zu verschieben.

Aber die Zeit läuft für Chruschtschow ab. Wenn wir weiterhin den Diktaten von Adenauer und Willy Brandt folgen und die unbeschränkte Wiederaufrüstung Deutschlands vorantreiben und weiterhin absolut nicht dazu bereit sind, selbst einige symbolische Zugeständnisse in Berlin zu machen, wird Chruschtschow verlieren, und es wird für uns kaum einen Unterschied machen, ob ihn seine Feinde ersetzen werden oder ob er ihre Politik ausübt, um sein politisches Leben zu retten.

Wenn dies geschieht, dann werden in der Tat die Chancen für einen Frieden auf beinahe Null gesunken sein, und die Chinesen oder Stalinisten werden den Ton angeben. Es ist ziemlich offensichtlich, daß die Chinesen weniger Angst vor einem Atomkrieg haben als wir und die Russen, und sie haben dazu vielleicht gute und realistische Gründe, wenn wir menschliche Werte außer acht lassen.

Es ist ein Irrtum zu glauben, daß wir die Wahl haben zwischen dem sowjetischen Kommunismus und dem amerikanischem Kapitalismus. Der tatsächliche Konflikt liegt heutzutage zwischen den expansionsbestrebten Ländern unter der Führung Chinas und den konservativen Ländern, vertreten durch die Vereinigten Staaten und die Sowjetunion. Wenn es jedoch zu einer Übereinkunft zwischen den Vereinigten Staaten und der Sowjetunion kommt, und wenn außerdem China einen Sitz in den Vereinten Nationen erhalten wird und Anteil an einem allgemeinen Abrüstungsvertrag bekommt, besteht begründete Hoffnung, daß der aggressive Flügel der chinesischen Kommunisten von dem friedlicher gesinnten abgelöst wird, und zwar auf Grund der Tatsache, daß eine Welt ohne Rüstung China solche wirtschaftlichen Möglichkeiten bieten wird, die militärische Expansion überflüssig machen.

Für die Außenpolitik der Vereinigten Staaten ergibt sich aus dem Gesagten:

(1) Noch mehr Siege über Chruschtschow werden schließlich seinen Fall und damit den Sieg der chinesischen und russischen Stalinisten bedeuten.
(2) Abrüstung von Deutschland (West und Ost) ist eine notwendige Voraussetzung für den Frieden.
(3) Die bündnisfreie Bevölkerung Asiens und Afrikas kann nur durch die Anziehungskraft eines demokratischen Sozialismus gewonnen werden und nicht dadurch, daß man ihnen die Schönheiten des Kapitalismus vor Augen führt.
(4) Massive wirtschaftliche Hilfe für die unterentwickelten Völker ist eine Voraussetzung für die friedliche Entwicklung der Kolonialvölker.
(5) Eine weltweite Abrüstung, die China einschließt, ist eine notwendige Voraussetzung, um einen Atomkrieg zu vermeiden; denn selbst wenn man die Bereitschaft sowohl der amerikanischen und russischen Führer, Krieg zu vermeiden, annimmt, gilt doch, daß sein Ausbruch innerhalb der nächsten zehn Jahre (als ein Ergebnis der Fehleinschätzungen der Bewegungen des Gegners und durch die atomare Bewaffnung verzweifelter oder expansionsbestrebter Völker) wahrscheinlich ist.
(6) Chinas Sitz in den Vereinten Nationen und seine diplomatische Anerkennung durch die Vereinigten Staaten ist eine notwendige Voraussetzung für weltweite Abrüstung und die Verminderung der internationalen Spannungen.

4. Chruschtschow und der Kalte Krieg (1961)

Der nachfolgende Text ist die Antwort Fromms auf eine Kritik, die Seymour Martin Lipset in den Committee of Correspondence – Newsletter *an einer dort veröffentlichten Frommschen Analyse der „Erklärung der 81 Kommunistischen Parteien" von*

1960 geübt hat. Lipset war Professor für Soziologie an der Universität von Kalifornien in Berkeley und speziell mit Fragen gesellschaftlicher Organisation befaßt. Die Kontroverse wurde in Nummer 4 des Jahrgangs 28 im Sommer 1961 in der Zeitschrift Socialist Call *wiederabgedruckt, nicht jedoch die Frommsche Erwiderung auf Lipsets Kritik. Die Frommsche Analyse, auf die Lipset Bezug nimmt, wurde unter dem Titel* Kommunismus und Koexistenz. Das Wesen der totalitären Bedrohung heute. Eine Analyse der Erklärung der 81 Kommunistischen Parteien *(1961g) in Band V der Erich-Fromm-Gesamtausgabe deutsch veröffentlicht. Die hier veröffentlichte Erwiderung Fromms folgt dem amerikanischen Originalmanuskript, das Emmanuel Picard ins Deutsche brachte.*

Es wird behauptet, die Russen wollten zum einen den Kalten Krieg deshalb nicht beenden, weil sie den kommunistischen Einfluß und seine Macht erweitern wollten, zum anderen weil sie davon überzeugt sind, daß die westlichen Staaten ängstlich einen Krieg vermeiden, so daß die friedenswillige, westliche Politik es Chruschtschow ermögliche, aggressiv zu sein. Diese Annahmen lassen eine Reihe von Fakten außer acht.

Chruschtschow hat gute Gründe, den Kalten Krieg beenden zu wollen, a) weil die mit dem Ende des Kalten Krieges einhergehende Abrüstung erhebliche, für die Wirtschaft benötigte Ressourcen freisetzen würde; b) weil ihm eine Verständigung mit den Vereinigten Staaten viel mehr Handlungsfreiheit auf China hin geben würde, während ein Konflikt mit den Vereinigten Staaten ihn zu einer stärkeren Allianz mit China führt; c) weil er sich sehr bewußt ist, daß die Fortsetzung des Kalten Krieges zwischen den beiden, mit Atomwaffen aufgerüsteten Blöcken die ernste Gefahr eines echten Krieges beinhaltet, der etwa aus Versehen oder auf Grund von Fehlberechnungen zustande kommt. Was begründet eigentlich die Annahme, daß Chruschtschow weniger um die Vermeidung eines thermonuklearen Krieges bemüht ist als der Westen? Hat er weniger zu verlieren, oder sind die westlichen Bomben zu unwirksam? Wenn man die heute gängige Argumentation nachvollzieht, wären die Chancen eines Friedens größer, wenn der Westen weniger darauf erpicht wäre, einen Krieg vermeiden zu wollen, und wenn man keine Friedensstrategie hätte. Ist die Annahme wirklich realistisch, daß eine nicht auf Frieden ausgerichtete Politik zur Vermeidung eines Krieges geeigneter sei?

Ich habe den Eindruck, daß diese Argumentationslinie auf der allgemein akzeptierten Annahme beruht, daß Chruschtschow die Welt für den Kommunismus erobern will und daß er immer noch Lenins und Trotzkis Ziele verfolgt.

Die Tatsachen sprechen eine andere Sprache. Spätestens ab 1923 haben die russischen Kommunisten jegliche Hoffnung auf eine Revolution in den industrialisierten Ländern aufgegeben. Sie haben die kommunistischen Parteien Europas in solch einem Maße geschwächt und korrumpiert, daß diese, wiewohl immer noch als Schachfiguren für die russische Politik einsetzbar, als Instrumente für die Revolution vollkommen unbrauchbar wurden. Am Ende des Zweiten Weltkrieges jedoch, zu dem Zeitpunkt, an dem möglicherweise die größte Chance für eine revolutionäre Bewegung in Westeuropa bestand, als nämlich die Kommunisten in Frankreich und Italien sowohl Waffen als auch großes Prestige besaßen, da wurde ihnen befohlen, ihre Waffen niederzulegen und eine bürgerliche Koalition einzugehen. Seit 1925 haben Stalin und seine Nachfolger ihre ganzen Energien darauf verwandt, einen totalitären, bürokratischen Industriestaat aufzubauen; sie mußten dies im Namen des „Sozialismus in einem Land" tun, weil ihr Einfluß auf die Völker Rußlands außer mit Terror mit der kommunistischen Ideologie geltend gemacht wurde und mit dem Anspruch, daß Stalin und Chruschtschow die legitimen Nachfolger der charismatischen Gestalten Marx und Lenin waren. Stalins Eroberungen der osteuropäischen Satellitenstaaten waren keine kommunistischen Revolutionen, sondern strategisch und wirtschaftlich begründete, militärische Eroberungen (vgl. die Analyse von Z. K. Brzezinski, 1960, S. 4ff.), die zweifelsohne auch durch Stalins persönlichen Ehrgeiz und durch sein Streben nach Ruhm verursacht waren. (Man vergleiche Stalins Übertretung des Abkommens von Jalta mit der Verletzung von Clemenceaus, Lloyd Georges und Orlandos früherer Übereinkunft zu den 14 Punkten von Präsident Wilson im Versailler Vertrag.) Das aus dem revolutionären Lenin und dem reaktionären, staatskapitalistischen Stalin zusammengesetzte Bild „des" kommunistischen Führers ist ein gefährliches und irriges Propagandaklischee.

Weiterhin wird behauptet, daß Rußland immer noch kein reiches Land sei. Dieses Argument stützt den oben genannten Punkt, daß nämlich Chruschtschow gute Gründe hat, den Kalten Krieg zu beenden. Rußland als „unterentwickeltes Land" zu bezeichnen, stünde aber im Widerspruch zu den derzeit gültigen wirtschaftlichen Analysen über das russische System. Tatsächlich hat sich seit 1928 der Prozentsatz der in der Landwirtschaft tätigen Bevölkerung gegenüber der nicht in der Landwirtschaft tätigen (76,5% zu 23,3%) bis 1958 zu einem Verhältnis von 52% zu 48% gewandelt. Die meisten amerikanischen Wirtschaftsexperten stimmen darin überein, daß die jährliche industrielle Wachstumsrate zwischen 1950 und 1958 in Rußland doppelt so hoch wie die amerikanische Wachstumsrate ist und daß die Russen vor allem im Ernährungs- und Bekleidungssektor demnächst große Fortschritte machen werden. Zur Zeit steigert sich der Verbrauch, wenn man die Bevölkerungsschwankungen mit einbezieht, jährlich um 5%. Gerade weil Malenkow und Chruschtschow schließlich den materiellen Bedürfnissen der russischen Bevölkerung gerecht werden konnten, gelang es ihnen, das stalinistische Terrorsystem durch einen reaktionären Polizeistaat zu ersetzen. Aus den Berichten von Amerikanern, die Rußland in den letzten Jahren besucht haben, läßt sich schließen, daß die wichtigsten psychologischen Faktoren, die für die Regierung sprechen, gerade die Beendigung des Terrors, die materielle Besserstellung und die Hoffnungen nach noch besseren materiellen Bedingungen sind. Die große Mehrheit der russischen Bevölkerung hat nur vor einem Angst: vor dem Krieg. Angesichts all dieser Tatsachen entbehrt meiner Meinung nach die Behauptung, Chruschtschow brauche und wolle die Kriegsgefahr in Rußland, jeder Begründung.

Ein anderes Argument lautet, die Sowjetunion verlöre ohne das Militär ihre Vorherrschaft über die Satellitenstaaten. Das ist zweifellos so. Gerade deswegen hat Chruschtschow immer von einer Abrüstung „auf Polizeiniveau herunter" gesprochen, was im Klartext bedeutet, daß ausreichend starke Polizeistreitkräfte erhalten werden, die die eingesetzten Regierungen stützen. Aber solche Polizeistreitkräfte sind etwas ganz anderes als die zur internationalen Kriegsführung ausgerüsteten und trainierten Armeen. (Die meisten lateinamerikanischen Armeen haben zum Beispiel nur diese Polizeifunktion und wären bei einem internationalen Konflikt ziemlich wirkungslos.) Sobald der Kalte Krieg beendet ist, das heißt, ab dem Augenblick, ab dem beide Seiten den Status quo anerkennen und vor allem, sobald Westdeutschland die Existenz Ostdeutschlands und die internationale Oder-Neiße-Grenze anerkennt, könnte Rußland wirtschaftlich und politisch gesehen Liberalisierungen in den Satellitenstaaten in größerem Maße zulassen.

Die ganze Problematik um Berlin dreht sich eigentlich nur um die Frage, ob die westlichen Alliierten die russische Interessensphäre akzeptieren; ich zweifle deshalb nicht daran, daß sich die Berlinfrage in dem Augenblick lösen läßt, in dem Ostdeutschland durch den Westen anerkannt wird. Wenn es etwas gibt, was die russische Politik seit Beginn der Revolution kennzeichnet, dann ist es vor allem das Mißtrauen und die Angst vor einem Angriff durch die westlichen Verbündeten; seit dem Ende des Zweiten Weltkriegs ist es darüber hinaus dann noch Rußlands absolute Weigerung, die aus dem Krieg resultierenden territorialen Gewinne aufzugeben.

Es stimmt zwar, daß es viele Änderungen und Kehrtwendungen hinsichtlich der kommunistischen Einstellung zur Sozialdemokratie gegeben hat. Aber ich möchte auf folgendes hinweisen: In der Zeitspanne zwischen 1917 und 1922, als Lenin und Trotzki auf eine kommunistische Revolution in Deutschland und Westeuropa abzielten, sahen sie die Sozialdemokraten als ihre Feinde an. Aus ihrem Blickwinkel war das wohlbegründet, denn in gewisser Hinsicht war es die Haltung der sozialdemokratischen Führer in Deutschland, die eine kommunistische Revolution verhinderte. Freilich war dies nicht der einzige Grund. Seit 1923 war die Einstellung gegenüber den Sozialdemokraten ganz von der russischen Außenpolitik abhängig. Bis 1927, als die Russen freundschaftliche Beziehungen mit der westliche Welt und insbesondere mit England herstellen wollten, waren Arbeitsbündnisse mit der Zweiten Internationalen erwünscht. Ab 1927 änderte sich die russische Einstellung, und es begann der sogenannte revolutionäre Kurs, der bis 1934 dauerte. Diese Kehrtwendung hatte mehrere Gründe. Zunächst hatte Großbritannien seine Beziehungen mit Sowjetrußland am 26. Mai 1927 abgebrochen. Dann war Trotzki, der bedeutendste Repräsentant der Revolutionspolitik, von der Partei ausgeschlossen worden. Stalin begann damals mit viel Druck ein industrielles und landwirtschaftliches Produktionsprogramm, das der Bevölkerung unerhörte Opfer abverlangte. Aus diesen Gründen mußte Stalin seine Rolle als Erbe Lenins festigen und dem Westen das Störpotential der kommunistischen Parteien zeigen, wenn der Westen seinen Wunsch nach freundschaftlichen Beziehungen abwies. George F. Kennan (1960, S. 80) zitiert G. Hilger (1953, S. 225), der damals Botschaftsrat bei der Deutschen Botschaft in Moskau war: „So konnte ein kompetenter Moskauer Beobachter jener Zeit später, als er die Sowjetpolitik während der Periode des Ersten Fünfjahresplans beschrieb, sagen, daß ‚die Sowjetunion einen starren Isolationismus hinter der Fassade einer intensivierten Tätigkeit des Komintern verbarg, die teilweise dazu diente, die Aufmerksamkeit von ihren inneren Schwierigkeiten abzulenken'." Daß die Politik der kommunistischen Parteien nur der russischen Außenpolitik diente und daß die harte Linie von 1927/28 bis 1934 kein echter, auf Revolution ausgerichteter Versuch war, wird auch durch die Tatsache sehr deutlich, daß die Direktiven des Komintern an die ausländischen Parteien sich nur auf die Verteidigung gegen die kapitalistische Offensive bezogen und nie in Richtung revolutionärer Aktion gingen.

Weil Chruschtschow das Ende des Kalten Krieges wünscht, schlägt er die Formel freundschaftlicher Beziehungen mit den Sozialdemokraten vor und kommt somit auf die Linie der frühen zwanziger Jahre bis 1934 zurück. Ein Merkmal haben all diese Einstellungsänderungen gemeinsam: die Tatsache, daß Moskau seit 1923 alle ernsthaften revolutionären Aktivitäten in Europa zurückgehalten hat und daß „revolutionäre" Phasen nie mehr als Drohgebärden waren, die im Dienste sowjetischer Außenpolitik oder für den internen Bedarf gedacht waren.

Ein letztes Wort über Kuba. Es ist ganz deutlich erkennbar, daß eine direkte militärische Intervention nie wirklich beabsichtigt war. Es scheint aber auch keinen Zweifel darüber zu geben, daß die Vereinigten Staaten Castro-Gegner, die das Castro-Regime umstürzen wollen, moralisch unterstützen. Folgt man den Berichten der *New York Times* über Trainingslager und Fluglandeplätze in Guatemala, die von den Vereinigten Staaten bezahlt werden und in denen amerikanische Offiziere mitarbeiten, erweckt das unweigerlich den Eindruck, daß die Unterstützung einer Konterrevolution gegen Castro mehr als nur eine moralische ist, auch wenn ich annehme, daß diese Unterstützung nicht direkt von der Regierung der Vereinigten Staaten ausgeht. Bedenkt man jedoch, daß die Castro-feindlichen Kräfte erst in jüngster Zeit erklärt haben, daß sie jetzt vereint sind und sich, sobald sie auf kubanischem Boden sind, als die legale kubanische Regierung bilden werde, dann ist die Angst der kubanischen Regierung für mich nachvollziehbar, daß, wenn einmal die Castro-feindlichen Führer in das Land eingedrungen sind und sich als die rechtmäßige Regierung erklärt haben, sie auch offen die Vereinigten Staaten um Anerkennung und militärische Unterstützung bitten und somit erfolgreich ihren Plan durchsetzen werden. Ich hoffe, daß solch ein Verdacht unbegründet ist, aber ich kann ihn auch nicht einfach als hysterische Idee abtun.

Ich wünschte, daß die Presse der Vereinigten Staaten und unsere Regierung in einer günstigeren Weise auf die neueste Note des kubanischen Außenministers an die lateinamerikanischen Regierungen geantwortet hätten, in denen er um ihre Hilfe beim Aushandeln einer Regelung mit den Vereinigten Staaten bat: Er setzte dabei nur die eine Bedingung, daß die Vereinigten Staaten nicht mehr die gegen Castro gerichtete Revolution unterstützen. Sicherlich hat das Versagen der Vereinigten Staaten, darauf zu antworten, dazu geführt, daß sich Castros Verdacht bezüglich unserer Absichten verstärkt hat.

5. Das neue kommunistische Programm (1961)

Bisher konnte nicht nachgewiesen werden, daß das englische Originalmanuskript der Frommschen Analyse des neuen kommunistischen Parteiprogramms jemals veröffentlicht wurde. Die vorliegende Übersetzung ins Deutsche lieferte Ursula Rautenstrauch in Blätter für deutsche und internationale Politik, *Band 6, Köln 1961 (Pahl-Rugenstein Verlag), S. 942-946. Sie wurde anhand des englischen Originalmanuskripts von Rainer Funk überarbeitet.*

Das neue kommunistische Parteiprogramm (der vollständige Text wurde in der *New York Times* vom 1. August 1961 veröffentlicht) ist ein äußerst aufschlußreiches Dokument, weil es deutlicher als irgendeine der vorhergehenden Veröffentlichungen ein Bild vom Wesen des Systems von Chruschtschow und von seinen Plänen für die Zukunft zeichnet.

Das Programm ist eine seltsame Mischung von unverdautem und vereinfachtem Marxismus, leninistischen Phrasen, Wohlfahrtsstaat-Idealen, kapitalistischem Materialismus, calvinistischer Arbeitsethik und viktorianischer Moral. Es ist gekennzeichnet durch einen verkümmerten Begriff des Sozialismus, durch eine reformistische und evolutionäre Strategie zur Erreichung des Kommunismus und vor allem durch die zentrale Bedeutung, die dem Wunsch nach internationalem Frieden zukommt.

Das Programm kann nur im Zusammenhang mit der kommunistischen Ideologie richtig verstanden werden, im historischen Zusammenhang eines Vergleichs mit früheren kommunistischen Programmen sowie eines Vergleichs mit der chinesischen Position. Jeder, der das Programm ohne Kenntnis dieser verschiedenen Bezugspunkte liest, könnte zum Beispiel Phrasen wie die vom „unvermeidlichen Zusammenbruch des Kapitalismus" und vom „Endsieg des Kommunismus" für aggressive Feststellungen halten oder sogar, wie die Herausgeber der *New York Times* es ausdrükken, für eine „Kriegserklärung an die freie Welt". Was derartige Auslegungen übersehen, ist die Tatsache, daß die Theorie des Marxismus (selbst in der im kommunistischen Programm enthaltenen rohen Form) eine geschichtliche Theorie ist, die annimmt, daß Änderungen der Produktivkräfte zu Veränderungen im sozialen und politischen Bereich führen und daß der Kapitalismus ebenso durch den Sozialismus abgelöst werden wird, wie auf den Feudalismus der Kapitalismus folgte. Die Prophezeiung des endgültigen Zusammenbruchs des Kapitalismus ist eine historische Prophezeiung und keineswegs eine Erklärung, daß der Kapitalismus durch Gewalt gestürzt werden soll. Worauf es ankommt, ist nicht die Vorhersage vom Endsieg des Kommunismus, sondern die Methode, durch die das neue Programm dieses Ziel zu erreichen verspricht.

Der in dieser Hinsicht wichtigste Punkt ist die Tatsache, daß das Programm eine Wende von einem revolutionären zu einem evolutionären und beinahe reformistischen Standpunkt darstellt. Natürlich kann dies nicht im Programm angesprochen werden, nichtsdestoweniger ist es eine Tatsache, die bei der Analyse der einschlägigen Formulierungen klar wird: Das Programm betont, daß der Sozialismus durch das *Beispiel* einer vollkommeneren sozialen Ordnung und besonders der wirtschaftlichen Überlegenheit des Kommunismus gewinnen wird. Es betont, daß ein derartiger Sieg durch „friedliche Mittel" erreicht werden solle, und zwar, indem eine sichere Mehrheit im Parlament gewonnen wird. Es definiert die Diktatur des Proletariats als die „Diktatur einer überwältigenden Mehrheit"; damit geht es auf Marx zurück und wendet sich von Lenins „substitutionistischer" Theorie der Avantgarde ab.

Wenn das Programm auch den endgültigen Zusammenbruch des Kapitalismus prophezeit, so macht es doch gewisse wichtige Zugeständnisse: Erstens, daß der „Kapitalismus möglicherweise noch zu gewissen Zeiten und in gewissen Ländern gedeihen könnte"; zweitens, „daß die Arbeiterklasse vieler Länder, sogar noch ehe der Kapitalismus gestürzt ist, das Bürgertum zwingen kann, Maßnahmen durchzuführen, die über gewöhnliche Reformen hinausgehen und von ausschlaggebender Bedeutung sowohl für die Arbeiterklasse und den Fortschritt ihres Kampfes für den Sozialismus als auch für den größten Teil der Nation sind;" drittens, „daß, selbst wenn ein Teil der Welt kapitalistisch ist, das Ziel des Weltfriedens erreicht werden kann".

(Die beiden letzten Annahmen stehen in starkem Widerspruch zu der überlieferten kommunistischen Lehre.)

Die Haltung des Programms gegenüber den sozialdemokratischen Parteien weist in dieselbe Richtung. Obwohl diese kritisiert werden, wird der Wunsch nach Zusammenarbeit mit ihnen geäußert. Aber die Kritik richtet sich hauptsächlich gegen den „rechten Flügel des Sozialismus" – wiederum eine Unterscheidung, die im kommunistischen Denken nicht üblich war.

Es ist besonders wichtig nachzuprüfen, wie Jugoslawien beziehungsweise China in dem Programm behandelt werden. Jugoslawien wird natürlich kritisiert, aber in außergewöhnlich milder Weise. Es heißt, daß die „jugoslawischen Führer durch ihre revisionistische Politik Jugoslawien, das sozialistische Lager und die internationale kommunistische Bewegung in Gegensatz zueinander brächten und so die revolutionären Errungenschaften aufs Spiel setzten". Unmittelbar nach diesem Satz wird im Programm China durch folgende zehn Worte erwähnt: „Der Sieg der Revolution in China war von besonderer Bedeutung." In Anbetracht der Ansprüche Chinas ist dieser Ausspruch geradezu ein Schlag ins Gesicht. Bezeichnend für dieselbe Haltung China gegenüber ist es, daß an späterer Stelle der jugoslawische „Revisionismus" in ähnlicher Weise kritisiert wird, wie „Dogmatismus und Sektierertum", denn dieses sind die in bezug auf China gewöhnlich verwandten Ausdrücke.

Aus der Sicht der amerikanischen Politik ist besonders zu beachten, welchen Nachdruck das Programm auf Frieden und Koexistenz legt. Das Programm behauptet, daß seine Ziele in Friedensverhältnissen erreicht werden können und daß die Verhütung eines neuen Weltkrieges das „Kernproblem der Gegenwart" ist. Es ist sehr interessant und steht im Gegensatz zu einigen chinesischen Äußerungen, daß ein Aufruf erlassen wird, „die Menschheit vor einem Vernichtungskrieg zu bewahren", und daß der „alles zerstörende" Charakter eines Atomkrieges an anderen Stellen erwähnt wird, ohne daß es heißt, hauptsächlich das kapitalistische Lager würde getroffen werden. Nur einmal wird eine derartige Anspielung gemacht: Nachdem es geheißen hatte, „friedliche Koexistenz oder Vernichtungskrieg – dieses ist die Alternative, vor die uns die Geschichte stellt", geht es im Programm weiter: „Sollten es die imperialistischen Angreifer trotzdem wagen, einen neuen Weltkrieg zu beginnen, wird das Volk nicht länger ein System dulden, das es in Vernichtungskriege hineinzieht. Es wird den Imperialismus hinwegfegen und ihn begraben."

„Allgemeine, vollständige Abrüstung unter strenger internationaler Kontrolle" wird mehrmals als sicherster Weg zu einem dauerhaften Frieden herausgestellt. Die Haltung des Programmes gegenüber den jungen selbständigen Staaten und der kolonialen Revolution ist auch sehr interessant. An erster Stelle erklärt das Programm, daß „die jungen selbständigen Staaten weder zum System der imperialistischen Staaten, noch zum Block der sozialistischen Staaten gehören". Auf diese Weise bestätigt das Programm den von Chruschtschow vorher vertretenen Grundsatz der freundschaftlichen Anerkennung der blockfreien Staaten. Außerdem fordert das Programm nur die „Ausmerzung der Überreste des Kolonialismus, die Ausrottung der imperialistischen Herrschaft, die Entfernung ausländischer Monopole, den Aufbau einer nationalen Industrie, die Abschaffung des Feudalsystems und seiner Überreste, die Durchführung radikaler Bodenreformen im Interesse und mit der Beteiligung des gesamten Bauernstands, die Verfolgung einer unabhängigen, auf Erhaltung des Friedens gerichteten Außenpolitik, die Demokratisierung des gesellschaftlichen Lebens und die Stärkung der politischen Unabhängigkeit. Die Lösung nationaler Probleme liegt im wohlverstandenen Interesse aller patriotischen und fortschrittlichen Kräfte der Nation".

Dieses ist ein verhältnismäßig bescheidenes Programm für die Kolonialvölker, es ist tatsächlich ein Programm, mit dessen Grundzügen die Vereinigten Staaten einverstanden sein könnten. Zudem macht das Programm Zugeständnisse für die Teilnahme der „nationalen Bourgeoisie an der Politik der Kolonialvölker" und analysiert den Doppelcharakter dieser Bourgeoisie. Weiterhin wird die positive Rolle, die die neutralen Staaten spielen können, durch folgende Stelle des Programms betont: „Die Nationalstaaten werden als eine unabhängige Kraft auf der politischen Weltbühne immer wirksamer... Den Ländern und Völkern, die jetzt frei von kolonialer Unterdrückung leben, kommt eine hervorragende Rolle bei der Verhütung eines neuen Weltkrieges – dem Kernproblem der Gegenwart – zu." Die Tatsache, daß das Programm „gerechte anti-imperialistische Befreiungskriege" von Kolonialvölkern billigt, bedeutet nichts weiter als den Ausdruck traditioneller Sympathie der Sowjets für koloniale Freiheitsbewegungen, wie die algerische, und kann unmöglich als Teil einer „neuen Kriegserklärung" ausgelegt werden.

Das Programm spricht ausführlich von der letztlich angestrebten Abschaffung der kommunistischen Partei, vom Absterben des Staates und von vollkommen entwickelten demokratischen Prozessen. Während dies in völligem Gegensatz zum totalitären Charakter des gegenwärtigen russischen Regimes steht, deutet die nachdrückliche Betonung dieser Punkte sowie die Hervorhebung der Dezentralisierung – die in Anbetracht der gegenwärtigen Situation Rußlands der Wirklichkeit schon näher kommt – zumindest auf eine größere Freiheitstendenz hin, die ohne Rücksicht auf die Wünsche Chruschtschows ein Zugeständnis ist, das an das russische Volk gemacht werden muß, und das ebenso dringend ist wie die verbesserte Befriedigung materieller Bedürfnisse.

Das neue kommunistische Programm unterscheidet sich

nicht nur von den aggressiven Merkmalen älterer kommunistischer Taktiken, sondern es unterscheidet sich grundlegend vom Geist des marxistischen Sozialismus. Nichts könnte aufschlußreicher sein als die Feststellung, die das „sozialistische Prinzip" definiert als „ein Prinzip, daß die Mitglieder der Gesellschaft ein materielles Interesse an den Früchten ihrer Arbeit haben". Tatsächlich ist dieses Prinzip während vieler Jahrzehnte vom westlichen Kapitalismus akzeptiert worden und kann deshalb nicht als Prinzip des Sozialismus bezeichnet werden. Der einzige typisch sozialistische Begriff des Programms ist der einer vom Staat gelenkten und staatseigenen Wirtschaft, die wirksamer ist als der Kapitalismus, und deren letztes Ziel die bessere wirtschaftliche Leistung für das Volksganze ist. In diesem Programm ist der Sozialismus nicht, wie für Marx, eine neue Gesellschaft, die über den Kapitalismus hinausgeht, sondern er ist im wesentlichen ein Wohlfahrtsstaat, der erfolgreicher ist als der Kapitalismus, aber im selben Geiste wirkt.

Die ökonomischen Versprechungen des Programms, die als das Resultat einer weiteren erfolgreichen Entwicklung hingestellt werden, übersteigen im wesentlichen nicht die Errungenschaften der kapitalistischen Wohlfahrtsstaaten. Kostenlose ärztliche Behandlung, Schulbesuch, Bücher, höhere Bildungseinrichtungen, öffentliche Verkehrsmittel und sogar die Abschaffung von Mieten können kaum utopische Ziele genannt werden. Einige davon sind längst in England und Skandinavien verwirklicht worden. (Diese Tatsache wird im Programm strikt übergangen.) Vor der Veröffentlichung des Programms drehten sich zahlreiche Gerüchte um die angeblich bevorstehende kostenlose Ausgabe von Brot; im Programm ist davon nicht die Rede. Während die wirtschaftlichen Ziele des Programms die eines vollentwickelten Wohlfahrtsstaates sind, sind die menschlichen Ziele reaktionärer als die der meisten kapitalistischen Länder. Dies wird besonders deutlich in der Beschreibung der kommunistischen moralischen Prinzipien.

Die Partei vertritt die Ansicht, daß der Moralkodex der Schöpfer des Kommunismus die folgenden Grundsätze enthalten sollte:

„Hingabe an die kommunistische Sache, Liebe zum sozialistischen Vaterland und zu anderen sozialistischen Ländern; gewissenhafte Arbeit zum Wohle der Gesellschaft – wer nicht arbeitet, soll auch nicht essen; Anteilnahme jedes einzelnen an der Erhaltung und dem Wachstum des allgemeinen Wohlstandes; ein hochentwickeltes Gefühl für öffentliche Pflichten und Unduldsamkeit gegenüber solchen Handlungen, die das öffentliche Interesse schädigen; Kollektivismus und freundschaftliche gegenseitige Hilfe; einer für alle und alle für einen; menschliche Beziehungen und gegenseitige Achtung; der Mensch ist dem Menschen ein Freund, Genosse und Bruder; Redlichkeit und Wahrhaftigkeit, moralische Lauterkeit, Bescheidenheit und Aufrichtigkeit im gesellschaftlichen und privaten Leben; gegenseitige Achtung in der Familie und eine verantwortungsvolle Erziehung der Kinder; kompromißlose Haltung gegenüber Ungerechtigkeit, Schmarotzertum, Unehrlichkeit und Strebertum (Karrierismus); Freundschaft und Brüderlichkeit zwischen allen Völkern der UdSSR; Ablehnung jedes Völker- und Rassenhasses; kompromißlose Haltung gegenüber den Feinden des Kommunismus; Frieden und Freiheit der Völker; brüderliche Solidarität mit den Werktätigen aller Länder und mit allen Völkern."

Dieses sittliche Programm mit seiner Betonung von Familie, Arbeit, Patriotismus, Pflicht hat Ähnlichkeit mit dem Programm Pétains oder Salazars, aber zweifellos nicht die geringste mit dem marxistischen Denken. Es deckt unbekümmert die kulturelle Wirklichkeit hinter den revolutionären Phrasen Sowjetrußlands auf, die sich aus calvinistischer Arbeitsmoral, der Muffigkeit viktorianischen Kleinbürgertums und moralischen Prinzipien der Diktatur zusammensetzt. Man kann sich gut vorstellen, daß irgendein sehr konservativ oder sehr reaktionär eingestellter Besucher der Sowjetunion, der Russisch kann, sich mit Ausnahme der Begriffe „Gott" und „Kommunismus" in dieser kulturellen Umgebung sehr zu Hause fühlen würde.

Zusammenfassend ist zu sagen, daß das Programm ein klares Bild der derzeitigen Verhältnisse in der Sowjetunion und der Absichten ihrer Führer vermittelt. Die Sowjetunion ist erfolgreich in der Organisation einer zentral gelenkten Staatswirtschaft und in der Steigerung der materiellen Zufriedenheit ihrer Bewohner. Sie braucht Frieden und möchte Frieden haben und erwartet, daß sich die sozialistische Ideologie schließlich durchsetzen wird ohne gewaltsame Revolutionen oder einen internationalen Krieg. Sie verkörpert jedoch kein revolutionäres, sondern im Gegenteil ein konservatives System, das Tendenzen der zunehmenden Liberalisierung in dem Maße erkennen läßt, in dem die Möglichkeiten für einen höheren Lebensstandard wachsen.

Das Programm ist eine Herausforderung an den Kapitalismus, sich erfolgreich mit der Leistung des Kommunismus zu messen, und es ist das genaue Gegenteil einer Kriegserklärung.

6. Die Herausforderung durch Castro (1961)

Dieser Beitrag wurde als Manuskript in den Committee of Correspondence – Newsletter *im April 1961 unter dem Titel „Is there an alternative to the policy of force?" veröffentlicht. Die Übersetzung ins Deutsche besorgte E. Rebstock.*

Warum wird Castros Regime als eine Bedrohung für die Vereinigten Staaten angesehen? Das Weißbuch der Vereinigten Staaten gibt als Begründung an, daß er die Freiheit unterdrücke und daß seine Regierung eine „Bühne revolutionärer Aktivitäten für den ganzen Kontinent" sei. Offenbar ist der erste Grund nicht überzeugend, solange wir noch nicht auf die Idee gekommen sind, zuerst die grausamsten Diktatoren in Lateinamerika zu stürzen. Was den russischen Einfluß auf Kuba betrifft, so gibt es ihn, obwohl es die Politik der Vereinigten Staaten war, die Castro in die allernächste Nähe des kommunistischen Machtbereichs gestoßen hat; zudem ist es wahrscheinlich, daß Chruschtschow einen eher beschwichtigenden als aufwiegelnden Einfluß auf Castro hatte und daß er ihm nur so viel Unterstützung gewährte, wie notwendig war, um die chinesischen Kommunisten fernzuhalten, die wie in anderen lateinamerikanischen Ländern so auch in Kuba eine Vorherrschaft über die Russen zu gewinnen versuchen.

Eine Tatsache darf nicht vergessen werden: Obwohl Castro wirtschaftlich von den Kommunisten abhängig ist und obwohl die kubanischen Kommunisten beträchtlichen Einfluß auf seine Administration haben, war er nie ein Kommunist und hat er Kuba zu keinem kommunistischen Satellitenstaat gemacht. In *Newsweek* vom 1. Mai 1961 lesen wir: „Er ist immer noch ein freier Mann ... Auch wenn es sehr unwahrscheinlich ist, daß sich Castro entscheiden würde oder dazu überredet worden wäre, sein Land in die freie Welt zurückzuführen, es könnte ihn nichts davon abhalten." Es ist auch eine Tatsache, daß viele überzeugte Antikommunisten und demokratische Sozialisten in der ganzen Welt und in Lateinamerika (zum Beispiel Senator Palacios aus Buenos Aires) energisch gegen jeden Versuch, Castro zu stürzen, kämpfen. Im Weißbuch fordern wir das Castro-Regime auf, „seine Verbindungen mit der internationalen kommunistischen Bewegung zu lösen", aber wir machen nicht das kleinste Angebot, um Kuba zu befähigen, dies auch zu tun, etwa durch den Vorschlag, daß wir bereit wären, in einem derartigen Fall unsere wirtschaftlichen Sanktionen aufzuheben. Der jüngste Versuch, den der kubanische Präsident am 28. April 1961 machte, durch Aufnahme von Verhandlungen zur Einigung mit den Vereinigten Staaten zu kommen, wurde durch den Sprecher des State Department mit einer kategorischen Ablehnung beantwortet.

Ist Kuba eine Bedrohung für die lateinamerikanischen Länder? Bevor wir darauf eine Antwort geben können, müssen wir den entscheidenden Punkt ansprechen, vor allem eine Tatsache, die das Weißbuch völlig ignoriert: die Enteignung der amerikanischen landwirtschaftlichen und industriellen Besitztümer durch Kuba und die daraus sich ergebende Gefahr, daß andere lateinamerikanische Völker dem Beispiel Castros folgen könnten. Ist die amerikanische Bananenpolitik ein Mythos? Haben nicht amerikanische Unternehmen in verschiedenen lateinamerikanischen Ländern beträchtliche politische Macht ausgeübt, und dies oft mit Hilfe der amerikanischen Regierung? Ist es bedeutungslos, wenn die politischen Gruppen Kubas, die wir unterstützen, die Rückgabe der beschlagnahmten Besitztümer an ihre früheren Eigentümer zu einem ihrer Hauptziele erklären?

Ich will damit nicht sagen, daß die Verfasser des Weißbuchs und jene, die für unsere gegen Castro gerichtete Politik verantwortlich sind, bewußt den Schutz amerikanischer Geschäftsinteressen als das Motiv für ihre Politik betrachten. Ohne der Frage nachgehen zu wollen, inwieweit die Macht amerikanischer Unternehmen als Teil des amerikanischen Prestiges empfunden wird, so daß ihr Schutz unbewußt ein Motiv politischen Handelns wird, glaube ich, daß die meisten Lateinamerikaner und die anderen unterentwickelten Länder unser Verhalten gegenüber Castro so deuten, daß wir bestrebt sind, die finanziellen Investitionen der Amerikaner zu schützen, und daß unser Gerede von „Freiheit" und „Demokratie" für bloße Rationalisierungen dieser Interessen gehalten werden. Nichts an unserem Handeln könnte diesen Eindruck widerlegen.

In Wirklichkeit berührt die Kubafrage meiner Meinung nach

das ganz zentrale Weltproblem: Die Revolution der „Neuen Welt" des 20. Jahrhunderts, der unterentwickelten Völker, kann meines Erachtens nicht aufgehalten werden. Im Hinblick auf diese Revolution stimmen wir mit den Kommunisten darin überein, daß die unterentwickelten Länder vor der Alternative zwischen Kommunismus und Kapitalismus stehen. Die tatsächliche Alternative ist jedoch nicht Kapitalismus oder Kommunismus, sondern *die Art der Wirtschaftsplanung und -führung*, die die unterentwickelten Länder wählen werden: das russische Funktionärswesen, der fanatische und anti-individualistische Massenkommunismus Chinas oder eine der verschiedenen Formen des Sozialismus, wie es sie heute von Jugoslawien bis Burma und Indien gibt.

Es ist ein Zeichen eines tiefsitzenden Defätismus, wenn wir im Kommunismus im wesentlichen nur eine Bedrohung durch militärische Attacken und Subversion sehen. Er ist vielmehr eine Herausforderung, die uns dazu zwingt, die Frage zu beantworten, ob die Industrialisierung unterentwickelter Länder auch ohne Terror und Unterjochung des einzelnen stattfinden kann; ob Wirtschaftsplanung mit persönlicher Freiheit verbunden werden kann; ob eine staatlich gelenkte Wirtschaft, die den Interessen riesiger Bevölkerungsmassen dient, erfolgreich sein kann, ohne russische und chinesische Methoden anzuwenden. Können diese Fragen nicht positiv beantwortet werden, wird sich das Beispiel Chinas auf lange Sicht als verlockender erweisen als ein Prozeß wirtschaftlicher Entwicklung, der so langsam ist, daß die Kluft zwischen dem Lebensstandard des durchschnittlichen Nordamerikaners und dem des Lateinamerikaners, Asiaten oder Afrikaners statt sich zu verkleinern immer noch zunimmt.

Ob das Regime Castros eine Bedrohung für Lateinamerika oder die Vereinigten Staaten darstellt, hängt hauptsächlich von uns selbst ab. Nur wenn wir fundamentale soziale und wirtschaftliche Reformen in Lateinamerika und allen unterentwickelten Ländern fördern können, nur wenn wir zeigen können, daß industrielle Entwicklung dem Wohlergehen der Mehrheit der Bevölkerung dienen kann und, ohne den einzelnen zu einem Sklaven des Staates zu machen, schnell vor sich gehen kann, und nur wenn wir Maßnahmen wie die Verstaatlichung der großen industriellen und landwirtschaftlichen Unternehmen tolerieren, können wir die großen Massen der Völker Asiens, Afrikas und Lateinamerikas davon überzeugen, daß es Alternativen zum russischen und chinesischen Kommunismus gibt. Dies kann uns jedoch nur gelingen, wenn wir private Geschäftsinteressen einer umfassenden Politik des Friedens und der Freiheit unterordnen; wenn wir den Kommunismus als Herausforderung betrachten, auf die der Westen mit neuen und konstruktiven Lösungen für die Probleme der unterentwickelten Länder reagieren muß. Die Anwendung von Gewalt wird das Problem nur für kurze Zeit aufschieben, die kommunistische Position stärken und die Möglichkeit eines Atomkrieges vergrößern. Das heutige Regime von Castro stellt keine Bedrohung für die Vereinigten Staaten dar; wenn wir es stürzen und zerstören, wird dieser Sieg unsere eigentliche Niederlage sein.

7. Die amerikanische Außenpolitik nach der Kuba-Krise (1963)

Den nachstehenden Beitrag hat Erich Fromm unter dem Titel „American Strategy after Cuba" als Manuskript im Februar 1963 in Heft 23 der Council for Correspondence – Newsletter *veröffentlicht. Die Übersetzung ins Deutsche besorgte E. Rebstock.*

War die friedliche Lösung der Kuba-Krise auch ein Segen, so gibt es doch einen Aspekt der Kuba-Krise, der sich als Fluch erweisen könnte. Die Gefahr liegt darin, daß sich unsere Außenpolitik nach Kuba noch stärker auf die Wirksamkeit eines *taktischen* politischen Erfolgs verlassen wird und darüber eine phantasievolle und konstruktive Strategie vergißt. Dabei sind die Umstände für eine konstruktive Außenpolitik weit günstiger, als sie es lange Zeit waren, und es ist äußerst fraglich, ob sich solch eine günstige Konstellation noch einmal ergeben wird. Es ist jetzt an der Zeit, unsere ausschließliche Beschäftigung mit den taktischen Entscheidungen von Tag zu Tag im Kalten Krieg aufzugeben und über die Richtung einer weitsichtigen Strategie für die kommenden Jahre nachzudenken, die unsere vitalen Interessen garantiert und die Gefahr eines Atomkrieges vermindern wird.

Folgende Faktoren machen die „günstige Konstellation" aus: Erstens schließt die gegenwärtige atomare Überlegenheit der Vereinigten Staaten die Möglichkeit aus, daß Zugeständnisse von unserer Seite als ein Anzeichen militärischer Schwäche gedeutet werden. Zweitens würden wir frei von sowjetischem Druck oder von sowjetischen Ultimaten handeln. Chruschtschow hat noch einmal den Abschluß eines Friedensvertrages mit Ostdeutschland aufgeschoben und dafür noch nicht einmal eine Frist gesetzt. Wichtiger als diese Faktoren ist jedoch die sowjetisch-chinesische Spaltung und ihre Bedeutung für die Möglichkeiten der sowjetischen Außenpolitik. Bevor ich zu unserer möglichen Strategie übergehe, möchte ich auf diesen letzten Faktor ausführlicher eingehen.

In den Vereinigten Staaten ist die Interpretation weit verbreitet, daß das russische und das chinesische System dieselben Ziele haben und sich nur in taktischen Fragen unterscheiden. Diese Deutung folgt einer strikt ideologischen Methode. Man berücksichtigt die jeweiligen Ideologien und Erklärungen, aber nicht die verschiedenen sozialen, politischen und psychologischen Gegebenheiten, die den beiden Systemen zugrunde liegen und die allein den Schlüssel zum Verständnis der Ideologien bieten. Meiner

Ansicht nach ist der Weg zum Verständnis politischer Gegebenheiten der, *die Menschen nicht anhand ihrer Ideologien zu beurteilen, sondern die Bedeutung von Ideologien dadurch zu verstehen, daß man die Menschen versteht, die sie vertreten*: die Menschen, wie sie sind, geformt durch ihr Gesellschaftssystem und ihre Lebenspraxis.

Die Spaltung zwischen der Sowjetunion und dem kommunistischen China ist nun ganz offensichtlich geworden. In seiner Rede während der Sitzung des Obersten Sowjet der UdSSR im Dezember 1962 verglich Chruschtschow die Chinesen mit Adenauer. „Was wollen diese Menschen", sagte er, indem er sich auf die Albaner bezog und die Chinesen meinte, „die sich selbst Marxisten und Leninisten nennen? Warum suchen sie im Grunde genau das gleiche, wonach Adenauer strebt, nämlich einen Konflikt heraufzubeschwören, eine Verschärfung der internationalen Situation?" (N. Chruschtschow, 1962.) Wenn man weiß, daß Adenauer einer der meistgehaßten Menschen in der Sowjetunion ist, versteht man die Tragweite dieser Analogie. Aber Chruschtschow ging in seiner Rede noch weiter, indem er die chinesischen Anführer mit Trotzki verglich. Indem er Lenins Entscheidung von 1917 für Frieden mit den Deutschen verteidigte, sagte Chruschtschow: „Eine Delegation unter der Führung von Trotzki, der sich zu jener Zeit (wie die Chinesen heute!) einen Marxisten nannte, wurde nach Brest gesandt, um den Vertrag zu unterzeichnen. Aber Trotzki ging gegen die Partei vor, unterbrach provokativ die Friedensverhandlungen mit den Deutschen und verließ Brest. Lenin war dann gezwungen, Tschitscherin zu schicken, und der Friedensvertrag wurde unterzeichnet." (A.a.O.) Abgesehen von der historischen Verzerrung ist in dieser Stellungnahme äußerst interessant und bezeichnend, daß Chruschtschow hier die chinesische Politik mit der Politik Trotzkis vergleicht, der im sowjetischen Sprachgebrauch immer noch der wirkliche Teufel ist. Die Verurteilung der Chinesen könnte nicht stärker ausgedrückt werden.

Chruschtschow beschuldigt in derselben Rede die Chinesen außerdem einer „Dschungelmoral", sie betrieben „eine separatistische abenteuerliche Außenpolitik" und „blockierten in jeder Hinsicht die Bemühungen der Sowjetunion und ihrer kommunistischen Verbündeten, den Frieden zu sichern und internationale Spannung zu vermindern".

Der „abenteuerlichen Politik Chinas" stellt Chruschtschow sein Bild der sowjetischen Friedenspolitik gegenüber. Als er die Unterhaltung mit einer Arbeiterin, die ihre Zufriedenheit mit den sich verbessernden Lebensbedingungen ausdrückte, erwähnt, zitiert Chruschtschow sie mit den Worten: „Wir alle haben nur die eine Sorge: Unser größter Wunsch ist, daß es keinen Krieg gibt" (a.a.O.). „Kommunisten", dies unterstrich er eigens (a.a.O.), „können sich nicht vorstellen, auf den Ruinen der kulturellen Zentren der Erde, auf einer verwüsteten Erde, verseucht durch radioaktiven Niederschlag einen kommunistischen Staat zu schaffen... Einige Dogmatiker haben die Position Trotzkis übernommen und versuchen, die Sowjetunion und andere sozialistische Länder auf den Weg der Entfesselung eines Weltkrieges zu stoßen. Sie würden uns gerne dieselbe provozierende Politik aufbürden, die Trotzki zu seiner Zeit verfolgte. Offensichtlich haben die albanischen Anführer und diejenigen, die sie anstacheln, den Glauben an die Möglichkeit eines Sieges des Sozialismus ohne Krieg zwischen den Völkern verloren, oder sie haben vielleicht diese Möglichkeit überhaupt nie verstanden, sondern geglaubt, daß Kommunismus nur durch Krieg erreicht werden könne, durch die Zerstörung Millionen von Menschen. Aber dieser Wahnsinn kann die Menschen anderer Staaten nicht dazu bewegen, den kommunistischen Parteien zu folgen. Schlimmer noch, er kann Millionen von Menschen von der kommunistischen Bewegung abschrecken."

In derselben Rede bekämpft Chruschtschow die russische Spielart von unserem „Man kann den Russen nicht trauen".

Er sagte: „Die Kritiker der friedlichen Beilegung der Kuba-Krise betonen, daß man sich auf das Wort der Vereinigten Staaten von Amerika nicht verlassen kann, die Geschichte kenne viele Beispiele für gebrochene Verträge. Ja sicher, die Geschichte kennt solche Beispiele. Doch wenn man nur von dieser Annahme allein ausgeht, dann muß man zugeben, daß die Menschen heute keine andere Aussicht haben als die gegenseitige Vernichtung. So zu denken, bedeutet *nolens volens* den Weg des Militarismus einzuschlagen und Krieg als die einzige Methode zur Austragung von Meinungsverschiedenheiten anzusehen."

Die tiefe Spaltung zwischen der Sowjetunion und China ist kein zufälliger Disput zwischen Menschen, die dasselbe Ziel nur auf verschiedenen Wegen verfolgen. Sie ist das Ergebnis einer immer größeren Divergenz ihrer jeweiligen Situation.

Es ist der Sowjetunion gelungen, vom rückständigsten der großen europäischen Länder zum wirtschaftlich stärksten zu werden. Dies ist ihr innerhalb von 40 Jahren gelungen trotz der fürchterlichen Verwüstungen im Ersten Weltkrieg, im Bürgerkrieg und im Zweiten Weltkrieg. Stalin benutzte die skrupellosen Methoden der Massenausbeutung, um eine schnelle Kapitalanhäufung zu erzielen. Er nannte diese Methoden „marxistischen Sozialismus" und mißbrauchte so dieses Ideal als Vorwand für den Aufbau eines von Funktionären gelenkten Industriestaates. Mit Stalins Tod ging eine Ära zu Ende. Die Sowjetunion konnte damit beginnen, die Verbraucherbedürfnisse besser zu befriedigen und die repressiven Methoden beträchtlich zu verringern. Gäbe es nicht das Wettrüsten, könnte die Bevölkerung nun viel größere Zuwendungen erhalten und die Liberalisierung würde schneller Fortschritte machen. (Diejenigen, die ernsthaft um Liberalisierung in der Sowjetunion bemüht sind, sollten sich Gedanken darüber machen, welche Rolle das Wettrüsten bei der Aufrechterhaltung des Polizeisystems spielt.)

Die Sowjetunion ist heute eine äußerst konservative, viktorianische Gesellschaft, ausgestattet zusätzlich mit den Merkmalen eines Wohlfahrtsstaates und dem totalen Monopol der Staatsmacht. Sie ist in kultureller und psychologischer Hinsicht sehr viel konservativer als die Vereinigten Staaten oder irgendeine westliche kapitalistische Gesellschaft. Mit der Betonung von Pflicht, Arbeit, Familie und Land paßt sie eher zur Ansicht Petains oder de Gaulles als zu der von Marx oder Engels. Ohne Zweifel rührt sich ein neuer Liberalismus, aber die Elite der Sowjetunion besteht aus konservativen Männern, die darauf stolz sind, etwas erreicht zu haben, die ihre Positionen für sich und ihre Kinder behalten wollen in der Hoffnung, für die Masse der Bevölkerung einen Konsumstandard zu erreichen, der dem heutigen der Vereinigten Staaten ähnlich ist. Es ist unwahrscheinlich, daß solche Männer Krieg wollen. Sie sind Repräsentanten eines „Haben-Staates", und sie haben durch einen Krieg nichts zu gewinnen und alles zu verlieren.

Gerade weil die Sowjetunion kein Land armer und unterdrückter Menschen ist, sind die führenden Persönlichkeiten ebenso wie das Volk in psychologischer Hinsicht grundlegend verschieden von denen der hungrigen und armen Völker, deren Fürsprecher das kommunistische China ist. China ist ein Land, das nie so etwas wie das wirtschaftliche Niveau des zaristischen Rußlands erreicht hat; es ist ein Land mit Stolz auf seine uralte Vergangenheit, voller Groll über die Ausbeutung und Erniedrigungen, unter denen es durch die Hand der Weißen gelitten hat, ein Land, das die Methode der Planung und vollständigen Organisation der physischen Energie, des Denkens und der Leidenschaften seiner Bewohner anwendet, um das erstaunliche Kunststück vorzuführen, in einem oder zwei Jahrzehnten eine industrielle Kapazität zu entwickeln, die der europäischer Nationen vergleichbar ist. Dieses Ziel erfüllt seine Führer mit Leidenschaft und einigem Fanatismus. Weil sie sich von den Vereinigten Staaten gedemütigt und bedroht fühlen, betrachten sie die anderen rückständigen Völker in Asien und Lateinamerika als ihren größten Aktivposten. Sie könnten, hinreichend aufgewiegelt durch chinesische Propaganda, den Vereinigten Staaten immense Schwierigkeiten machen, wenn nicht heute, dann vielleicht morgen.

Auf Grund ihrer Situation meinen die Chinesen, daß sie in einem Atomkrieg nicht zu viel zu verlieren und möglicherweise viel zu gewinnen hätten. Das bedeutet jedoch nicht, daß sie unbedingt Krieg *wollen*; sie sind intelligente Menschen, die mit der unwahrscheinlich schwierigen Aufgabe sozialer Umwandlung beschäftigt sind; es gibt viele Gründe anzunehmen, daß sie den Frieden bevorzugen, vorausgesetzt, sie fühlen sich durch die Vereinigten Staaten nicht bedroht, sie sind berechtigt, ihren Platz in den Vereinten Nationen als Repräsentanten Chinas einzunehmen, und Kredite und der Handel helfen ihnen bei ihrer wirtschaftlichen Entwicklung.

Die Staatsoberhäupter der anderen armen Länder in Asien und Lateinamerika sind in einer ähnlichen Situation. Einige von ihnen glauben, daß die Methoden der Planung, Zentralisierung und der autoritären Führung Mittel sind, um die benachteiligte Lage der Bevölkerung zu überwinden, so daß sie leicht die natürlichen Verbündeten Chinas werden können.

Wenn wir die Ideologien einmal für einen Augenblick vergessen, dann ist die Sowjetunion als einer der großen „Haben-Staaten" tatsächlich der natürliche Verbündete der Vereinigten Staaten, während viele der nicht-industrialisierten Völker Asiens und Lateinamerikas die natürlichen Verbündeten Chinas wären. Wenn das alles wäre, worauf es ankommt, könnte man eine Allianz der Vereinigten Staaten mit dem Neuen Europa und der Sowjetunion gegen China und die koloniale Revolution erwarten, um die „Haben-Staaten" vor dem heftigen Angriff der „Nicht-Haben-Staaten“ zu beschützen. Aber das entspricht nicht ganz der wirklichen Situation.

Die Sowjetunion kann die Führung der kommunistischen Bewegung ebensowenig aufgeben wie die der Menschen aus den ehemaligen Kolonien, weil es ihr größter Trumpf gegen die wirtschaftliche und militärische Überlegenheit des Westens ist. Ohne diesen Trumpf wären sie dem Westen sehr unterlegen und würden sich von ihm bedroht fühlen.

Die sowjetischen Führer befinden sich demnach in einer schwierigen Lage: Sie müssen zu einer kommunistischen Ideologie stehen, die das Lager zusammenhält und die Chinesen davon abhält, Anführer der Bewegung zu werden – und gleichzeitig müssen sie in Kauf nehmen, daß der mit den Nuancen marxistischer Ideologie wenig vertraute Westen diese Ideologie als einen Ausdruck des sowjetischen Strebens nach der Weltherrschaft versteht. (Der Westen und besonders unsere Kremlspezialisten wissen kaum etwas vom Unterschied zwischen einer „historischen Vorhersage“ und einem militanten Ziel; auch wissen sie kaum etwas davon, daß sogar nach der Meinung von Lenin eine Revolution nicht durch ausländische Intervention in Gang kommt, sondern durch revolutionäre Kräfte in einem für die Revolution „reifen“ Land. Für Marx könnte der Sozialismus nur in einem Land siegen, wo das *Wesentliche* des Kapitalismus schon verschwunden und hinter der Fassade die neue Ordnung praktisch schon fertig ist.)

Ich möchte den Kerngedanken zusammenfassen: Die Spaltung im kommunistischen Lager hat ihre Wurzeln im fundamentalen Unterschied zwischen der jeweiligen wirtschaftlichen und sozialen Situation der Sowjetunion bzw. Chinas; dieser Unterschied erklärt nicht nur die andere Politik, sondern auch die unterschiedliche Mentalität und Einstellung der führenden Politiker und der Masse der Bevölkerung. Die Herausgeber der *New York Times* schrieben (am 30. Januar 1963 in der Western Edition): „Angesichts des offenkundigen Durcheinanders und der zunehmenden Unordnung in der kommunistischen Welt kann man aus der Fassung geraten, wenn man sieht, wie wenig die Administration anscheinend die Wichtigkeit dieses Kampfes wirklich wahrnimmt oder gar irgendwelche Pläne hätte, ihn zu unserem Vorteil zu nützen. In der Bemerkung des Präsidenten, daß sich die Unstimmigkeit zwischen der Sowjetunion und China nur auf die Wege, nicht auf die Ziele bezieht, kann man noch keinen adäquaten politischen Ansatz erkennen. Eine Auseinandersetzung darüber, wie man wohl am besten die freie Welt zu Grabe tragen könne, ist für den Westen kein Grund zum Jubeln. Kennedy kann dies auch kaum ernsthaft meinen, da er weiß, daß einer der wesentlichen Punkte bei der Auseinandersetzung die Klugheit der sowjetischen Entscheidung war, ihre Raketen von Kuba abzuziehen – eine Entscheidung, welche die Beerdigung eines Großteils der Menschheit verhindern half. Der sowjetisch-chinesische Schlagabtausch ist weit komplexer und sehr viel grundsätzlicher, als der Präsident nahelegt. Er ist ein Kampf um Macht zwischen Moskau und Peking. Er spiegelt die äußerst verschiedenen Interessen der verhältnismäßig reichen Sowjetunion und des entsetzlich armen kommunistischen Chinas wider. Er verkörpert zwei ganz unterschiedliche Visionen von der Zukunft der Welt. Es ist denkbar, daß wir mit der einen dieser Visionen vielleicht zu so etwas wie einer Einigung kommen könnten; mit der anderen Vision ist keine Einigung vorstellbar."

Es ist interessant, zu beobachten, wer aus der kommunistischen Bewegung die sowjetische Führung akzeptiert. Alle europäischen Parteien sind dazu bereit mit Ausnahme Albaniens (das kaum „europäisch" genannt werden kann). Ihre Beweggründe sind je verschieden. Jugoslawien unterstützt Chruschtschow beständig, obwohl es kein Mitglied des sowjetischen Blockes ist, und erkennt die Notwendigkeit einer friedlichen Lösung an. Jugoslawien ist ein Land, das sich in keiner Hinsicht unter der Kontrolle der Sowjetunion befindet, mit einer neuen Form eines humanistischen und dezentralisierenden Sozialismus, der dem ursprünglichen marxistischen System näher steht als jedes andere kommunistische System. Seine führenden Persönlichkeiten sind ein wesentlicher Bestandteil europäischer Tradition; keinem Block angehörend, zeigen sie ein ungewöhnliches Maß an Objektivität und bauen ein erfolgreiches sozialistisches System auf. Aus all diesen Gründen ziehen sie eine friedliche Evolution dem Risiko eines Atomkrieges vor. Für Polen kann ähnliches gesagt werden, auch wenn es ein Teil des sowjetischen Blockes ist.

Die kommunistischen Parteien Italiens und Frankreichs stehen auf Seiten Chruschtschows. Der Grund dafür könnte darin liegen, daß ihre Führung 40 Jahre lang von der Sowjetunion abhängig war und diese Tradition weiterführt. Aber das ist nicht alles. Sie gehören schließlich zu den europäischen „Haben-Staaten", hungern nicht und werden auch nicht verfolgt, sie haben eine gut funktionierende Bürokratie und betrachten einen Atomkrieg nicht als eine vernünftige Alternative. Entsprechend dem Bericht über den letzten Kongreß der italienischen Kommunistischen Partei von K. S. Karve in *New Statesman* vom 14. Dezember 1962 ist nicht nur die Partei unabhängig genug, die Werke Trotzkis im Kongreß auszustellen; es gilt auch, daß „die Klugheit Chruschtschows ihrer eigenen Mentalität sehr viel näher ist als die revolutionäre Romantik der Chinesen". Kein Zweifel, „Rußland hat sein Prestige als der unfehlbare Anführer vollständig verloren", und die Parteivorsitzenden der italienischen Kommunistischen Partei haben bezüglich der Sowjetunion keinerlei Illusionen mehr. Aber diese Desillusionierung hat sie kritischer und besonnener gemacht und kaum geneigt, die chinesische Linie zu übernehmen. Während dies insgesamt auch für die kommunistische Partei Frankreichs gesagt werden kann, ist die Situation in

Ostdeutschland ganz anders. Ulbricht und seine Leute regieren gegen den Willen der überwiegenden Mehrheit der Bevölkerung und sind von ihrem Charakter her nicht-reformierte Stalinisten. Da Ulbricht aber von der Sowjetunion abhängig ist und weil er ein vollkommener Opportunist ist, tut er, was ihm Chruschtschow sagt. Das geht so weit, daß er sogar mit passender Intonation und dem entsprechenden Lächeln sagt, was zu sagen ihm aufgetragen worden ist.

Ein völlig anderes Bild bekommen wir, sobald wir von den kommunistischen Parteien in den armen Ländern reden. Kuba spricht in mancher Hinsicht eher die Sprache Maos als die Chruschtschows, pflegt aber im Augenblick die Freundschaft mit beiden, den Russen wie den Chinesen. Andere lateinamerikanische kommunistische Parteien scheinen gespalten zu sein in altmodische Bürokratien, die russischen Befehlen gegenüber loyal sind, und jüngeren, revolutionären Strömungen, für die China und Castro echte Anziehungskraft besitzen. Der Fall Indiens liegt wieder anders. Die indischen Intellektuellen (von denen viele leitende Positionen in der Kommunistischen Partei Indiens haben), empfinden und handeln in vielen Fällen wie Europäer aus Gründen, die sich aus der indischen Vergangenheit ergeben; abgesehen davon, treiben die chinesischen Aggressionen sie in das antichinesische Lager, wenn sie in der äußerst nationalistischen Atmosphäre politisch überleben wollen.

Die Sowjetunion kann die kommunistische Bewegung nicht der chinesischen Führung in die Hände fallen lassen. Also muß sie an ihrer ideologischen Linie festhalten und sogar nationalistische wie die Castros unterstützen, selbst wenn sie an diesen Bewegungen nicht mehr Interesse haben sollte, als Stalin an den revolutionären Bewegungen.

Wenn wir Chruschtschows Erklärungen und Handlungen analysieren, was für ein Bild bekommen wir von seiner Strategie? Er scheint zum einen zu erkennen, daß ein Atomkrieg die weitere Entwicklung seines Systems stoppen und zum Zusammenbruch aller existierenden Systeme führen würde; zum anderen scheint er zu erkennen, daß bei einer Weiterverbreitung der atomaren Rüstung Krieg fast unvermeidbar würde, vor allem, wenn auf der einen Seite China, auf der anderen das deutsch-französisch geführte neue Europa leistungsfähige Atomwaffen hätten. Er glaubt offensichtlich, daß, solange die Vereinigten Staaten und die Sowjetunion die einzigen sind, die atomare Waffen besitzen (die gegenwärtig geringe Bewaffnung Großbritanniens kann vernachlässigt werden), sie auch in der Lage sind, die Situation zu beherrschen, ihre Bewaffnung zu vermindern und schließlich abzurüsten. Zusammen sind sie mächtig genug, um die Ausbreitung von Atomwaffen in andere Länder zu verhindern.

Vermutlich hält Chruschtschow die wirtschaftliche und militärische Macht beider Großmächte für ausreichend, um atomare Abrüstung in allen anderen Ländern zu erzwingen. Vielleicht sieht er auch, daß Frankreich außer seiner Hauptwaffe, dem großen Don Quichote – Charles de Gaulle – wenig Stärke besitzt und erst durch die Verbindung mit Deutschland stark werden wird – ein Ziel, das in wenigen Jahren verwirklicht sein könnte. Die Vereinigten Staaten und die Sowjetunion würden höchstwahrscheinlich nicht einmal wirtschaftliche Sanktionen gegen China verhängen müssen. Wenn die chinesischen Führer begründet spüren können, daß die Vereinigten Staaten China nicht angreifen wollen, wenn sie in den Vereinten Nationen als die rechtmäßigen Repräsentanten Chinas akzeptiert sind, wenn eine annehmbare Lösung für Formosa gefunden wird, und wenn sie wirtschaftliche Unterstützung unmittelbar durch Kredite und den freien Weltmarkt erhalten, ist es sehr wahrscheinlich, daß die chinesischen Führer das tun werden, was sie immer bekräftigt haben: Sie werden an der weltweiten Abrüstung teilzunehmen. Dies aber würde im Moment einen Stop der weiteren Entwicklung von Atomwaffen bedeuten. Mit Frankreich und Deutschland klarzukommen, könnte schwieriger werden, aber es ist nicht einzusehen, warum die weltweite Meinung, wie sie die Vereinten Nationen ausdrücken, in Verbindung mit der beträchtlichen wirtschaftlichen und militärischen Unterlegenheit Deutschlands und Frankreichs gegenüber den Vereinigten Staaten und der Sowjetunion nicht ausreichen sollten, um sie davon zu überzeugen, daß sie keine Atomwaffen anschaffen sollten.

Es ist wohl unwahrscheinlich, daß Chruschtschow eine amerikanisch-sowjetische Verständigung anstrebt, die *gegen* China gerichtet ist. Er kann nicht auf potentielle Verbündete gegen die mächtige amerikanisch-europäische Koalition verzichten, ohne zu riskieren, plötzlich der Gnade oder Ungnade des Westens ausgeliefert zu sein. Selbst wenn es Chruschtschows Ziel ist, das Gleichgewicht des Schreckens zu beenden, Einigung mit den Vereinigten Staaten zu erreichen, eine weitere Ausdehnung von Atomwaffen zu verhindern und eine Verminderung oder völlige Abschaffung aller Atomwaffen der Vereinigten Staaten und der Sowjetunion zu erzielen, ist es ihm ebensowenig möglich, vollständig mit China oder der kolonialen Revolution zu brechen, wie die Vereinigten Staaten auf ihre westlichen Verbündeten verzichten könnten. Er weiß, daß die koloniale Revolution das wichtigste historische Ereignis dieses Jahrhunderts ist, daß sie nicht aufgehalten werden kann und daß alles Mögliche getan werden muß, um die wirtschaftliche Entwicklung der aufstrebenden Völker zu erleichtern.

Folglich kann er einerseits nicht auf seine Verbündeten verzichten, andererseits ist er auf die amerikanische Kooperation angewiesen, um China leichter daran zu hindern, auf der „Woge der Zukunft“ zu reiten. Und weder er noch der Westen können mit der gegenwärtigen Situation einverstanden sein, die korrupte oder gefährlich eigenwillige Regimes in der neutralen Welt begünstigt, die dann mit Hilfe erpresserischer Methoden von den Blockbildungen profitieren. (Vgl. hierzu R. L. Heilbronner, 1962.)

Wenn die Vereinigten Staaten und die Sowjetunion sich darauf einigen könnten, ihre militärischen Budgets zu kürzen, würden ihnen beträchtliche Mittel zur Verfügung stehen, um der kolonialen Revolution zu helfen und ein chinesisches Übergewicht in der Welt von morgen zu verhindern. Natürlich würde ein amerikanisch-sowjetisches Einvernehmen auch bedeuten, daß Veränderungen weder von den Vereinigten Staaten noch von der Sowjetunion dazu mißbraucht würden, ihren jeweiligen Machtbereich zu vergrößern. Was immer auch für Regimes auftauchten, sie würden keine Verbündeten des einen oder anderen Blockes werden (siehe etwa die arabischen Republiken oder den Irak); sollte es zu territorialen Streitigkeiten kommen, dann würde nach dem Muster Laos in der Neutralität oder nach dem Muster Koreas in einer Teilung ein Kompromiß gesucht werden.

Es gibt eine natürliche Verhandlungsposition für beide Blökke. Die westliche Flanke Rußlands, besonders Ostdeutschland, ist ein verletzbarer Punkt der Sowjetunion, und der Westen kann eine Menge Schwierigkeiten machen, indem er die *de facto* existierenden Grenzen, wie sie nach dem letzten Krieg gezogen wurden, nicht anerkennt. Auf der anderen Seite kann die Sowjetunion mit ihrem Einfluß in vielen Teilen der unterentwickelten Welt den Vereinigten Staaten dort viele Schwierigkeiten machen. Die Grundlage für eine Übereinkunft wäre die gegenseitige Anerkennung der schon vorhandenen Interessengebiete bei gleichzeitiger Hilfe für die wirtschaftliche Entwicklung der nicht-industrialisierten Länder.

Insgesamt scheint die Strategie einer amerikanisch-sowjetischen Einigung als Grundlage für weltweiten Frieden die Politik Roosevelts zu bestätigen. Sein Tod und der Einfluß anderer Kräfte auf den politisch naiven Truman trugen zum

Beginn des Kalten Krieges bei, der dann noch durch die russischen Aktionen in Osteuropa und dem daraus resultierenden Verdacht, daß sie die Weltherrschaft erstrebten, beschleunigt wurde. Die Russen ihrerseits verdächtigten daraufhin die Vereinigten Staaten, die anti-sowjetische Haltung Großbritanniens und der Ära vor Roosevelt wiederaufzunehmen. Es stimmt zwar, daß Roosevelt selbst während der letzten Monate seines Lebens über die Russen wegen ihres Vorgehens in Polen verärgert war, doch gibt es keine Anhaltspunkte dafür, daß er eine fundamentale Kehrtwendung in seiner Politik beabsichtigte.

Der Kalte Krieg, der nun schon 15 Jahre dauert, entwickelte seine eigene Dynamik. Er bewirkte gegenseitiges Mißtrauen, Aktionen, die dieses Mißtrauen nährten und auf beiden Seiten die Furcht, daß der andere die Absicht hatte, seinen jeweiligen Feind zu vernichten. Obwohl es keine überzeugenden Gründe für die Annahme gab, daß die Russen Westeuropa erobern wollten, wurde die NATO gegründet, um den Westen gegen eine solche Eventualität zu schützen. Eine weitere Entwicklung war der Gemeinsame Markt mit dem Ziel, ein wirtschaftlich und politisch „Neues Europa" zu schaffen. Den amerikanischen Vorstellungen nach sollte dieses Neue Europa Großbritannien miteinschließen und eng mit den Vereinigten Staaten verbunden sein. De Gaulle will ein kontinentales Europa unter deutsch-französischer Führung ohne England und unabhängig von den Vereinigten Staaten. Jüngste Ereignisse zeigen, daß er seinen Weg gehen können wird, solange Adenauer an der Macht ist, und vielleicht auch noch danach.

De Gaulles Plan sieht vor, daß Frankreich sich die Macht mit Deutschland teilen würde und die kleineren Länder den zwei großen zu folgen hätten. Es ist typisch für de Gaulles romantische Einstellung, daß er nicht erkennt, daß sich die Stärke eines Landes nicht an seiner glorreichen Vergangenheit messen läßt und daß darüber hinaus in jedem Bündnis der stärkere Partner über kurz oder lang dominant werden wird. Westdeutschland ist schon der stärkere Partner und wird mit der Zeit noch stärker werden. Die deutschen Spitzenpolitiker wären in der Lage, die Chance zu ergreifen, die de Gaulle ihnen bietet: ein Deutschland, das Westeuropa beherrscht und schließlich friedlich die Ziele erreicht, die es zweimal durch Krieg nicht erreichen konnte. Selbst wenn Großbritannien Mitglied des Gemeinsamen Marktes würde, ist zu bezweifeln, ob sich die Situation von Grund auf ändern würde. Die deutsch-französische Verbindung wäre sehr viel stärker als Großbritannien, und es ist durchaus möglich, daß sie Großbritannien ihren Willen aufzwingen als umgekehrt. Auf jeden Fall könnte das Neue Europa eine Macht werden, die ebenso stark ist, wie die Vereinigten Staaten und die Sowjetunion. Es könnte die Vereinigten Staaten erheblich unter Druck setzen durch die Drohung, mit den Russen gemeinsame Sache zu machen (wie es Adenauer ganz geschickt schon getan hat).

Während einige Beobachter damit rechnen, daß Deutschland sich wie ein „Haben-Staat" zu verhalten beginnt und daß sein revanchistischer Eifer nachlassen wird, muß wahrgenommen werden, daß Deutschland niemals ein den Vereinigten Staaten oder Rußland vergleichbarer „Haben-Staat" werden kann. Denn je größer sein industrieller Aufschwung ist, desto immenser wird Deutschlands Abhängigkeit von ausländischen Märkten und von Quellen für Rohstoffe. Das war die materielle Ausgangslage für den deutschen Expansionismus, der seine Gültigkeit in den 60er Jahren ebenso wie in der Vergangenheit hat. Die militaristischen und industriellen Kräfte, die in der Vergangenheit hinter solchem Expansionismus standen, sind nicht zerstört und können erneut von ehrgeizigen Politikern mobilisiert werden. Man muß an die Wahrscheinlichkeit einer französisch-deutschen Atommacht erinnern, die durch eine Verbindung der Ressourcen und des Wissens beider Länder erreicht werden soll. James Reston hat dies in der *New York*

Times vom 30. Januar 1963 (Western Edition) deutlich zum Ausdruck gebracht: „Was insbesondere den Menschen hier (in Washington) Sorgen macht, ist die Angst, daß de Gaulles hartnäckiges Festhalten an einer französischen Atommacht wenn auch nicht schon morgen, aber doch eines Tages unausweichlich zur atomaren Bewaffnung Deutschlands führen wird. Und dies wird nicht nur die Sowjetunion, sondern die ganze Welt erschaudern lassen." Jede strategische Überlegung von unserer Seite aus muß nicht nur von der gegenwärtigen, eher beschränkten militärischen Kapazität Frankreichs und Deutschlands ausgehen, sondern von der Möglichkeit einer zukünftigen deutsch-französischen Atommacht im Dienste politischer Ziele, die unseren Interessen und Wertvorstellungen feindlich gegenüberstehen und die uns in einen atomaren Konflikt mit Rußland ziehen könnten.

Eine weitere Gefahr des französisch-deutschen Neuen Europas ist die Möglichkeit, daß es ein autoritärer Block werden wird, der Spanien, Portugal und ein wieder rechtsgerichtetes Italien enthalten könnte. Ein solcher Block würde eine wirkliche Bedrohung für die demokratischen Regierungen Großbritanniens, Hollands, Belgiens, Skandinaviens und der Vereinigten Staaten darstellen. Diese Annahme ist keine pure Spekulation. Zugleich mit dem Abschluß des deutsch-französischen Vertrags gibt es viele Anzeichen, die den Beginn einer Achse Madrid-Paris-Bonn signalisieren. Während die spanische Presse solche Absichten abstritt, sagte *ABC* von Madrid (am 31. Januar 1963), daß Spanien „keinen Grund sehe, auf die Verstärkung seiner Beziehungen zu solch' wichtigen Ländern wie Frankreich und der Bundesrepublik Deutschland zu verzichten", ohne sich von „den anderen Mitgliedern des atlantischen Bündnisses" zurückzuziehen. Das Außenministerium in Madrid fühlte sich dazu gezwungen, offiziell eine Behauptung der Zeitung *Ya* (vom 31. Januar 1963) zu dementieren, die „Spaniens Aufnahme in den neuen Pakt, der Frankreich mit Westdeutschland verbindet, befürwortet". *Ya* schrieb im gleichen Artikel, „daß Abkommen auf Regierungsebene zwischen Spanien, Frankreich und Westdeutschland Tatsachen sind, von denen viele positive Auswirkungen erwartet werden dürfen". Es dürfte kaum ohne Bedeutung sein, daß viele wichtige französische Politiker Madrid besucht haben und daß der französische Innenminister nach einem dreitägigen Besuch in Madrid „eine Übereinkunft erreicht hat, mit der französische Emigranten in Spanien und spanische Emigranten in Frankreich genau überprüft werden können" (a.a.O.). (Die Western Edition der *New York Times* vom 4. Februar 1963 berichtete aus Madrid, daß „General Charles Ailleret, Stabschef der französischen Streitkräfte, an diesem Abend zu einer Mission eintraf, von der man erwartet, daß sie Spaniens militärische Zusammenarbeit mit Frankreich und indirekt mit Westdeutschland festigt".)

Pläne für einen autoritären Block unter deutsch-französischer Leitung bieten eine mögliche Erklärung für de Gaulles Veto gegen Großbritanniens Eintritt in den Gemeinsamen Markt. Besonders auf Grund seiner engen Verbindung mit den Vereinigten Staaten könnte Großbritannien die Ausführung eines solchen Planes erschweren, zumal solange die Achse Bonn-Paris ihre ganze Stabilität noch nicht erlangt hat. Auf der anderen Seite scheint es nicht so sehr überzeugend zu sein, daß Adenauer Großbritanniens Beitritt wirklich wollte. Hätte er ihn ernsthaft gewollt, dann hätte er vermutlich die französisch-deutsche Übereinkunft nicht so kurz nach de Gaulles Erklärung unterzeichnet, daß er, de Gaulle, sein Veto gegen Großbritanniens Eintritt in den Gemeinsamen Markt einlegen würde. Hätte Adenauer seine Unterschrift von Großbritanniens Beitritt abhängig gemacht, dann hätte er damit einen starken Druck ausüben können; statt dessen aber sprach er nur von vagen Hoffnungen für ein letztendliches Übereinkommen. Der Pakt zwischen Frankreich und Deutschland deutet auf den Plan für eine französisch-deutsche Gemeinschaft, die eine neue

Macht darstellen und Großbritannien zu einem Außenseiter machen würde, selbst wenn es zum Gemeinsamen Markt zugelassen wäre. Es bleibt abzuwarten, ob der Bundestag den Vertrag ratifizieren wird.

Die weitsichtige Strategie der Vereinigten Staaten scheint sich vorzustellen, daß die Vereinigten Staaten zusammen mit dem Neuen Europa eine solch überwältigende Stärke hätten, daß die Sowjetunion in die Defensive getrieben werden könnte, und manche hoffen vielleicht, daß Rußland sogar zur Aufgabe einiger seiner Einflußgebiete gezwungen werden könnte. Dies würde eine Stabilisierung der Welt unter amerikanisch-westeuropäischer Führung bedeuten, eine „Pax Americana-Europea". Diese Strategie ist jedoch nicht ohne schwerwiegende Gefahren für den Frieden. Erstens kann es sich kein sowjetischer Spitzenpolitiker erlauben, in eine derartige Position getrieben zu werden. Würde er es dennoch, dann würde Rußland zu seiner engen Allianz mit China zurückkehren. Das amerikanische Bündnis mit einem starken, von Deutschland geführten Europa würde also höchstwahrscheinlich zu einer neuen russischen Allianz mit dem aggressiven China und zu einer Wiederbelebung der revolutionären Ideologie Rußlands führen. Außerdem kann die koloniale Revolution nicht mehr kontrolliert werden, selbst nicht bei einem Bündnis der Vereinigten Staaten mit dem Neuen Europa. Der sowjetische Block wird gezwungen sein, sie zu unterstützen und wird dabei mit dem Westen zusammenstoßen.

Die andere Möglichkeit einer weitsichtigen amerikanischen Strategie ist die, welche oben als die Roosevelts beschrieben wurde und die Chruschtschow anzustreben scheint: Beendigung des Kalten Krieges, ausreichende Überwachung (vielleicht durch eine Stärkung der Vereinten Nationen) von Frankreich-Deutschland und von China, um ihre atomare Bewaffnung zu verhindern, Beendigung des Rüstungswettlaufs und schließlich atomare Abrüstung der Vereinigten

Staaten und der Sowjetunion. Diese Strategie würde die gegenseitige Anerkennung der existierenden Grenzen und der Einflußbereiche mit sich bringen in Verbindung mit der Unterstützung der Entwicklung der Menschen aus den ehemaligen Kolonien. Eine solche Einigung könnte nicht gegen China oder die westlichen Verbündeten der Vereinigten Staaten gerichtet sein, aber sie würde eher den Vereinigten Staaten und der Sowjetunion die Initiative zurückgeben, als sie zu Sklaven ihrer Verbündeten zu machen, die im Augenblick noch schwach, aber potentiell aggressiv sind.

Natürlich können weder die sowjetische Regierung noch die der Vereinigten Staaten so unverblümt reden, wie ich es hier tue. Beide sind durch ihre Ideologien gebunden und müssen mit den aggressiveren Flügeln ihrer jeweiligen Regierung rechnen. Dies würde sie daran hindern, die hier vorgebrachte Strategie ganz und ausdrücklich zu formulieren. Aber es wäre naiv zu glauben, daß das notwendig ist. Kuba ist ein gutes Beispiel. Die Vereinigten Staaten verhängten eine Quarantäne, doch sie gingen nur bei einem sowjetischen Schiff an Bord. Sie verlangten, daß sie die Raketen und Bomber, die abgezogen wurden, auf hoher See inspizieren könnten, waren dann aber mit einer angemessenen Inspektion aus der Luft zufrieden. Um zu einem Kompromiß zu kommen, dürften beide Regierungen weiterhin bestimmte „heilige“ Formulierungen wiederholen müssen, wenn auch mit abnehmender Heftigkeit. Trotzdem können sie zu brauchbaren Kompromissen kommen, die nur guten Willen und die Bereitschaft voraussetzen, die Position des anderen zu verstehen.

Zur Zeit hängt die Möglichkeit einer sowjetisch-amerikanischen Einigung an der Lösung der Berlinfrage. Es gibt hier rechtliche und faktische Gesichtspunkte sowohl auf sowjetischer Seite wie für die Vereinigten Staaten. Für die Sowjetunion liegt das Problem darin, ihre westlichen Grenzen, die von Westdeutschland ausdrücklich nicht anerkannt werden, definitiv gesichert zu haben. Unser [amerikanisches] Interesse ist es, erstens den Fortbestand demokratischen Lebens in Westberlin zu garantieren; zweitens dies durch die Anwesenheit der amerikanisch-englisch-französischen Truppen zu garantieren; drittens von der Sowjetunion die formale Garantie für den freien Zutritt zu Westberlin zu erhalten. Die Sowjetunion will, daß Westberlin aufhört, ein Brückenkopf für die westdeutschen Ansprüche auf die „verlorenen Gebiete" zu sein. Chruschtschow erklärte (in seiner Rede vom 12. Dezember 1962): „Es geht hauptsächlich um die Frage der Truppen in Westberlin, die in der Auseinandersetzung noch offen ist oder, genauer gesagt, die Frage des Kompetenzbereichs, in dem diese Truppen zu handeln berechtigt sind, sowie um die Frage, unter welcher Flagge und wie lange sie dort bleiben sollen. Die sowjetische Regierung schlägt vor, daß die Truppen in Westberlin keine NATO-Staaten repräsentieren sollen, daß die NATO-Flagge in Westberlin durch die der Vereinten Nationen ersetzt werden soll und daß die Vereinten Nationen dort bestimmte internationale Verpflichtungen und Funktionen übernehmen sollen."

Dieser Text ist zugegebenermaßen ein wenig zweideutig. Besagt die Formulierung „...sollten keine NATO-Staaten repräsentieren", daß überhaupt keine amerikanischen oder britischen Truppen in Westberlin sein sollten, wie Chruschtschow ein Jahr zuvor forderte, oder heißt es, daß die Truppen der Vereinigten Staaten und Großbritanniens eher unter der Flagge der Vereinten Nationen, als unter ihrer eigenen stehen sollten? Nimmt man an, daß die Russen inoffiziell sagen, sie hätten nichts gegen die Anwesenheit von amerikanisch-britischen Truppen, sofern sie unter der Fahne der Vereinten Nationen stünden, und nimmt man außerdem an, daß Chruschtschow nie zuvor klar gesagt haben könnte, daß die Truppen nicht aus amerikanischen Soldaten bestehen dürften, glaube ich, daß diese Stellungnahme seine Bereitschaft ausdrückt, der dauernden Anwesenheit westlicher Truppen unter der Flagge der Vereinten Nationen zuzustimmen. Aber es besteht keine Notwendigkeit zu raten. Es wäre sehr einfach für unsere Regierung herauszufinden, was genau Chruschtschow mit seinem Ausspruch gemeint hat.

Es besteht Grund zu der Annahme, daß die sowjetische Forderung nach einer zeitlichen Begrenzung der militärischen Besetzung offen für Verhandlungen ist. Der genaue Status Westberlins ist jedoch problematischer. Die Vereinigten Staaten haben niemals anerkannt, daß Westberlin ein Teil der Bundesrepublik ist. Ein Kompromiß zur Neutralisierung kann gefunden werden, wenn man dem österreichischen Modell folgt, bei dem in keiner Weise die überwältigend anti-sowjetische Meinungsfreiheit beschnitten wurde und Österreich doch politisch unabhängig wurde. Die wirtschaftlichen und kulturellen Verbindungen mit Westdeutschland könnten ohne weiteres aufrechterhalten werden, vorausgesetzt, die westdeutsche Regierung hört damit auf, Berlin als ein Symbol ihrer Ansprüche auf die alten Territorien zu benutzen. Darüber hinaus wird eine Vereinbarung über Berlin ohne Zweifel zu einem liberaleren Kurs in Ostdeutschland führen und so auf lange Sicht der ostdeutschen Bevölkerung mehr Freiheit bringen, als die westdeutsche Regierung je durch ihre Unnachgiebigkeit erreichen kann. Es muß übrigens zur Kenntnis genommen werden, daß die jüngste französisch-deutsche Übereinkunft vom 22. Januar 1963 sagt, daß mit Ausnahme der militärischen Ansprüche „der vorliegende Vertrag auch auf das Land Berlin Anwendung findet, es sei denn, die Regierung der Bundesrepublik Deutschland würde eine gegenteilige Erklärung gegenüber der Regierung der Französischen Republik in den drei Monaten nach dem Inkrafttreten des vorliegenden Vertrages abgeben". Dieser Satz ist eine Herausforderung für die offizielle Politik der Vereinigten Staaten und ist ein weiterer Versuch, den Vereinigten Staaten die westdeutsche Politik aufzuzwingen und eine Übereinkunft zwischen der Sowjetunion und den Vereinigten Staaten über Berlin zu verhindern. Es hat den Anschein, daß die Dreimonatsklausel es Adenauer ermöglichen soll, den Rückzug anzutreten, falls die Vereinigten Staaten oder Großbritannien protestieren. Wenn sie nicht protestieren, haben sie stillschweigend der deutschen Haltung zugestimmt, daß Berlin ein „Land" der Bundesrepublik ist. Eine amerikanisch-britische Erklärung scheint in dieser Sache von vitaler Bedeutung zu sein.

Unsere Regierung hat in der Vergangenheit erklärt, daß wir über Berlin nicht unter Druck verhandeln würden. Nun gibt es weniger Druck als je zuvor, und gerade jetzt wäre der richtige Zeitpunkt, einen Kompromiß anzubieten, ohne befürchten zu müssen, daß er als Zeichen von Schwäche gedeutet würde. Der oben erwähnte Kompromiß würde die vitalen Interessen beider Seiten wahren und niemanden verletzen. Jetzt ist der Zeitpunkt, die Initiative zu ergreifen, gerade weil Chruschtschow abwartet. Außerdem könnte ein Kompromiß sehr wohl Klauseln enthalten, die ungehinderte Besuche von Westberlinern in Ostberlin und eine Amnestie für alle politischen Gefangenen in Ostdeutschland zuließen. Natürlich könnte eine solche Übereinkunft keine „offizielle" Bedingung sein, aber doch ein Teil einer wechselseitigen Abmachung.

Mit meinen Vorschlägen will ich nicht behaupten, daß die Berlinfrage von ausschlaggebender Bedeutung ist. Die Sowjetunion versucht nicht, Westberlin Ostdeutschland einzuverleiben, und die Mauer symbolisiert genauso die Einbeziehung Ostberlins in das östliche System, wie die Bestätigung der Tatsache, daß Westberlin außerhalb der kommunistischen Sphäre liegt. Die Vereinigten Staaten beabsichtigen auch nicht, den gegenwärtigen Status Berlins zu stören. Mit anderen Worten: Es gibt kein Problem besonderer Dringlichkeit. Doch die Berlinfrage hat *symbolische* Bedeutung, und eine solche kann in der Politik ebenso ernsthafte Probleme aufwerfen wie tatsächliche Probleme. Zuallererst wäre der Abschluß eines Friedensvertrages mit Ostdeutschland und die politische Trennung Westberlins von Westdeutschland ein Symbol für die westliche Anerkennung der existierenden Grenzen, wie sie faktisch, wenn auch nicht juristisch, am Ende des Krieges geschaffen wurden. Betrachtet man die wachsende wirtschaftliche und militärische Stärke Westdeutschlands (vor allem als die führende Kraft des Neuen Europas), dann ist sehr wohl nachzuvollziehen, das Chruschtschow wenigstens symbolisch die politische Stabilisierung seiner westlichen Flanke erreichen will, und zwar mit einer *de facto* Zustimmung der Amerikaner. Darüber hinaus stellt unsere Allianz mit Westdeutschland und seine Wiederbewaffnung trotz fortgesetzten sowjetischen Protests eine beträchtliche Niederlage für die sowjetische Außenpolitik dar. Ein kleines formales Zugeständnis Westberlin betreffend wäre nicht einseitig, sondern eine Kompensation für die Wiederbewaffnung Westdeutschlands.

Es gibt noch einen anderen symbolischen Aspekt: Chruschtschow hat über vier Jahre lang die Unabhängigkeit Westberlins gefordert. In Genf hat er 1959 Verhandlungen geführt, in denen die Vereinigten Staaten darauf vorbereitet waren, über Kompromisse nachzudenken (symbolische Reduzierung der Truppen etc.). Er hat mit Eisenhower ein Abkommen über die Fortsetzung dieser Verhandlungen erreicht, sein [Berlin-]Ultimatum hat er mehrmals zurückgenommen und sich aus Kuba zurückgezogen – nach all dem wird Chruschtschow einen beträchtlichen Prestigeverlust erleiden, wenn er nicht endlich einige Lösungen mit nach Hause bringen kann, die ihm helfen, sein Gesicht zu wahren. Eine solche Lösung könnte ein wichtiger Schritt zu weiteren Verhandlungen um eine politische Übereinkunft und Abrüstung sein. Bleiben die Vereinigten Staaten unnachgiebig, dann wird der Weg zur friedlichen Einigung sehr viel härter sein.

Die Strategie der Überlegenheit der Vereinigten Staaten und Europas mag für den Augenblick funktionieren. Auf lange Sicht wird sie die Sowjetunion vermutlich zu verstärkter Aufrüstung, engerer Allianz mit China, Wiederbelebung revolutionärer Sprache jenseits ihrer rituellen Funktionen und zu aktiver Unterstützung der kolonialen Revolutionen zwingen. Sie wird eine weitere Liberalisierung Rußlands verhindern und möglicherweise dazu führen, daß Chruschtschow durch seine aggressiveren Gegenspieler ersetzt wird. Ein *modus vivendi* der Vereinigten Staaten und der Sowjetunion hat gute Chancen, die weitere Ausdehnung atomarer Waffen zu verhindern, schließlich zu atomarer Abrüstung zu führen, wirtschaftliche Ressourcen für die geplante Entwicklung der unterentwickelten Länder nutzbar zu machen und die Kooperation der Sowjetunion zu erhalten, ohne die eine friedliche Entwicklung der kolonialen Revolution so gut wie unmöglich zu sein scheint. Dieser *modus vivendi* wird auch das Auftauchen eines autoritären und aggressiven Neuen Europas verhindern. Wir leben in einer Zeit, in der wir die Gestalt der Zukunft durch unsere unmittelbare Entscheidung wählen und festsetzen können. Es ist ein Gebot der Stunde, daß wir weitsichtigen Überlegungen die Priorität vor engstirnigen und kurzsichtigen Betrachtungen geben.

8. Außenpolitik nach dem Verbot von Atomwaffenversuchen (1964)

In einer Fußnote zu Beginn dieses in The Correspondent *1964 abgedruckten Beitrags mit dem Titel „Foreign Policy After the Test Ban" bemerkt Fromm, daß er auf Grund weiterer Informationen nachträglich seine Ansichten zu den Autobahnzwischenfällen modifizieren würde. Dadurch würde aber seine Einschätzung der Situation, aus der Chruschtschow handelt, nicht berührt. – Die Übersetzung aus dem Amerikanischen besorgte Emmanuel Picard; sie wurde von Rainer Funk überarbeitet.*

Das Verbot von Atomwaffenversuchen wurde von den Führern der zwei großen Blöcke als erster Schritt auf eine Beendigung des Kalten Krieges und damit auf einen dauerhaften Frieden hin begrüßt. Millionen Menschen aus beiden Lagern teilten diese Hoffnungen. Doch nur wenige Monate nach diesem „Tauwetter" scheint sowohl der Geist von Moskau wie der Geist von Camp David vor vier Jahren zu schwinden. Die zwei Zwischenfälle auf der Autobahn und das Nachlassen der sowjetisch-chinesischen Spannung veranlaßten die Zeitungen, das Publikum und vielleicht auch die amerikanische Regierung zur Frage: „Was hat Chruschtschow vor? Warum wird er wieder so frostig? Warum hat sich seine Haltung geändert?"

Für dieses offensichtliche Rätsel werden viele Erklärungen angeboten. Die Änderung wird als Versuch erklärt, dem chinesischen Vorwurf, er sei zu weich, zu begegnen; oder er wird mit der Einflußnahme durch das Militär begründet; den Franzosen ist die Änderung der Beleg für die Richtigkeit ihrer Annahme, daß es nie einen „Geist von Moskau" gegeben habe; in Bonn wurde verkündet, daß die weiche sowjetische Linie in ganz typischer Weise von einer härteren Politik gefolgt würde, um den Westen aus dem Gleichgewicht zu bringen; und die *New York Times* vom 18. November 1963 kam zu dem Schluß, daß „die neueren Ereignisse gezeigt haben, wie wichtig es ist, den Russen klar zu machen, daß es unter politischem Druck kein Nachgeben geben wird".

All diese Erklärungen berücksichtigen nicht, daß sich das Rätsel der sowjetischen „Kursänderung" auflösen läßt, wenn man sie als eine Reaktion auf unsere erstarrte Politik bei der Deutschen Frage sieht, die für die Russen von zentraler Bedeutung ist. Wir haben schon öfters den Russen den Eindruck vermittelt, daß die Deutschland- und Berlinfrage verhandlungsfähig sei unter der Voraussetzung, daß die Freiheit Westberlins und der Zugang zur Stadt unangetastet bleiben. Wir haben unsere Bereitschaft erklärt zu verhandeln, aber wir verhandeln nicht unter Druck. Als die Sowjets den Druck dann wegnahmen, sind wir nicht zu Verhandlungen übergegangen. Wir haben höchstens die Gespräche fortgeführt, jedoch ausdrücklich nicht mit der Absicht, zu wesentlichen Abmachungen mit Konzessionen zu kommen. Wir haben nicht nur den Status quo beibehalten, sondern diesen sogar gegen die russischen Interessen gewendet, indem wir es zugelassen haben, daß Westdeutschland Berlin bei seinen politischen Abkommen mit Frankreich miteinschloß. Wir haben so unser stillschweigendes Einverständnis dazu gegeben, daß die Bundesrepublik und Berlin noch enger als bisher miteinander verknüpft sind, obwohl sogar die Deutschen eine diesbezügliche Klausel in den Vertrag einbezogen, die es ihnen ermöglichte, diese innerhalb von drei Monaten nach der Ratifizierung des Vertrages zu streichen.

Dasselbe Prinzip wurde zur Anwendung gebracht, als wir zuließen, daß die Bundesrepublik einen Vertrag über das Verbot von Atomwaffenversuchen auch im Namen Westberlins abschloß, und wir haben auch zu Weihnachten nichts gegen den Lärm wegen der Passierscheine unternommen, den Bonn durch sein Beharren verursacht hatte, daß es selbst, und nicht Berlin das Passierschein-Abkommen unterzeichnet. Wir haben uns mit Plänen für eine multinationale atombetriebene Flotte hervorgetan (die im Grunde sehr wahrscheinlich eine deutsch-amerikanische Flotte sein wird), die die Deutschen sehr gerne haben und für die sie 40 Prozent der Kosten tragen wollen. Gerade diese geplante Flotte ärgert die Russen, weil es ganz danach aussieht, daß Westdeutschland auf diesem indirekten Weg doch in den Besitz von Atomwaffen kommt, und zwar ungeachtet der Pläne, die verhindern wollen, daß Deutschland Kontrolle über Atomwaffen bekommt. Erstmals wird ein deutscher Flottenadmiral in die Lage versetzt sein, Atomwaffen gegen das Herz Rußlands zu richten.

Dann kam der Vertrag über das Verbot von Atomwaffenversuchen; er wurde von Kennedy und Chruschtschow als erster Schritt auf dem Weg zur Beendigung des Kalten Krieges angesehen. Chruschtschow wollte ihn mit einem Nicht-Angriffsvertrag zwischen NATO und Warschauer Pakt verbinden. Wir Amerikaner erklärten, daß wir beides jetzt nicht miteinander verbinden könnten und gaben unsere Bereitschaft kund, über solch einen Vertrag zu einem späteren Zeitpunkt zu verhandeln. Nachdem der Moskauer Vertrag über das Verbot von Atomwaffenversuchen ratifiziert worden war, nahmen wir nochmals eine Position ein, die die *New York Times* vom 11. November 1963 so beschreibt: „Der Eindruck in der letzten Woche war dennoch, daß, wenn Chruschtschow Verhandlungen über größere Fragen wie Berlin, einen Nicht-Angriffs-Pakt oder allgemeine Abrüstung erzwingen möchte, er wahrscheinlich erfolglos bleiben wird. Diese größeren Fragen werden zur Zeit nicht als verhandelbar angesehen. Indem er diese mit zu großem Nachdruck fordert, ist das äußerste, was Chruschtschow wahrscheinlich erreichen kann, daß sich die Chancen für Abmachungen über geringere, periphere Fragen vermindern."

Gibt es noch einen Grund, darüber erstaunt zu sein, daß Chruschtschow die Zwischenfälle auf der Autobahn, das Blockieren amerikanischer Konvois, inszeniert hat? (Natürlich muß das nicht unbedingt seine eigene Idee gewesen sein.) Wundert es, daß nur wenige Monate nach dem Vertrag über das Verbot von Atomwaffenversuchen Chruschtschow wieder äußerst ungemütlich wird? Dies erstaunt nur jene, die die sowjetische Lage nie verstanden, und die auf Grund der vielen Zugeständnisse Chruschtschows gedacht haben, daß wir unsererseits keinerlei Zugeständnisse machen müßten, um zu einer Entspannung zu kommen. Ein politischer Führer einer großen Macht kann es sich wohl kaum leisten, die von seinem Vorgänger nach einem erfolgreichen Krieg erreichten Gebietsgewinne zu verlieren; er darf es noch nicht einmal zulassen, daß diese in Frage gestellt werden. Das hat nichts mit Kommunismus zu tun. Weder Frankreich noch Großbritannien noch Deutschland noch die Vereinigten Staaten haben in der Vergangenheit anders gehandelt. Es hat noch nicht einmal mit der Frage zu tun, ob nun Chruschtschow Angst vor einem mit Atomwaffen ausgerüsteten Westdeutschland hat oder nicht und ob diese Angst begründet ist. Weil er in der Sowjetunion eine Opposition hat, die seinen Posten besetzen will, kann er es sich einfach nicht leisten, daß jede Forderung, die er bezüglich der deutschen Frage gestellt hat, unbeachtet bleibt.

Es ist auch nicht eine moralische Rechtfertigung von Stalins Nachkriegsgewinnen. Vielleicht wäre es möglich gewesen, daß Ostdeutschland nicht von den Russen verschluckt worden wäre, indem man ganz Deutschland einen neutralen Status zugeschrieben hätte. Aber jetzt ist das genauso irrelevant wie eine Diskussion über die moralischen Aspekte der Eroberung der Hälfte des Gebiets von Mexiko durch die Vereinigten Staaten im letzten Jahrhundert. Die Frage, um die es jetzt geht, lautet, ob man eine Entspannung erreichen kann, ohne die geringsten Konzessionen in der Deutschlandfrage zu machen. Die Tatsachen haben gezeigt, daß wir dazu nicht fähig sind. Wir müssen uns in der Deutschlandfrage zwischen Entspannung und der unnachgiebigen Weigerung, politische Konzessionen zu machen, entscheiden, was auch heißt, daß wir uns zwischen Krieg und Frieden entscheiden müssen.

Ohne Entspannung wird das Wettrüsten weitergehen, und beide Blöcke werden versuchen, Vorteile aus ihren Positionen in Asien, Afrika, Lateinamerika und Mitteleuropa zu ziehen. An jedem dieser Orte, wo die beiden Blöcke aufeinander treffen, gibt es die unmittelbare Gefahr eines Atomkrieges. Sogar solch ein geringer Anlaß wie die Blockade der Autobahn kann zu einem Kriegsausbruch führen, und die Gefahr wird in ernsteren Konfrontationen noch größer, in denen sich jede Seite bedroht fühlt und meint, man müsse dem Gegner und den Alliierten des Gegners beweisen, daß atomare Abschreckung glaubwürdig ist. In dieser Situation, die sich in den kommenden Jahren noch oft wiederholen wird, wird es wie ein Wunder sein, wenn die Zivilisation nicht innerhalb der nächsten zehn Jahre zerstört ist.

Wie schätzt Rußland die globale Situation ein? Chruschtschow scheint zu begreifen, daß die Sowjetunion als „Haben-Staat" durch eine heftige Attacke der von China abhängigen Völkerschaften unter der Führung eines mit Atomwaffen ausgerüsteten China bedroht ist. Es strebt deshalb eine amerikanisch-sowjetische Entspannung an, die vielleicht zu einer Übereinstimmung in zwei wesentlichen Punkten führen kann: Zum einen will er verhindern, daß noch mehr Länder (sprich vor allem China und Deutschland) in den Besitz von Atomwaffen kommen; zum anderen erhofft er sich eine Reduktion der militärischen Bewaffnung innerhalb der zwei Blöcke. Eine solche Kooperation könnte Ressourcen für unterentwickelte Länder freisetzen und diese würden dann neutral bleiben und weder vom westlichen noch vom Sowjetblock dazu ausgenutzt werden, das bestehende Gleichgewicht der Macht zu stören. Zweifellos ist eine solche Übereinkunft schwierig zu erreichen. Aber sie ist möglich: Ägypten, Jugoslawien und andere Teile der Welt sind Beispiele hierfür.

Chruschtschow hat ein sehr gewagtes Spiel gespielt. Er war so weit gegangen, die Beziehungen zu China abzubrechen in der Hoffnung, dadurch zu einer Entspannung mit dem Westen zu kommen. Er kann es sich aber nicht leisten, von beiden Blöcken isoliert zu werden; deswegen hat er geglaubt, wir seien ernsthaft an einer Entspannung interessiert und seien realistisch genug, um zu erkennen, daß eine solche Entspannung nur dann möglich ist, wenn die Deutschlandfrage geklärt ist. Von daher wäre es logisch, daß Chruschtschow nicht nur die Vereinigten Staaten mit

Hilfe der Autobahn-Zwischenfälle daran erinnert, daß er das deutsche Problem nicht vergessen hat, sondern auch, daß er seine Politik gegenüber den Chinesen ändert. Am 24. September 1963 erklärte Alvaro Cunhal, der Führer der portugiesischen Kommunistischen Partei, der manchmal dazu eingesetzt wird, die kommunistische Meinung zu spiegeln, folgendes: „Die Einheit der kommunistischen Welt ist bedroht; es gibt eine unmittelbare Gefahr der Spaltung." Aber am 3. November 1963 erklärte er: „Das, was die Kommunisten aller Länder vereint, ist viel stärker als alle Meinungsunterschiede." (Vgl. *Der Spiegel*, 13. November 1963.)

Es könnte sein, daß Chruschtschow die Hoffnung auf Entspannung noch nicht aufgegeben hat (die Freilassung von Professor Barghoorn war ein persönliches Zugeständnis an Präsident Kennedy und weist vielleicht darauf hin), aber er ist wohl daran, die Hoffnung aufzugeben. Was erstaunlich ist, ist nicht seine Wendung zu einem härteren politischen Kurs, sondern die westliche Überraschung über diese Wendung.

Wie läßt sich der Widerspruch in der amerikanischen Politik verstehen, einerseits zu einer Entspannung zu kommen, andererseits aber sämtliche Zugeständnisse zu verweigern? Ich habe dafür nur eine Erklärung: Unsere Auslandspolitik ist das Ergebnis eines Kompromisses zwischen den eher friedensgesinnten und den starren Kräften in den Vereinigten Staaten. Die Formel „Entspannung ja, aber ohne Zugeständnisse" befriedigt beide Richtungen; daß sie unrealistisch ist, ist vermutlich denjenigen sehr klar, die den Kalten Krieg nicht beenden wollen.

Tragischerweise hat das Verbot von Atomwaffenversuchen die Menschen zu einem falschen Optimismus verleitet. Jeder bedeutet natürlich dem anderen, er solle nicht zu optimistisch sein. Blickt man auf die Probleme der amerikanischen Friedensbewegung, wie sie am Jahresende sichtbar wurden, dann zeigt sich, daß die Menschen glauben, Anstrengungen, um politischen Druck zu erzeugen, seien nicht mehr so dringend vonnöten wie früher. Wenn das Verbot von Atomwaffenversuchen nicht größere Anstrengungen nach sich zieht, zu einem Verständnis auf der Grundlage *gegenseitiger* Zugeständnisse in der Deutschlandfrage zu kommen, dann läßt sich folgende Entwicklung voraussehen: Chruschtschow wird zum Schluß kommen, daß er den Kalten Krieg nicht beenden kann; dies wird ihn zu einem erneuten Bündnis mit den Chinesen zwingen, in dessen Folge es dann zu einer verstärkten anti-amerikanischen Politik auf der ganzen Welt kommen wird und zur Unterstützung von Gewaltakten in Afrika, Asien und Lateinamerika. Das Endergebnis wird Krieg sein. Jetzt haben wir vielleicht noch die letzte Möglichkeit zu einer friedlichen Lösung. Es ist unrealistisch zu behaupten, Zugeständnisse seien nicht erforderlich. Wenn wir weiterhin Westdeutschland darin unterstützen, an Atomwaffen heranzukommen, und wenn wir nicht auf der *de facto* Anerkennung der gegenwärtigen Grenzen bestehen, werden wir den Fall Chruschtschows hervorrufen. Die reaktionären Kräfte Rußlands werden ihn beschuldigen, eine Entspannung mit den Vereinigten Staaten versucht zu haben und damit gescheitert zu sein. Wenn andererseits die Sowjetunion zu einer härteren Gangart in der Politik umschwenkt, werden die hiesigen „härteren" Kräfte die Regierung anklagen, unrealistisch und weich gewesen zu sein, weil sie sich von Chruschtschow an der Nase herumführen ließ. Solch eine Entwicklung kann sehr wohl zum Aufkommen kriegsgesinnter Kräfte in der Sowjetunion sowie der „Goldwater"-Kräfte in den Vereinigten Staaten führen. Was dies für die Friedens-Chancen bedeuten würde, braucht nicht ausgemalt zu werden.

Unglücklicherweise wird Chruschtschows abwartende Haltung in der Berlinfrage (ebenso wie der Rückzug aus Kuba, sein Nachgeben bei den Autobahn-Zwischenfällen und die

Freilassung von Professor Barghoorn) als Zeichen seiner Schwäche interpretiert, um eine Politik „ohne Konzessionen" zu verstärken. Es gibt nur ein Mittel, diese unheilträchtige Entwicklung zum Stillstand zu bringen: Man muß mit der Sowjetunion in ernsthafte Verhandlungen treten und auf eine Kompromißlösung in der Deutschlandfrage hinarbeiten, in der beide Seiten Zugeständnisse machen, ohne die eigenen vitalen Interessen zu berühren. Unser vitales Interesse ist die Freiheit von Westberlin und der Zugang zur Stadt; das vitale Interesse der Sowjetunion ist es, den Westdeutschen eine atomare Bewaffnung zu verunmöglichen und sie zur Anerkennung der derzeitigen Grenzen zu bringen. Es gibt viele Möglichkeiten zu gegenseitigen Zugeständnissen, ohne daß die vitalen Interessen beider Seiten angetastet würden.

Wer sich in den Vereinigten Staaten mit Außenpolitik befaßt, der sollte sich klarmachen, daß wir nicht mehr den Vorschriften und Vetos der Westdeutschen folgen sollten, wenn wir wirklich die Entspannung wollen. Wir können nicht beides haben. Es ist tragisch, daß die Menschen nach der Lösung der Kubakrise und nach dem Verbot der Atomwaffenversuche neuen Mut geschöpft haben und jetzt eine Situation entstanden ist, bei der wir Rußland – und damit auch indirekt uns selbst – zur Fortsetzung eines um so aggressiveren Kalten Krieges verleiten. Chruschtschow gab nach, als er die atomare Explosion über Kuba unmittelbar bevorstehen sah; er gab auch beim Autobahn-Zwischenfall nach. Warum gestehen wir ihm nicht zu, daß er dies aus einer gesunden und vernünftigen Wirklichkeitseinschätzung tut? Wir nehmen fälschlicherweise an, daß Zwischenfälle wie derjenige auf der Autobahn zufällige Provokationen seien, statt zu sehen, daß sie Teil einer Politik sind, für die wir auch Verantwortung tragen. Wir sollten erkennen: Solange wir seine Politik als eine Politik der Schwäche interpretieren (indem wir uns entweder so ausdrücken oder auf Grund dieser so reagieren), zwingen wir ihn oder seinen

Nachfolger dazu, die Hoffnung auf Frieden aufzugeben und den Krieg vorzubereiten.

Nachtrag:

Es wurde viel über den neuen Realismus in Bonn geredet. Bis jetzt hat mich davon nichts überzeugt. Die Deutschen haben erkannt, daß Adenauers Taktik der Unbeugsamkeit einen schlechten Eindruck hinterließ; Erhard ist da gewandter und weiß sein Plädoyer für den Frieden propagandistisch besser darzustellen. Ich sehe jedoch kein konkretes Zeichen, daß er wirklich einen wesentlichen Beitrag zur Entspannung leisten will. Unsere wie seine politische Linie in diesem Jahr ist es, über Frieden zu reden, den Wunsch nach Entspannung auszudrücken, mit den Russen weiterzureden, aber ohne Zugeständnisse, wie zum Beispiel die Neutralisierung von Westberlin unter Hinzuziehung von Truppen der Vereinten Nationen oder die *de facto* Anerkennung der DDR oder der Oder-Neiße-Linie. In dieser Hinsicht war Adenauer weniger gefährlich, weil er offener war. Es kann sehr wohl sein, daß Erhard seine Möglichkeiten mit den Vereinigten Staaten höher einschätzt als seine Chancen mit de Gaulle; er weiß sehr wohl, daß Deutschland mit der Rükkenstärkung der Vereinigten Staaten schließlich zur herrschenden Wirtschaftsmacht in Europa werden wird. Auch erkennt er besser als Adenauer, daß de Gaulle ein Don Quichote ist und daß es sich am Ende zeigen wird, daß Frankreich wirklich schwächer ist als Deutschland und somit nicht mehr die führende Kraft sein wird. Im Augenblick sind die Deutschen daran interessiert, Atomwaffen zu bekommen und setzen ihre ganze Diplomatie daran, bei der multi-nationalen atomaren Flotte mit dabei zu sein. Dies sehe ich als eine der größten unmittelbaren Gefahren für den Frieden an. Wenn diese Flotte erst einmal steht, werden die Deutschen – dessen bin ich sicher – volle Herrschaft über Atomwaffen anstreben, und dies bedeutet das Ende der russischen Friedenspolitik.

Wir lesen auch viel über ein neues Verhandlungsangebot, aber bis jetzt ist nichts Konkretes gesagt worden. Ich fürchte, daß das Verhandlungsangebot so formuliert sein wird, daß es von Anfang an für die Russen völlig unannehmbar ist. Ich wünschte, ich könnte bezüglich der Deutschlandfrage optimistischer sein, aber ich vermute, daß Erhard genau die Wirkung erzielt, die er sich wünscht: Er möchte die amerikanische öffentliche Meinung darüber hinwegtäuschen, daß Deutschland genau wie unter Adenauer keinerlei Absicht hat, den Russen irgendwelche Zugeständnisse zu machen. Er vertraut dabei darauf, daß unsere militärische Unterstützung die Russen davon abhalten wird, etwas zu unternehmen, was über bloße Worte hinausgeht.

Der Spiegel berichtete, daß Chruschtschow im letzten Jahr einmal praktisch unter Hausarrest gestellt war und daß er nur deswegen nicht abgelöst wurde, weil Frau Furzewa ganz schnell das Zentralkomitee versammelt hatte, in dem er dann die Mehrheit hinter sich bringen konnte. Ich denke nicht, daß das in dieser Weise sehr lange weiter gehen kann, wenn er nur Niederlagen vorzuweisen hat.

9. China und der Krieg in Vietnam (1965)

Der Beitrag „China und der Krieg in Vietnam" erschien zuerst als Leserbrief Fromms in der Washington Post, *wurde dann in Nr. 34 von* The Correspondent *im Jahre 1965 unter dem Titel „Summary for the Opposition" wiederabgedruckt. Die Übersetzung aus dem Amerikanischen stammt von Linda Bender.*

Bei einer öffentlichen Diskussion über Vietnam, die in Washington stattfand, bestand zwischen den Befürwortern der Regierungspolitik und ihren Gegnern offensichtlich in zwei Hauptpunkten Übereinstimmung: Erstens waren sie sich in der Zielsetzung einig, daß China an der Vorherrschaft in Asien – und damit schließlich in der Welt – gehindert werden müsse; darüber hinaus bestand Einigkeit darin, daß ein atomarer Weltkrieg verhindert werden müsse. Dennoch behaupteten die Vertreter der Regierungspolitik sehr zuversichtlich, daß eine Fortsetzung der Intervention in Südvietnam helfen würde, China im Zaum zu halten und einen Atomkrieg zu verhindern. Die Gegner behaupteten das Gegenteil.

Die Gegner sind sich anscheinend der Vielschichtigkeit des Problems bewußter, und folglich weniger dogmatisch in ihren Behauptungen. Da ihnen die Möglichkeit fehlte, ihren Standpunkt zusammenzufassen, möchte ich hier das Grundsätzliche ihrer Argumentation, so, wie ich es verstanden habe, darstellen.

Bei unserer gegenwärtigen Politik gibt es nur eine geringe Aussicht, den Vietcong zu besiegen, es sei denn, wir würden uns in eine Guerillakriegführung hineinziehen lassen; bei einer solchen wurde aber schon die viel größere französische Armee in Vietnam vollständig geschlagen. Offensichtlich ließ sich das nordvietnamesische Regime bisher nicht von der Bombardierung der Brücken und Straßen in Nordvietnam beeindrucken und dazu bringen, den Vietcong an der Fortsetzung seines Kampfes zu hindern. [...] Was werden wir tun, wenn es in Nordvietnam keine Brükken, Straßen und Lager mehr gibt, die wir bombardieren können?

Es bleibt nur ein Weg: Wir verschärfen den Krieg immer mehr, zuerst durch Bombenangriffe auf Hanoi, dann auf die Industriezentren Chinas. Dieser Weg wäre reines Abenteuertum. Man kann nicht 700 Millionen Chinesen mit Landstreitkräften besiegen, wie es General Eisenhower und MacArthur angedeutet haben, und selbst die Zerstörung aller Industriezentren würde nicht zum Sturz ihrer Regierung führen. Wir würden jedoch ernsthaft die Möglichkeit riskieren, daß die Russen in den Krieg eintreten, und dies würde die Zerstörung des größten Teiles der Bevölkerung der Vereinigten Staaten bedeuten.

Die gegenwärtige Politik kann ihre Zielsetzungen nicht erreichen; sie ist phantasielos und unrealistisch. Überdies ist sie die größte Hilfe für die chinesische Propaganda nicht nur in Asien, sondern auch in Afrika und in den lateinamerikanischen Ländern. Denn Brutalität, Bombenangriffe auf Zivilisten und Aktionen wie die Besetzung der Dominikanischen Republik unterstützen China mehr in seinen Zielen, unter den Kolonialvölkern Sympathie zu gewinnen, als unsere Militärpräsenz in Südvietnam dazu beitragen kann, die Chinesen im Zaum zu halten.

Wenn wir wirklich China daran hindern wollen, die gesamte koloniale Welt auf seine Seite zu bekommen, dann müssen wir aufhören, weltweit die reaktionären Regime zu fördern, und statt dessen solche Regierungsformen unterstützen, die die wirtschaftlichen und sozialen Belange des größten Teils der Bevölkerung vertreten (selbst wenn es sich um sozialistische Regierungen handelt). Wir müssen bei dem Versuch mit der Sowjetunion zusammenarbeiten, die große koloniale Revolution, die nicht aufgehalten werden kann, in friedliche und konstruktive Bahnen zu lenken.

Zusätzlich können Versuche unternommen werden, zumindest zu einem *modus vivendi* mit China zu kommen und durch einen freien Handel sowie durch eine *de facto* Anerkennung den Einfluß jener Elemente in China zu verringern, die Gewalt als den einzig gangbaren Weg sehen, um die Ziele Chinas durchzusetzen. Was die Sprecher der US-Administration gegenwärtig empfehlen, ist eine altmodische Kanonenboot-Politik, die nur für die Epoche vor dem Atomzeitalter passend war und die vielleicht solche Leute beeindruckt, die nach möglichst einfachen Lösungen suchen. Vonnöten aber ist eine Politik, die zwischen dem Möglichen und dem Unmöglichen unterscheiden kann und die realistische und phantasievolle Mittel sowie diplomatisches Geschick anwendet, um sowohl die besten Möglichkeiten für die Vereinigten Staaten zu erreichen, als auch um die Gefahr einer atomaren Zerstörung zu vermeiden.

10. Die globale Verantwortung der Vereinigten Staaten (1965)

Der nachfolgende Text bildet den ersten Teil eines Memo on Foreign Policy, *das Fromm Ende 1965 für amerikanische Politiker geschrieben hat. Wie schon* Rußland, Deutschland, China. Bemerkungen zur Außenpolitik *befassen sich die nachstehenden Notizen zur Außenpolitik auch mit den politischen Hauptströmungen, jetzt allerdings einige Jahre später. Die sich im amerikanischen Manuskript anschließenden Überlegungen zur deutschen Frage werden unter der Überschrift* Die deutsche Frage *im nächsten Kapitel abgedruckt. – Die Übersetzung aus dem Amerikanischen besorgte Linda Bender.*

Die außenpolitische Strategie erfordert ein klares Bild der verschiedenen Kräfte (der sozialen, wirtschaftlichen, militärischen und psychologischen), die in der Welt wirksam sind, ihrer jeweiligen Stärke und Ausrichtung. Ebenso wie in der militärischen Strategie, kann eine politische Strategie Pläne, Ziele und Mittel zu deren Durchführung auf lange Sicht nur formulieren, wenn eine Kenntnis der wirksamen Kräfte vorhanden ist. Dies schließt auch ein, daß man zwischen der Rhetorik und Ideologie (der Gegner, der Neutralen, der Freunde und unserer eigenen) und den Tatsachen zu unterscheiden weiß.

Die amerikanische Politik leidet besonders darunter, daß ihr eine solch umfassende Analyse fehlt und sie folglich keine vernünftige und systematische außenpolitische Strategie formulieren kann. Die Außenpolitik der Vereinigten Staaten beschäftigt sich vor allem mit *taktischen* Problemen, statt mit *strategischen*. Solche taktischen Probleme sind durch verschiedene Situationen gegeben, besonders durch Revolutionen in unterentwickelten Ländern, aber auch durch den Widerstand de Gaulles und der deutschen Regierung gegen die Politik der USA. Soweit es um Revolutionen in Kolonien geht – seien es kommunistisch geführte wie die in Vietnam, oder seien es nicht-kommunistisch geführte wie die in Santo Domingo –, unsere Taktik ist vorzugsweise die der Anwendung von Gewalt. Was die deutsche Opposition betrifft, antworten wir gewöhnlich mit der Taktik, Zugeständnisse zu machen, ohne jedoch ganz nachzugeben. Auf Grund dieses Mangels an einer Gesamtstrategie haben wir uns selbst in eine strategisch ungünstige Position hineinmanövriert, wenn auch die Nachteile dieses Fehlens einer Strategie im Moment noch nicht klar erkennbar sind. Die folgenden Bemerkungen bezwecken, die globale Situation von einem umfassenden Standpunkt aus zu umreißen [...].

Die globale Situation ist in der Mitte des 20. Jahrhunderts charakterisiert durch:

(1) das schnelle Fortschreiten der industriellen Revolution in den westlichen Ländern; eine wachsende Produktivität auf Grund neuer wissenschaftlicher Entdeckungen, Techniken, Automation, usw.;
(2) das Vorhandensein von Atomwaffen, die die Industrieländer (die USA, die Sowjetunion und Westeuropa) zu zerstören drohen;
(3) das Verschwenden von beträchtlichen Mitteln in den Industrieländern, um Waffen herzustellen, deren Anwendung aber gerade die Länder, die sie herstellen, zerstören würde;
(4) die stagnierende wirtschaftliche Situation in den unterentwickelten Ländern, die in dem Maße zunehmend ärmer werden, in dem die Industrieländer immer reicher werden;

(5) die koloniale Revolution; im Gegensatz zum 19. Jahrhundert sind die armen Nationen zu der Überzeugung gekommen, daß weder Gott noch die Geschichte sie zu Hunger und Elend verdammt hat; sie sind in Bewegung geraten und sie fordern (wie ein Jahrhundert zuvor die westliche Arbeiterklasse) am wirtschaftlichen Fortschritt teilzunehmen.

Der wichtigste Tatbestand dieses Jahrhunderts ist die koloniale Revolution. Sie kann in einer der beiden Formen vor sich gehen: mit Gewalt, Kriegen und blutigen Revolutionen oder mit Hilfe der reichen Nationen in einer geplanten wirtschaftlichen Entwicklung.

Der Weg der Gewalt wird (zumindest zur Zeit [1965]) von den Chinesen geplant. Sie verfolgen die Strategie, gewalttätige Aufstände und Kriege zu fördern, die sich gegen die regierenden Gruppen Asiens, Afrikas und Lateinamerikas wenden. Diese Aufstände richten sich im Grunde gegen die Vereinigten Staaten und gegen die anderen Industrienationen einschließlich der Sowjetunion. Der chinesische Verteidigungsminister verglich in einer Erklärung kürzlich die Kolonialvölker mit den Bauern, die Industrieländer mit den Städten, wobei die „Bauern" schließlich die „Städte" überwältigen und besiegen müßten. Diese Taktik klingt durchaus logisch, aber sie setzt voraus, daß Blutvergießen und selbst ein Atomkrieg nicht als die schlimmste Gefahr verabscheut werden. Man argumentiert, daß in einem Land wie China mit über 700 Millionen Einwohnern der Tod von sogar 300 oder 400 Millionen noch zu verkraften sei; außerdem verkrüppele eine atomare Verwüstung ein weniger industrialisiertes Land weniger als ein Industrieland. Schließlich spielt auch ein subjektiver Faktor eine Rolle: Menschen, die hungern und die keine Zukunftsperspektive haben, die wie Tiere leben, sind über die Vorstellung eines weit verbreiteten Todes weniger entsetzt als Menschen, für die das Leben lebenswert und lohnend ist.

Wenn die Vereinigten Staaten ihre jetzige Taktik weiterverfolgen, werden sie ihre eigenen Ziele zunichte machen. Entweder werden sie Truppen in Länder entsenden, in welchen Revolutionen ausgebrochen sind, und dann werden wir bald nicht genügend Truppen haben, um eine große Zahl an revolutionären Ländern zu beherrschen. Zu gegebener Zeit können die Vereinigten Staaten Truppen nach Vietnam und Santo Domingo entsenden. Aber angenommen, es würden zur gleichen Zeit Revolutionen in anderen lateinamerikanischen, asiatischen und afrikanischen Ländern ausbrechen, dann wären die Vereinigten Staaten handlungsunfähig. Und genau das ist die Strategie Chinas. Wenn andererseits die Vereinigten Staaten eine andere Linie ihrer gegenwärtigen Politik verfolgten und verstärkt reaktionäre Diktaturen einsetzten und protegierten, dann würden sie eine Taktik verfolgen, die sich selbst einschränkt. Für den Augenblick können solche Diktaturen zwar die Situation stabilisieren, aber auf Dauer werden sie nicht fähig sein, die revolutionäre Bewegung aufzuhalten, und es wird für die Vereinigten Staaten nötig werden, mit der eigenen militärischen Macht zu helfen. Auf diese Weise gerieten die Vereinigten Staaten in die oben bereits erwähnte Schwierigkeit. Eine solche Politik hat noch eine andere Konsequenz: die Kolonialvölker werden in den Vereinigten Staaten ihren hauptsächlichen Feind sehen. Sie sind es dann, die für ihre Leiden und für die Folterkammern ihrer jeweiligen Diktatoren verantwortlich sind, und dieser Haß wird ein wichtiger psychischer Faktor sein, um Gewalt und Revolutionen in Gang zu halten.

Die chinesische Strategie ist ein Plan auf lange Sicht. Deshalb macht es den Chinesen auch nichts aus, wenn sich der Kampf ohne sichtbaren Erfolg über Generationen hinzieht. Auf lange Sicht wird der Ansturm von zwei Dritteln der Menschheit gegen die Reichen den Fall der letzteren mit sich bringen. Diese langfristige Strategie steht in scharfem Kontrast zu der kurzsichtigen Politik der Vereinigten Staaten, die Probleme erst dort angehen, wo sie auftreten und – was wichtiger ist – die nur nach provisorischen Lösungen suchen. Um zusammenzufassen: *Das politische Taktieren der Vereinigten Staaten unterstützt ungewollt die Strategie Chinas.* Das wird über Generationen zu Gewalt, Blutvergießen, Haß und möglicherweise zu einem Atomkrieg führen, weil die Sowjetunion vielleicht dazu gezwungen wird, sich an die Seite Chinas zu stellen, und die Chinesen schließlich von Atomwaffen Gebrauch machen.

Die zweite strategische Möglichkeit ist die einer friedlichen Evolution der Kolonialländer (die oft auch Revolutionen mit sich bringt, um sich von reaktionären Diktaturen abzusetzen). Eine solche Evolution muß auf eine wirtschaftliche Entwicklung abzielen, die diese Länder aus eigenen Kräften zu einer wachsenden wirtschaftlichen Entwicklung befähigt. Diese Entwicklung hat im einzelnen zur Voraussetzung:

(1) Die Schaffung eines Entwicklungsplanes für alle unterentwickelten Länder auf die nächsten 5, 10, 20, 30 Jahre hin. Solch ein Plan müßte von den besten Wirtschaftsfachleuten und Planungsspezialisten der Vereinigten Staaten, der Sowjetunion, Großbritanniens, Frankreichs, Skandinaviens usw. entworfen werden.
(2) Es muß materielle Hilfe und technische Unterstützung gegeben werden, und es müssen den armen Ländern Spezialisten für Landwirtschaft, Industrie, Medizin und Erziehung von den reichen Ländern zur Verfügung gestellt werden.
(3) Solch eine massive wirtschaftliche Hilfe ist nur unter den folgenden Voraussetzungen möglich:

(a) Die Entwicklungshilfe muß vom sowjetischen Lager, von den NATO-Ländern sowie von den neutralen Industrieländern gemeinsam gewährt werden, und zwar am besten im Rahmen der Schutzherrschaft einer Unterorganisation der Vereinten Nationen.

(b) Eine solche Zusammenarbeit erfordert das Ende des Kalten Krieges und eine gegenseitige Übereinkunft, daß keiner der beiden Blöcke versuchen wird, politische Macht über die Nationen zu gewinnen, denen sie helfen. Eine solche Zusammenarbeit würde die reichen Länder auch dazu befähigen, darauf zu drängen, daß die Hilfe, die sie gewähren, auch tatsächlich ihrer Bestimmung gemäß verwendet wird; denn es könnte nicht mehr auf erpresserische Weise damit gedroht werden, auf die Seite des Gegners zu wechseln, wenn der Geber im Moment zu streng ist.
(c) Eine weitere offensichtliche Voraussetzung ist die weitreichende Abrüstung der beiden Blöcke und das Verbot der Weitergabe von Atomwaffen an Länder, die bis jetzt noch keine solche Waffen besitzen. Die Mittel, mit denen den unterentwickelten Nationen geholfen werden soll, stünden einfach nicht zur Verfügung, wenn der Rüstungsetat auf allen Seiten nicht drastisch gekürzt wird.
(d) Die reichen Länder müßten sogar darauf vorbereitet werden, mehr auszugeben als sie durch Abrüstung einsparen; ihre Bevölkerung müßte also zugunsten der armen Länder auch zu Opfern bereit sein; dies schließt auch die Bereitschaft erfahrener und junger Fachkräfte ein, einige Jahre als Berater in diesen Ländern zu verbringen. Solche Schritte lassen sich nicht ohne eine idealistische Gesinnung machen. Die Hilfe für die zwei Drittel der hungernden Weltbevölkerung würde als Beitrag zur Wahrung des Friedens ein Zeichen für einen neuen, echten Idealismus sein und für viele zum Ausdruck einer religiösen Haltung werden.

Diese Strategie – die einzige Alternative zu einer von den Chinesen angeführten Revolution und zu Krieg – ist durchaus realisierbar, wenn auch enorm schwierig. (Ist einmal ein solcher Plan angenommen und fühlt sich China nicht länger bedroht, so ist es sehr gut möglich, daß es seine revolutionären Pläne aufgibt und sich auf seine eigene Entwicklung konzentriert. Und selbst wenn es dabei scheitert, wird seine Propaganda kein Echo bei den anderen unterentwickelten

Ländern finden.) Diese Strategie würde eine Stärkung der Vereinten Nationen bedeuten, sowohl um die Abrüstung in Gang zu bringen als auch um eine Unterorganisation einzurichten, welche die für die unterentwickelten Länder wesentliche wirtschaftliche Hilfe organisiert. Auch das Ende des Kalten Krieges wäre notwendig, und es müßte zu einer Verständigung zwischen den Vereinigten Staaten und der Sowjetunion kommen. Es gibt viele Anzeichen dafür, daß eine solche Verständigung heute möglich ist, auch wenn sie keineswegs leicht zu erreichen ist. Als größtes Hindernis steht ihr nämlich die deutsche Politik der Wiederbewaffnung im Wege, verbunden mit dem Versuch Deutschlands, die Grenzen von 1937 – ja sogar von 1938, wiederzugewinnen.

III. Deutschland und Europa

1. Die Zukunft eines Neuen Europas (1961)

Der Beitrag The Future of the New Europe *fand sich im Nachlaß und entstand als Manuskript 1961. Die Übersetzung des amerikanischen Originalmanuskripts fertigte E. Rebstock.*

Am Ende des Ersten Weltkrieges schien Europa vom Verfall bedroht. Deutschland, die wirtschaftlich stärkste Macht, hatte sich seit den neunziger Jahren des 19. Jahrhunderts an die Spitze der Wirtschaftsmächte gesetzt und war nun völlig besiegt; Rußland war durch den Krieg und den Bürgerkrieg verwüstet. 1938 hatte Deutschland die Folgen seiner Niederlage überwunden, die Sowjetunion begann, eine der ersten industriellen Mächte zu werden. Großbritannien und mehr noch Frankreich waren nicht in der Lage gewesen, die Entwicklung aufzuhalten, die von den neunziger Jahren des 19. Jahrhunderts bis 1914 angehalten hatte. (Die Stahlproduktion Großbritanniens belief sich 1913 auf 7,787 Millionen Tonnen, die Deutschlands auf 15,599 Millionen Tonnen. 1920 war die Stahlproduktion in beiden Ländern ungefähr gleich, rund 9 Millionen Tonnen. 1938 betrug die deutsche Stahlproduktion mehr als das Doppelte der Großbritanniens.)

Die Chance einer wirtschaftlichen und politischen Renaissance Europas schien nach dem Zweiten Weltkrieg definitiv verloren zu sein. Deutschland war zur Hälfte zerstört worden, und die Sieger stimmten darin überein, daß Deutschland nie mehr zu einem mächtigen Land werden sollte. Europa war überdies geschwächt durch die Folgen der kolonialen Revolution, welche die europäischen Mächte der meisten ihrer überseeischen Besitztümer beraubte. Folglich schien es klar zu sein, daß Europa seine zentrale Stellung verloren hatte und daß die wirtschaftliche und militärische Macht auf die Vereinigten Staaten und die Sowjetunion übergegangen war.

Roosevelts Politik basierte auf dieser Tatsache. Er und – wie wir annehmen können – auch Stalin, beabsichtigten, die Kriegsallianz in eine dauerhafte politische Allianz zu verwandeln in der Hoffnung, die Welt zu stabilisieren und einen dauerhaften Frieden unter einer gemeinsamen amerikanisch-sowjetischen Führung zu schaffen; Europa sollte nur eine zweitrangige Rolle spielen.

Aber kurz nach Kriegsende fing diese neue Allianz an zusammenzubrechen, der Kalte Krieg begann. Ohne den Gründen hierfür nachzugehen (zweifellos spielten gegenseitige Mißverständnisse und Verdächtigungen eine beträchtliche Rolle), war das Ergebnis, daß der Westen einen russischen Angriff auf Westeuropa fürchtete und damit begann, eine westliche Verteidigung zu organisieren.

In Widerspruch zu den Potsdamer Beschlüssen und zur Nachkriegsstimmung der deutschen Bevölkerung wurde Deutschland dazu ermutigt, wieder aufzurüsten und schließlich der NATO beizutreten. (Die Russen stellten eine ostdeutsche Armee auf, die jedoch aus vielerlei Gründen nicht mit dem militärischen Apparat der Bundesrepublik verglichen werden kann; ihre Funktion ist eher die einer Polizeimacht als einer Armee, die für internationalen Krieg ausgerüstet ist.) Noch etwas anderes geschah in Deutschland: das „Wirtschaftswunder". Nur wenige Jahre nach dem Krieg, der die Hälfte der deutschen Städte zerstört hatte, und nach einem Friedensschluß, der Deutschland eines Drittels seines Staatsgebietes beraubt hatte, begann Deutschland, wie nach 1918, wieder zu erstarken und wurde die wirtschaftlich wohlhabendste und (nach der Sowjetunion) militärisch stärkste Macht in Europa.

Für Europa bot sich eine neue Chance: Wenn seine traditionellen politischen Rivalitäten überwunden und seine Handelsschranken abgeschafft würden, dann könnten die Vereinigten Staaten von Europa, ein Gebiet mit über 300 Millionen Menschen, mit riesigen natürlichen Ressourcen und mit einer hochdisziplinierten und gut ausgebildeten Arbeiterklasse zu einer Macht organisiert werden, die an Stärke den Vereinigten Staaten und der Sowjetunion gleichkäme oder diese sogar noch übertreffen würde. Europa könnte wieder zu einer großartigen Macht aufblühen, vorausgesetzt, es wäre ein vereinigtes Europa.

Diese Einigung begann als militärisches Verteidigungsbündnis. Von dort aus kam es zur Bildung des Gemeinsamen Marktes, der ein riesiges wirtschaftliches Gebiet schuf, das nur England, die skandinavischen Länder, die Schweiz, Spanien und Portugal ausschloß. Der wirtschaftliche Erfolg des Gemeinsamen Marktes ist großartig. 1956-1960 betrug das Wachstum ihrer gemeinsamen Produktion 12 Prozent, während das Wachstum Großbritanniens nur 6 Prozent betrug; ihre Exporte beliefen sich auf das Vierfache der Exporte Großbritanniens. Von der wirtschaftlichen Einheit aus begannen die Länder des Gemeinsamen Marktes, zur politischen Einigung überzugehen. Während es im Augenblick nicht geplant ist, die nationalen Souveränitäten abzuschaffen, ist eine gemeinsame Außenpolitik ganz klar der nächste Schritt, der in ein paar Jahren zur Bildung einer Föderation in Europa, wenn nicht zu den Vereinigten Staaten von Europa führen wird.

Diese neue Entwicklung scheint in vielerlei Hinsicht wünschenswert zu sein. Zunächst macht sie Schluß mit nationalen Rivalitäten, besonders mit der französisch-deutschen, die in 70 Jahren zu drei Kriegen geführt hat. Sie erlaubt Europa eine wirtschaftliche Entwicklung, die durch die antiquierten Strukturen getrennter nationaler Märkte blockiert gewesen war; schließlich scheint sie eine neue Macht zu schaffen, verbündet mit den Vereinigten Staaten und deshalb eine wichtige zusätzliche Komponente der Verteidigungsfähigkeit der Vereinigten Staaten.

Ohne Zweifel ist eine wirtschaftliche Einigung Europas wünschenswert und vom wirtschaftlichen Standpunkt aus auch so logisch, daß sie nicht verhindert werden kann. Auch eine politische Einigung Westeuropas könnte wünschenswert sein. Die zentrale Frage ist jedoch, *welches Gesicht dieses Neue Europa haben wird, und das bedeutet, welche Macht – oder welche Mächte – es anführen und ihren Einfluß geltend machen werden.*

Zum gegenwärtigen Zeitpunkt besteht kein Zweifel, daß Westdeutschland diese beherrschende Macht ist. Über die Gründe braucht man nicht lange rätseln. Das wirtschaftliche Potential, das der deutschen industriellen Organisation zu eigen ist und das sich als stärker als zwei militärische und politische Niederlagen erwiesen hat, hat seine Stoßkraft nicht verloren. Deutschland setzt die Entwicklung des wirtschaftlichen Wachstums mit derselben Geschwindigkeit fort, mit der es sie vor ungefähr 70 Jahren begonnen hat. Darüber hinaus verfügt Deutschland immer noch über dieselbe militärische Tradition, die zusammen mit seinem industriellen Potential die dynamische Mischung kreierte, die 1914 und 1939 zu Explosionen führte. (Obwohl die gesellschaftliche Basis für die Klasse der Junker verschwunden ist, verschwand die militärische Tradition nicht, und die Generäle, die Hitler loyal waren, kooperierten mit denen, die mithalfen, die Verschwörung von 1944 zu organisieren, beide vereint in ihrem Bemühen, wieder ein militärisch starkes Deutschland zu schaffen.) Westdeutschland ist heute wirtschaftlich und militärisch die stärkste Macht im Gemeinsamen Markt. Es wird von den Vereinigten Staaten unterstützt, die gerade eine Umschichtung ihrer Vertrauensbeziehung zu Großbritannien als ihres wichtigsten Verbündeten zugunsten der Bundesrepublik Deutschland vornehmen. Frankreich, von einem begabten aber romantischen General regiert, ist mit seiner *gloire* und der Bewahrung der Überreste seiner Herrschaft in Afrika beschäftigt; so scheinen die meisten Franzosen es vorzuziehen, lieber der kleinere Partner im Neuen Europa zu sein als einem dritten und noch fürchterlicheren Angriff eines wiederbewaffneten Deutschlands ausgeliefert zu sein. Haben sie nicht schon de Gaulle als ihren Beschützer akzeptiert und dafür einige Wesensmerkmale ihrer demokratischen Tradition aufgegeben?

Die Deutschen ihrerseits sind gerade dabei, ein Ziel zu verfolgen, das sowohl der Kaiser als auch Hitler nicht zu erreichen vermochten. Die wirtschaftliche Expansion Deutschlands und eine beherrschende Rolle in Europa waren die Ziele des Ersten und Zweiten Weltkrieges. Zweimal versagten die Deutschen, weil ihren Generälen und Politiker der Weitblick fehlte, um zu erkennen, daß sie keinen Krieg gewinnen konnten, in dem das mächtigste Land, die Vereinigten Staaten, sich auf die Seite der Feinde Deutschlands schlagen würde. Dieses Mal sind die Vereinigten Staaten auf der Seite Deutschlands, und beide haben einen gemeinsamen Feind: die Sowjetunion. Die neue Sprache redet von einem „geeinten Europa mit einem integrierten Deutschland", statt der alten Sprache, die von „Deutschland über alles!" schwärmte.

Warum ist unter all diesen Voraussetzungen ein von Deutschland angeführtes und beherrschtes Neues Europa nicht im Interesse der Vereinigten Staaten und auch nicht im Interesse des Weltfriedens? Diese Frage führt uns zum Kernproblem. Deutschland wurde im letzten Krieg nicht nur vernichtend geschlagen, sondern verlor auch einen großen Teil seines [zum Teil annektierten] Staatsgebietes und seiner Bevölkerung: Ostdeutschland, Schlesien, Ostpreußen, Elsaß-Lothringen, Österreich und das Sudetenland. Der deutsche Nationalismus und das Geschrei um die Rückgabe der „gestohlenen Gebiete" haben nicht abgenommen, sondern sind mit dem Wachstum der deutschen Stärke wieder größer geworden. Die Regierung der Bundesrepublik hat wiederholt ausdrücklich erklärt, daß sie die provisorisch gezogenen Grenzen von 1945 nicht anerkennt. Je mächtiger Deutschland als Führungsmacht eines Vereinten Europas wird, desto aggressiver werden seine unnachgiebigen Forderungen nach der Wiedergewinnung der ehemaligen deutschen Gebiete sein. Da auf der anderen Seite die Sowjetunion nicht bereit sein wird, irgendeine ihrer Nachkriegseroberungen aufzugeben, muß sie sich vor einer wachsenden deutschen Stärke fürchten, so daß der Rüstungswettlauf mit der Wahrscheinlichkeit eines immer verheerenderen Atomkriegs weitergeht.

Das Bündnis der Vereinigten Staaten mit Deutschland (oder vielmehr das Bündnis zwischen den Vereinigten Staaten und einem von Deutschland geführten Europa) trägt ohne Zweifel zur militärischen Stärke Amerikas bei. Aber weil es eine Allianz mit einem Land ist, das wachsendes Verlangen entwickelt, seine verlorenen Gebiete wiederzuerhalten, um sein Wachstum zu steigern, ist es eine gefährliche Allianz. Sie bindet die Vereinigten Staaten an ein Land, das zweimal auf Sieg spekulierte, wobei seine eigene Bevölkerung auf dem Spiel stand, und das wieder auf den Sieg spekuliert, wobei dieses Mal das Überleben der Menschheit auf dem Spiel steht. Ist die Verstärkung unserer Verteidigungsfähigkeit so wertvoll, wie die Bedrohung für den Frieden gefährlich ist? Ist die Bedrohung durch die Sowjetunion ebenso real wie die Bedrohung des Friedens durch unseren neuen Verbündeten?

Verschiedene Einwände können gegen diese Analyse gemacht werden. Der erste lautet, daß Deutschland friedliche

Absichten hat, und daß es erklärt hat, es würde nicht versuchen, die verlorenen Gebiete gewaltsam zurückzuerobern. Dieses Argument hat wenig Überzeugungskraft, bedenkt man, daß historische Ereignisse heutzutage nicht von den ehrenhaftesten Absichten eines politischen Führers bestimmt werden, sondern von dem einem Volk innewohnenden historischen Trend, der die Sprache des Führers verändern wird. Strauß redet in einer sehr viel roheren und aggressiveren Sprache als Adenauer, wobei sich übrigens die Sprache innerhalb weniger Jahre geändert hat: Richtete sie sich noch vor einigen Jahren gegen jede Bewaffnung, so bestätigt sie jetzt, daß sich Deutschland nicht ohne atomare Waffen verteidigen könne. Wie wird Strauß erst reden, wenn Deutschland noch mächtiger ist? Wie wird die Sprache seines Nachfolgers sein?

Ein weiteres Argument gegen die pessimistische Beurteilung eines Neuen Europas unter deutscher Vorherrschaft spricht davon, daß Deutschland von seinen Verbündeten, vor allem von Frankreich und Italien, im Zaum gehalten werden wird. Leider überzeugt auch dieses Argument nicht. Man vergißt, daß in einem Bündnis der wirtschaftlich – und folglich militärisch – stärkste Partner die schwächeren beherrscht und daß es nur eine Sache raffiniert angewandter Ideologie ist, eine solche Herrschaft zu verbergen. (Im römischen Recht nannte man ein derartiges Bündnis *societas leonina*, eine Gemeinschaft, die aus einem schwächeren Tier und einem Löwen besteht.)

Italien ist bekanntermaßen schon immer wirtschaftlich und militärisch schwach gewesen. Frankreich ist selbst mit Belgien und den Niederlanden zusammen viel schwächer als Deutschland. Abgesehen davon haben Frankreich und Belgien koloniale Interessen in Afrika, für deren Verwirklichung sie deutsche Unterstützung brauchen und deren Verteidigung Frankreich als militärische Macht auf dem Kontinent praktisch nichtexistent sein läßt.

Es bleibt eine letzte Hoffnung: Wenn Großbritannien dem Gemeinsamen Markt beitreten würde, könnte es zusammen mit Italien und Holland ein wirksames Gegengewicht zur deutschen Vorherrschaft bilden. Diese Hoffnung scheint jedoch einige Fakten zu vernachlässigen. Heute befindet sich Großbritannien hinsichtlich seiner wirtschaftlichen Position weit hinter der der Staaten des Gemeinsamen Marktes. Wenn Großbritannien heute als ein unterlegener Verbündeter mit wirtschaftlichen Schwierigkeiten in den Gemeinsamen Markt eintritt, wird die Achse Adenauer-de Gaulle ihre Bedingungen für deren Beitritt stellen. Diese Bedingungen werden nicht nur wirtschaftlicher, sondern auch politischer Natur sein. Großbritannien vermutet vielleicht, daß die Hauptbedingung lauten wird, seine Rolle als Mittler zwischen Ost und West aufzugeben und ohne Vorbehalte am antikommunistischen Kreuzzug teilzunehmen, der von Deutschland und Frankreich geführt wird. Aber selbst wenn dies nicht die Bedingung für den Beitritt Großbritanniens wäre, was würde aus seiner politischen Unabhängigkeit werden, wenn der Gemeinsame Markt sowohl eine politische als auch eine wirtschaftliche Einheit geworden ist? Kann man von einem wirtschaftlich geschwächten Großbritannien erwarten, daß es in der Lage sein wird, einen deutsch-französischen nationalistischen und reaktionären Block im Neuen Europa zu kontrollieren?

Bedenkt man die Notwendigkeit einer wirtschaftlichen Einigung Europas und daß diese Vereinigung unter der Leitung eines Deutschland stattfindet, das expandieren und die abgetrennten Gebiete wieder anschließen will, so daß es zu einer vermehrten Wettrüstung kommt, dann stellt sich die Frage, ob irgend etwas getan werden kann, um diesen gefährlichen Kurs zu verändern.

Es besteht Grund zu der Annahme, daß eine solche Veränderung erreicht werden könnte, wenn Großbritannien anstelle von Deutschland der tatsächliche Führer eines Neuen

Europas würde. Was sind die Voraussetzungen für eine derartige neue Entwicklung?

(1) Zuerst müßten die Vereinigten Staaten zu ihrer traditionellen Haltung zurückkehren und Großbritannien als ihren Hauptverbündeten betrachten. Das würde das Ende einer Politik bedeuten, in der die Vereinigten Staaten – faktisch, wenn auch nicht *expressis verbis* – die Freundschaft mit dem starken Deutschland an die Stelle ihrer Freundschaft zu einem geschwächten Großbritannien gesetzt haben. Gerade weil politische Macht von wirtschaftlicher Macht abhängig ist, käme es zu einer engen wirtschaftlichen Zusammenarbeit zwischen den Vereinigten Staaten und Großbritannien, die es Großbritannien ermöglichen würde, seine wirtschaftlichen Schwierigkeiten zu überwinden. Ob und wie dies durchgeführt werden kann, muß von Wirtschaftswissenschaftlern geklärt werden; allein vom politischen Standpunkt aus muß aber die Notwendigkeit einer solchen Lösung ausdrücklich betont werden. Freilich muß Großbritannien die Ursachen für seine wirtschaftlichen Schwierigkeiten erkennen und die nötigen und möglichen Änderungen vornehmen.

(2) Ein Neues Europa unter der Führung von Großbritannien, den skandinavischen Ländern und Holland wäre ein demokratisches Europa. Es ist eine Tatsache, daß Großbritannien die einzige zuverlässige Demokratie unter den großen Mächten in Europa ist. Wer immer sich statt an Worten an den tatsächlichen Realitäten orientiert und sensibel genug ist, die Tendenzen hinter den Worten wahrzunehmen, kann in Deutschland eine Stimmung des Nationalismus beobachten, eine Atmosphäre des Argwohns und der Furcht, die an die letzten Jahre vor Hitler erinnern. Die wachsende „Gleichschaltung" mit dem Kurs von Adenauer und Strauß zeigt sich eindrücklich darin, daß die Opposition, die von Brandt geführte Mehrheit der sozialdemokratischen Partei, ihren Erfolg durch die Nachahmung der Politik Adenauers

zu erreichen sucht und manchmal sogar Adenauer in der Schrillheit nationalistisch-aggressiver Redeweisen übertrifft.

Ein von Deutschland und Frankreich angeführtes Neues Europa wird ein reaktionäres, totalitäres Europa sein. Während wir von der Sicherung des Friedens reden, ist es tatsächlich so, daß wir die Bildung eines militaristischen, totalitären Europas unterstützen, während der russische kommunistische Block seit Stalins Tod zunehmend Tendenzen der Liberalisierung zeigt. Die Unterstützung des gegenwärtigen, von Deutschland angeführten Europas wird auf lange Sicht zu einer Zunahme der Stärke reaktionärer, totalitärer Tendenzen innerhalb der Vereinigten Staaten führen, die derzeit ihre Kräfte unter dem Banner des Antikommunismus und der Sicherung des Friedens sammeln. Ein von Großbritannien angeführtes Neues Europa wird nicht nur die demokratischen Kräfte innerhalb Deutschlands und im übrigen Europa unterstützen; eine solche Politik wird auch die Gefahr des wachsenden Totalitarismus in den Vereinigten Staaten abwenden.

(3) Es gibt noch einen Gesichtspunkt im Zusammenhang mit dem Neuen Europa, der bedacht werden muß: der Unterschied zwischen Großbritannien auf der einen Seite und Frankreich-Belgien auf der anderen hinsichtlich ihrer kolonialen Besitztümer. Großbritannien kann trotz des Suez-Abenteuers einen ausgezeichneten Ruf sowohl in Asien als auch in Afrika vorweisen, weil es das Faktum der kolonialen Bewegung für mehr politische Unabhängigkeit akzeptiert hat. Großbritannien und die Vereinigten Staaten sind die zwei großen westlichen Mächte, denen es möglich ist, eine nicht-kolonialistische Politik zu betreiben. Sie können deshalb auch die Entwicklungen aufhalten, die Rußland – und vor allem China – zu natürlichen Führern der kolonialen Revolution machen. Auf der anderen Seite verfolgen Frankreich und Belgien (wie auch Portugal) eine kompromißlose

kolonialistische Politik, die nur dazu führt, daß die Aggressivität bei den nationalen Revolutionen in Asien, Afrika und Lateinamerika immer größer wird.

(4) Ein von Großbritannien angeführtes Neues Europa setzt voraus, daß die Aufrüstung in Deutschland gestoppt wird. Bereits jetzt ist fraglich, ob Deutschland überhaupt noch dabei aufgehalten werden kann, berücksichtigt man die militärische Stärke, die es schon erreicht hat. Zieht man allerdings in Betracht, daß Deutschland noch keine Atomwaffen besitzt, dann könnte man es sicher auch daran hindern, welche zu erwerben – selbst unter dem Wortlaut eines von der NATO oder den Vereinigten Staaten kontrollierten „Schlüssels". Ferner sollten die militärischen Beschränkungen, über die nach dem letzten Krieg entschieden wurde, lieber durchgesetzt, als kontinuierlich gelockert werden. Schließlich kann man sich vorstellen, daß die Vereinigten Staaten zusammen mit Großbritannien und der Sowjetunion die Entmilitarisierung West- und Ostdeutschlands erzwingen und ein neutralisiertes Deutschland schaffen könnten, auch wenn die Wiedervereinigung in der unmittelbaren Zukunft ausgeschlossen ist. Weltweite Abrüstung wäre die endgültige Lösung, im Zusammenhang mit der die deutsche Frage gelöst werden könnte.

(5) Die Neutralisierung Deutschlands ist nur möglich, wenn die Vereinigten Staaten eine Einigung mit der Sowjetunion erzielen und den Kalten Krieg beenden. Dies ist nicht der Ort, um die Beweise für die These zu liefern, daß Chruschtschow den Frieden braucht und will, daß er sich vor beiden – einem atomar bewaffneten Deutschland und China – fürchtet und daß er versucht, die amerikanisch-sowjetische Kooperation wieder aufzunehmen, wie sie vor dem Ausbruch des Kalten Krieges existierte. Selbst wenn er seine Interessengebiete in Zentraleuropa aufgeben wollte, so kann er derzeit auf kein von Stalin erworbenes Territorium verzichten, ohne seine politische Position zu verlieren.

Folglich gibt es keinen anderen Weg, um den Rüstungswettlauf zu beenden, als die Anerkennung der Oder-Neiße-Linie durch die Vereinigten Staaten und Großbritannien als Teil eines Friedensvertrages mit Ost- und Westdeutschland, der den Status quo stabilisiert. Das ist bedauerlich für alle echten Freunde der Freiheit, doch jeder andere Weg führt in die Vernichtung, nicht zur Befreiung Zentraleuropas.

Ich fasse zusammen: Die Rückkehr zu Roosevelts Politik einer stabilen Allianz mit Großbritannien und die Vereinbarung eines friedlichen *modus vivendi* mit der Sowjetunion ist ratsam. Eine solche Politik, durch die militärische Neutralisierung beider Teile Deutschlands verwirklicht wird und gefolgt von weltweiter Abrüstung, wird die demokratischen Kräfte in Westeuropa und den Vereinigten Staaten stärken, die Gefahr eines aggressiven China reduzieren und Anlaß zu der Hoffnung geben, daß der todbringende Rüstungswettlauf beendet werden kann. Ein wirtschaftlich starkes, demokratisches Neues Europa, das keinen Ehrgeiz hat, koloniale Besitztümer behalten oder verlorene Territorien zurückgewinnen zu wollen, kann eine der stärksten Kräfte für Frieden und Demokratie werden. Eine Allianz zwischen den Vereinigten Staaten und einem solchen demokratischen Neuen Europa, könnte den neutralen Block sozialistisch orientierter Nationen willkommen heißen, wie sie heute von der von Tito, Nasser und Nehru geleiteten Gruppe repräsentiert wird.

2. Tatsachen und Fiktionen über Berlin (1961)

Der nachfolgende Text datiert aus der ersten Hälfte von 1961 und wurde in der Ausgabe des Committee of Correspondence *vom 21. Juli 1961, also noch vor dem Mauerbau am 13. August 1961, unter dem Titel „Facts and Fictions About Berlin" als Manuskript veröffentlicht. – Die Übersetzung aus dem Amerikanischen stammt von Linda Bender.*

Bis zum Jahresende gibt es Krieg, heißt es, wenn die Russen ihre Pläne für Berlin vorantreiben. Womit wird eine solche Schreckensvision begründet? Man sagt, die Sowjetunion wolle sich Westberlin in den kommunistischen Einflußbereich einverleiben; zuerst wollen sie den Besatzungsstatus ändern; hat der Westen einmal dieser Änderung zugestimmt, dann werden sie Westberlin allmählich übernehmen. Wir sind moralisch und politisch dazu verpflichtet, die Einwohner Westberlins nicht im Stich zu lassen, selbst auf die Gefahr eines Krieges hin.

Es ist erstaunlich, wie weit diese Vorstellung von der Wahrheit entfernt ist. Was sind die Tatsachen? Tatsache ist erstens, daß die Russen einen Friedensvertrag mit Ostdeutschland schließen wollen; zweitens würde dies die Ostdeutschen berechtigen, den Zugang zu Westberlin zu kontrollieren; eine dritte Tatsache ist, daß Chruschtschow wiederholt seine Bereitschaft erklärt hat, die Unabhängigkeit Westberlins vollständig zu garantieren, sei es, daß Berlin weiterhin unter der Viermächtebesatzung stehe oder/und unter einer Besatzung der UNO oder unter einer neutralen Besatzung. Chruschtschow hat sich auch bereit erklärt, den freien Zugang nach Berlin in einem neuen Vertrag sicherzustellen.

Die *wesentliche* Frage ist die, ob Westberlin ein Teil der westlichen Welt bleibt. Es besteht kein Grund zu der Annahme, daß Chruschtschows Vorschläge dieses nicht gewährleisten würden. Vor allem anderen gilt es zu erkennen, daß die Unabhängigkeit Westberlins nicht militärisch durch die Anwesenheit der westlichen Truppen gewährleistet ist, sondern symbolisch durch die Vorstellung, daß ein Angriff auf Berlin zugleich ein Angriff auf den Westen ist. Diese Situation würde sich nicht ändern, wenn es auch weiterhin eine Viermächtebesatzung gäbe, aber auch nicht, wenn Berlin UN-Gebiet wäre. Realistisch gesehen hängt die Sicherheit Westberlins von der Sowjetunion und ihrer Bereitschaft ab, Westberlin als Teil der westlichen Welt zu respektieren. Ein neues Ost-West-Abkommen über die Unabhängigkeit Westberlins würde nur eine neue und dauerhaftere Basis für die Freiheit Berlins schaffen. Würde der geplante Status einer Freien Stadt Westberlin deren Loslösung von Westdeutschland einschließen, wäre es schwerer zu verteidigen, es sei denn, die Ostdeutschen könnten dazu gebracht werden, gleichermaßen Ostberlin aufzugeben. Aber ein solcher Status schließt dies eben keineswegs ein. Es muß daran erinnert werden, daß Westberlin, gemäß der rechtskräftigen Vereinbarungen nach dem Krieg, nicht Teil der Westdeutschen Republik ist, und daß daher der Status einer Freien Stadt die gegenwärtige Stellung nicht wirklich ändern würde, solange die Unabhängigkeit der Stadt angemessen gewährleistet ist.

Wir machen geltend, daß die Sowjetunion nicht berechtigt sei, eine gesetzmäßige Situation aufzuheben, die uns ebenso wie den Russen, Briten und Franzosen den Anspruch einer Siegermacht und das damit verbundene Recht einer Besatzung Berlins zuspricht. Formal ist dieses Argument zwar richtig, inhaltlich jedoch nicht. Wir wollen den Russen nicht erlauben, einen Friedensvertrag mit Ostdeutschland zu schließen, haben aber in der Zwischenzeit, obwohl wir keinen offiziellen Friedensvertrag mit Westdeutschland abgeschlossen haben, Westdeutschland zu einem unserer wichtigsten Verbündeten gemacht und unterstützen es bei seiner Wiederbewaffnung – gegen den Geist der Nachkriegsabkommen sowie gegen den fortwährenden Einspruch der Russen. Außerdem haben wir die *de facto* Grenzen von Polen und der Sowjetunion nicht anerkannt.

Administration und Presse der Vereinigten Staaten deuten die Vorgänge als „Mutprobenspiel", weil sie sicher sind, daß Chruschtschow keinen rechtmäßigen Grund haben kann, die Berlinfrage klären zu wollen. Er prüfe lediglich unseren

Mut. Einige sich besonders klug vorkommende Kommentatoren behaupten, Chruschtschow reagiere nur auf den politischen Druck innerhalb des sowjetischen Blocks. Das Gefährliche bei all diesem Gerede ist zu sehen, wie es uns erlaubt, unsere Augen vor seinen berechtigten Beschwerden zu schließen sowie vor den tatsächlichen Gefahren in der deutschen Situation, zu welcher auch wir beigetragen haben. Wie läßt sich diese Situation beschreiben?

Am Ende des Zweiten Weltkriegs kam man überein, daß Deutschland keine starke Armee mehr haben sollte. Die Deutschen selbst schienen dem zuzustimmen. Adenauer sprach sich strikt gegen die Idee einer starken deutschen Militärmacht aus, und die Sozialdemokraten, die stärkste Oppositionspartei, kämpften heftig gegen die Wiederbewaffnung und den „Atomtod". In verschiedenen deutschen Städten gab es auch von seiten der Bevölkerung große Demonstrationen gegen die Atomrüstung.

Jetzt, nur einige Jahre später, hat sich die Lage völlig umgekehrt. Deutschland ist, mit Ausnahme von Rußland, bereits die stärkste Militärmacht in Europa. Seine Generäle (die alle unter Hitler dienten) bestehen darauf, daß Deutschland Atomwaffen für seine Selbstverteidigung braucht. Besonders seit Willy Brandt die Führung der Partei übernahm, sind die Sozialdemokraten kaum weniger leidenschaftlich als die Adenauerpartei für eine deutsche Militärmacht. Andersdenkende und Pazifisten wagen es in Westdeutschland fast nicht mehr, ihre Meinung laut auszusprechen; die politische Atmosphäre ist bedrückend.

In dieser Situation ist ein altes Kräftespiel am Werk, dem gegenüber die Russen sehr empfindlich reagieren und das wir einfältigerweise vertuschen. Nicht Hitler verursachte den Zweiten Weltkrieg, sondern ein Bündnis zwischen Industrie und Militär, das gleiche Bündnis, das die treibende Kraft für den Ersten Weltkrieg gewesen war. Hitlers Programm unterschied sich nicht wesentlich von dem der Koalition von Industrie und Militär im Ersten Weltkrieg, und es wurde von den gleichen Gruppen unterstützt. Weder die Industriellen noch die Generäle mochten Hitler, aber er schien der einzige Mann zu sein, der noch einmal das probieren konnte, was dem Kaiser mißlungen war. Sein Rassenwahn war der zwangsläufige Preis, den man für seine Dienste zahlen mußte. Wie schon im Ersten Weltkrieg, beging die deutsche Elite auch jetzt wieder einen schweren Fehler in der Wahl ihres Führers. In der Tat ist die Parallele zwischen Ludendorff und Hitler auffallend. Beide waren begabt, doch hysterische und halb verrückte Nationalisten mit einer zügellosen Phantasie; beide vermochten nicht den Zeitpunkt zu erkennen, an dem es unmöglich geworden war, den Krieg noch zu gewinnen. Der einzige Unterschied war, daß Hitler eine „Götterdämmerung" für das Ende von Deutschland wählte, während Ludendorff sich schließlich ergab.

Die Deutschen verloren, und wieder einmal verschwanden die Industriellen und die Militärs im Hintergrund. Die Besetzung der westlichen Alliierten und der Russen führte nicht zu einem grundlegenden sozialen und politischen Wandel. Die Nazis wurden als die eigentlich Schuldigen angesehen, und nicht jene, die sie in Dienst genommen hatten. Während man 1918, trotz des lauten Rufs danach, den Kaiser nicht gehängt hatte, hängte man später die obersten Nazi-Führer. Dies läßt sich mit einer Beschwörung des Teufels vergleichen. Die Schlußfolgerung lautet dann: Deutschland ist jetzt unter seiner neuen Führung ein demokratischer und friedlicher Staat, denn die Nazis waren für den Krieg verantwortlich, die Nazis aber wurden völlig ausgerottet. Als dann die Spannung mit der Sowjetunion nach 1947 zunahm, neigte der Westen mehr und mehr dazu, den früheren Feind zur Wiederbewaffnung zu drängen. Auf diese Weise bestätigte man implizit, daß Hitler doch nicht so falsch lag, als er behauptete, es sei Deutschlands

Aufgabe, „die christliche Kultur des Westens“ vor den „barbarischen Horden des Bolschewismus“ zu retten.

Das neue Deutschland hat nicht nur das industrielle und militärische Potential für eine erneute Aggressorrolle, sondern auch das nationalistische Potential, welches für Angriffspläne genutzt werden kann. Deshalb hat die deutsche Regierung die Oder-Neiße-Linie nie als endgültige Grenze anerkannt. Sicherlich kann man die Klugheit und Gerechtigkeit des Beschlusses, unbestreitbar deutsche Teile von Ostdeutschland an Rußland und Polen zu geben und Millionen Deutsche von diesen Gebieten zu vertreiben, ernsthaft in Frage stellen; doch dieser Beschluß ist eine Tatsache, über den sich die westlichen Alliierten – wenn auch nicht in einem formellen Friedensvertrag – geeinigt haben.

In Wirklichkeit aber waren die Folgen dieses Schrittes wirtschaftlich und sozial viel weniger schädlich, als man vielleicht befürchtet hatte. Diese Gebiete gehörten zu den ärmsten in Deutschland, und ihre Bevölkerung, die nach Westdeutschland emigrierte, wurde so erfolgreich in die blühende deutsche Wirtschaft aufgenommen, daß heute vermutlich nur noch einige wenige, wenn sie könnten, in ihr Heimatland zurückkehren wollten. Aber dieser Tatbestand beirrt sie nicht, nach den „gestohlenen Gebieten“ zu schreien, und keine deutsche Partei wagt es, dieses Geschrei zu bändigen. Dies gelingt nicht einmal bei den früheren Sudetendeutschen, die die Rückgabe *ihres* Landes fordern, das in Wirklichkeit Hitler der Tschechoslowakei gestohlen hatte.

Dieses nationalistische Gefühl wird bewahrt, und eine deutsche Regierung kann dieses Gefühl jederzeit wieder voll entfachen. Seine Kraft ist nicht geringer als die von Danzig, dem Korridor, Österreich und dem Sudetenland, worauf Hitler seine Kriegsvorbereitungen gründete. Die deutsche Regierung könnte ihre friedlichen Absichten durch die Anerkennung der Oder-Neiße-Linie zeigen, während die Aussage, Deutschland werde nicht versuchen, sein früheres Gebiet *gewaltsam* zurückzuerobern, ein bedeutungsloser Satz ist (der Art nach wie viele Erklärungen Hitlers), da es auf der Hand liegt, daß sie diese Gebiete nicht anders als mit Gewalt zurückerobern könnten.

Die Entwicklung Deutschlands ist besonders unheilvoll, wenn man den Gang der Ereignisse in den vergangenen fünf Jahren näher betrachtet. Dieser Trend geht nicht in Richtung auf mehr Demokratisierung und Frieden, sondern zu einem Ansteigen von Militarismus und Nationalismus. Die Bundeswehr hat schon viel von den demokratischen Dekorationen wieder abgelegt, die sie sich zum Beweis ihrer Verschiedenheit von dem alten preußisch-militaristischen Geist aufgesetzt hatte. Die Generäle haben schon den verfassungswidrigen Schritt unternommen, öffentlich Atomwaffen für die Verteidigung des Landes zu fordern; ebenso fordern sie eine stärkere deutsche Marine, sie verhandeln mit Frankreich wegen Stützpunkten in Spanien usw. usw.

Viele frühere Nazis sitzen noch immer in hohen Regierungspositionen (Dr. Globke, ein hoher Staatsbeamter unter Hitler und Verfasser des bedeutendsten Kommentars zu Hitlers Rassengesetzen, ist der Leiter des Kanzleramtes von Adenauer). Es ist bezeichnend, daß gegen Willy Brandt, den sozialdemokratischen Gegner Adenauers, mit Vorliebe argumentiert wird, daß er unter Hitler aus Deutschland emigrierte und folglich kein treuer Patriot war.

Deutschland gewinnt einen neuen und bestimmenden Einfluß in Westeuropa, und zwar diesmal nicht durch Krieg, sondern durch seine wirtschaftliche Überlegenheit in einem vereinten westeuropäischen Wirtschaftsblock. Solch ein Deutschland, das Frankreich, Holland, Belgien und vielleicht Italien beherrschen würde, wäre viel mächtiger als je zuvor. Es überrascht nicht, daß die Russen argwöhnisch sind gegenüber dieser Entwicklung und sich von ihr bedroht fühlen. Überraschend ist aber, daß Großbritannien und die Vereinigten Staaten anscheinend keinen Argwohn hegen; in beiden Ländern wurde die Angst vor einem neuen und starken Deutschland, das sich ebensogut gegen den Westen wie gegen den Osten wenden könnte, durch die Angst vor Rußland ausgeschaltet.

Es ist an der Zeit, daß wir uns mehr auf das politische Problem konzentrieren, das mit der Berlinfrage verknüpft ist, als auf das formal-rechtliche Problem, wie wir unsere Ansprüche geltend machen können, die sich aus dem Sieg vor fünfzehn Jahren ergeben. Zweifellos verhält es sich so, wie es Walter Lippman in seinem Bericht über seine jüngsten Interviews mit Chruschtschow vom April 1961 beschrieb, daß nämlich „nach Chruschtschows Meinung die Zukunft Deutschlands die Schlüsselfrage ist", und zwar aus zweierlei Gründen: erstens wegen der Gefahr einer atomaren Aufrüstung in Deutschland und zweitens, weil es notwendig ist, in einem „Friedensvertrag die Grenzen Polens und der Tschechoslowakei festzulegen und die Existenz des ostdeutschen Staats zu festigen". Völlig ungeachtet der Frage nach der moralischen Berechtigung für die gegenwärtigen Grenzen und der Frage, ob wir am Kriegsende die Dinge hätten besser handhaben können, ist doch die gegebene Machtstruktur eine Tatsache, und wie jeder andere Führer einer mächtigen Nation so könnte auch Chruschtschow seine politische Stellung nicht halten, wenn er auf einen der Nachkriegsgewinne Stalins verzichten würde.

Aber gerade weil die große Mehrheit der ostdeutschen Bevölkerung gegen das kommunistische Regime ist (wie die Mehrheit einiger anderer Satellitenstaaten), ist Osteuropa die Achillesferse des sowjetischen Systems. Es ist nur zu verständlich, daß Chruschtschow es so gut wie nur möglich festigen will. Was er fordert, ist in der Tat die *de facto* Anerkennung von Ostdeutschland durch den Westen, wofür er im Gegenzug die Unabhängigkeit Westberlins garantiert.

In Anbetracht der gegebenen Situation ist dies eine Minimalforderung. Auf der Genfer Außenministerkonferenz [im Mai 1959] und später, bei Chruschtschows Besuch in Washington, waren wir offenbar bereit, gewisse symbolische Zugeständnisse zu machen; wie wollten die Truppen reduzieren und die von Westberlin ausgehende antikommunistische Propaganda beenden usw. Chruschtschow kam [im September 1959] von Camp David zurück und berichtete begeistert von seinem erfolgreichen Treffen mit Eisenhower. Bei seinen anschließenden Reisen durch Asien brachte er seine Überzeugung über Eisenhowers gute und friedliche Absichten so zuversichtlich zum Ausdruck, daß er die kommunistische Welt schockierte. Stewart Meacham berichtete, daß ihm ein osteuropäischer Diplomat sagte: „In der ganzen marxistischen Literatur läßt sich keine einzige theoretische Berechtigung finden für das, was Chruschtschow gesagt hat." Doch Eisenhower kehrte wieder zu der Linie „Frieden durch Stärke" zurück, als er danach in den Mittleren Osten und nach Asien reiste und die Roten verurteilte, wo immer er konnte. Plötzlich erklärte Dillon in einer Rede, daß alle Zugeständnisse aufgehoben seien. Chruschtschow antwortete mit einer groben Rede in Baku, und nachdem wir seinem politischen Ansehen mit der ungeschickten Behandlung des U-2-Zwischenfalls noch einen weiteren Schlag zufügten, vereitelte er die Pariser Gipfelkonferenz [im Mai 1960]. Dennoch forderte er zwei Tage später in einer Rede in Berlin keine zeitliche Begrenzung für die Lösung der Berlinfrage.

Dies führt uns zum Problem unseres eigenartigen Umgangs mit der Frage der Frist. Als Chruschtschow anfangs von sechs Monaten sprach, in denen die Frage des Friedensvertrages geregelt werden müßte, lehnten wir dies ab und erklärten, wir würden nicht unter Druck verhandeln. Als er dann die Frist widerrief, machten wir keine konstruktiven Gegenvorschläge, sondern blieben weiterhin bei dem Standpunkt, daß wir eine Änderung in der gegenwärtigen Situation nicht erlauben könnten. Was wird Chruschtschow vermutlich tun? Auf unbeschränkte Zeit warten, während wir die Wiederbewaffnung Deutschlands vorantreiben, obwohl die Russen ständig dagegen protestieren?

Es gibt eine Reihe irreführender Argumente bei der ganzen Frage; eines davon ist, daß ein russischer Friedensvertrag mit Ostdeutschland eine endgültige Vereinigung Deutschlands verhindere. Was ist *unser* Anliegen bezüglich einer deutschen Wiedervereinigung? Zunächst gilt es zu sehen, daß eine deutsche Vereinigung erstmals vor nur neunzig Jahren unter Bismarck stattfand, der absichtlich Österreich aus dem Deutschen Reich ausschloß. Wenn die Vereinigung der beiden deutschen Staaten in unserem Interesse liegt, warum nicht die Vereinigung aller Deutschen, wie Hitler es forderte?

Tatsache ist, daß erstens die bestehenden Grenzen nur durch einen Krieg verändert werden können; daß zweitens Adenauer sehr wohl weiß, daß man die beiden deutschen Staaten nicht vereinen kann; und daß drittens Adenauer die Rede von der Wiedervereinigung nur gebraucht, um nationalistische Gefühle hervorzurufen, mit denen sich die Wiederbewaffnung Deutschlands sowie das offene und erneute Bestreben, eine führende Rolle in Westeuropa zu erlangen, besser bewerkstelligen läßt. Wir beschweren uns darüber, daß Chruschtschow die Lage Ostdeutschlands in einem Friedensvertrag zu festigen wünscht, wo wir doch Westdeutschland erlaubt haben, sich wiederzubewaffnen, und ihm einen Einfluß auf unsere Politik eingeräumt haben, der weit über Chruschtschows Pläne für Ostdeutschland hinausgeht.

Die Kriegsgefahr ist zu groß, um uns eine Denkart erlauben

zu können, die sich nicht darum bemüht, den gegnerischen Standpunkt zu verstehen. Verstehen wir ihn, ist die Lösung recht einfach. Zuerst müssen wir der Sowjetunion Gegenvorschläge zum Status von Berlin machen, die auf dem Grundsatz einer *de facto* Anerkennung der ostdeutschen Kontrollorgane beruhen, (welche bezüglich des gesamten Zivilverkehrs seit Jahren anerkannt wurden), und zwar im Austausch gegen einen neuen Vertrag, in dem die Sowjetunion die Unabhängigkeit Westberlins, den freien Zugang sowie die Viermächte- und/oder UN-Besatzung gewährleistet. Der nächste Schritt wäre, über eine Lösung gemäß des Rapacki-Planes zu beraten. Eine solche Lösung kann erst dann gefunden werden, wenn wir die politische Wirklichkeit akzeptieren, daß einerseits die Russen nicht auf den kleinsten ihres gegenwärtigen Einflußbereiches verzichten können, und daß wir andererseits Westberlin nicht aufgeben können und auch entschlossen sind, es nicht zu tun. Es ist eine Tatsache, daß diese Standpunkte in einem neuen Vertrag in völliger Übereinstimmung eingebracht werden können, wenn auch leider nicht in einem Vertrag wie ihn Senator Mansfield vorgeschlagen hat, demzufolge Ostdeutschland auf Ostberlin verzichten soll und Ostberlin ein Teil der „Freien Stadt" Berlin werden soll. Wie schon gesagt, ist solch eine freie Stadt dennoch Teil des westlichen Blocks, und ihre Sicherheit hängt davon ab, daß sie auch als solche angesehen wird. Dies würde auf einen offensichtlich einseitigen Vorteil für den Westen hinauslaufen.

Eine Voraussetzung für eine Lösung, die im Bereich des Möglichen liegt, ist die, daß wir uns von dem westdeutschen Einfluß freimachen. Westdeutschland ist zur Realisierung der politischen Ziele der Regierung Adenauer anscheinend bereit, einen Krieg zu riskieren. Andererseits erhebt sich die Frage, ob sich die ostdeutsche Regierung an die Garantien halten wird, die uns die sowjetische Regierung für Westberlin gibt. Ich glaube, darum muß man sich wenig Sorgen machen. Ostdeutschland ist nicht nur wirtschaftlich und militärisch wesentlich schwächer als Westdeutschland; noch schwerer fällt ins Gewicht, daß sich seine Regierung nur gegen den Willen der meisten Bürger Ostdeutschlands und nur mit der Unterstützung der Sowjetunion an der Macht hält. Folglich kann Ostdeutschland weder jetzt noch in absehbarer Zeit gegen die Wünsche der Sowjetunion handeln, wie groß auch der Unwille des korrupten Ulbricht-Regimes gegen den sowjetischen Einfluß sein mag. Man kann aber sicher sagen, daß das unverändert stalinistische Regime von Ulbricht gerade durch den Kalten Krieg gestärkt wird. Wenn der Bestand eines ostdeutschen Staates gefestigter ist, besteht für die Oppositionselemente in Ostdeutschland eine viel bessere Möglichkeit, darum zu kämpfen, die Ulbricht-Bürokratie durch eine zu ersetzen, die dem neuen Kurs Polens oder dem Regime Chruschtschows in der Sowjetunion näher steht.

3. Andere Stimmen aus Deutschland (1962)

Die „Anderen Stimmen aus Deutschland" sammelte Fromm für die Juli-Ausgabe 1962 von Council for Correspondence, *wo sie S. 16-19 unter dem Titel „Dissenting Voices from Germany, old and new" als Manuskript abgedruckt wurden. Die Übersetzung ins Deutsche und die Verifizierung der Zitate aus* Der Spiegel *besorgte Linda Bender.*

Kritiker, die sich gegen die derzeitige westdeutsche Politik der Wiederbewaffnung wenden und beanstanden, daß Bonn auf der Wiederherstellung der Grenzen von 1937 besteht, werden oft als „deutschfeindlich" angesehen. Zweifellos gibt es bei einigen solche Motive, doch viele Kritiker – und ich schließe mich hier ein – sind frei davon. Dies beweisen die Dokumente des Internationalismus und des Widerstandes gegen die Kampagne „Alle Deutschen sind Nazis" während und kurz nach dem vergangenen Krieg. Außerdem sind jene, die den deutschen Nationalismus und die deutsche Expansionspolitik mißbilligen, keineswegs nur außerhalb Deutschlands zu finden. Vielen Deutschen, die gegen die Ziele der Politik von Adenauer und Strauß sind, ist die Zukunft ihres Landes ein großes Anliegen, und diese anti-nationalistischen Stimmen gehen auf eine Tradition zurück, die mindestens ebenso ehrenwert ist wie die, die um jeden Preis nach Deutschlands Aufstieg trachtet.

Um diese Tradition anzudeuten, möchte ich hier aus Platzgründen nur zwei Männer zitieren. Der erste ist Goethe. Am 15. März 1799 schrieb er [an Johann Jakob Hottinger]: „In dem Augenblick, da man überall beschäftigt ist, neue Vaterlande zu erschaffen, ist für den unbefangen Denkenden, für den, der sich über seine Zeit erheben kann, das Vaterland nirgends und überall." Und während der sogenannten Befreiungskriege gegen Napoleon, als der deutsche Nationalismus einen Höhepunkt erreicht hatte, galt für Goethe, daß das deutsche Volk nicht viel sei, dafür aber der einzelne Deutsche, auch wenn die Deutschen das Gegenteil für wahr hielten. Am besten sollten Deutsche wie Juden über die ganze Welt verstreut sein, um alles Gute, was in ihnen sei, zum Wohle der Menschheit voll entfalten zu können.

Ein Jahrhundert später faßte Karl Kraus, ein sehr weitsichtiger und radikaler Humanist der Zeit zwischen den beiden Weltkriegen seine Reaktion auf die deutsche Niederlage im Ersten Weltkrieg in dem mächtigen Drama *Die letzten Tage der Menschheit* zusammen: „Die Welt geht unter, und man wird es nicht wissen. Alles, was gestern war, wird man vergessen haben; was heute ist, nicht sehen; was morgen kommt, nicht fürchten. Man wird vergessen haben, daß man den Krieg verloren, vergessen haben, daß man ihn begonnen, vergessen, daß man ihn geführt hat. Darum wird er nicht aufhören." (Der Nörgler im 5. Akt, 49. Szene.) Diese Worte könnten auch heute genauso Gültigkeit haben.

Die Stimmen, die heute die von Adenauer und Strauß verfolgte Politik kritisieren, sind zwar nicht so radikal-humanistisch wie die von Goethe oder Karl Kraus, aber es gibt sie dennoch. Eine ist die von Dr. Thomas Dehler, dem früheren Vorsitzenden der Freien Demokratischen Partei (die unter Adenauer mit der CDU/CSU eine Koalitionsregierung bildete) und jetzigen Vizepräsidenten des Deutschen Bundestages. Dehler ist 65 Jahre alt, ehemaliger Justizminister unter Adenauer und ein aktiver Nazigegner seit 1923, als er gegen den Hitlerputsch in München kämpfte. Kürzlich brachte Dehler seine Ansichten zur Berlinfrage in einem Interview mit dem Nachrichtenmagazin *Der Spiegel* (Ausgabe vom 28. März 1962) vor. Aus diesem Interview folgen Ausschnitte:

„*Spiegel*: Herr Präsident, Sie haben kürzlich in einer Fernseh-Diskussion die Außenpolitik der Bundesregierung massiv angegriffen. Welche Gründe hatten Sie dafür, und was bezweckten Sie damit?

Dehler: ... Aus diesem Anlaß nahm ich Stellung zu dem Interview, das der Bundeskanzler am Rosenmontag dem Herausgeber der französischen Zeitung *Le Monde* gegeben hat. Darin hat er nicht nur die Aussichten der Abrüstungskonferenz sehr pessimistisch beurteilt – was ich nicht gerade für glücklich halte, denn man soll diesem Versuch doch eine Chance geben –, er hat dabei auch Erklärungen zu allgemeinen außenpolitischen Fragen abgegeben, die nach meiner Überzeugung nicht im Einklang stehen mit den Vereinbarungen des Koalitionsabkommens ... Im Gegensatz zu diesem Abkommen ... hat der Bundeskanzler in dem genannten Interview erklärt, Verhandlungen der Bundesregierung mit der Sowjet-Union hätten keinen Sinn ...

Das Gravierendste war, daß er (Adenauer) direkte deutsch-sowjetische Verhandlungen grundsätzlich abgelehnt hat; ein Gespräch mit Moskau biete keine Erfolgsaussichten, es würde nur Mißtrauen bei unseren Alliierten wecken. Dabei hat der Bundeskanzler im November vorigen Jahres (1961) in Washington durchgesetzt, daß die Gespräche Botschafter Thompsons mit Außenminister Gromyko auf Berlin beschränkt wurden. Und nicht, wie die Amerikaner es ursprünglich vorhatten, mit der Frage der europäischen Sicherheit verbunden wurden. Solche Gespräche könnten und müßten über die Berlinfrage hinaus das ganze Deutschland-Problem erfassen.

Spiegel: Ziehen Sie daraus den Schluß, daß der Bundeskanzler lieber Berlin preisgeben würde als einer Beschränkung der rüstungspolitischen Bedingungen der Bundesrepublik zuzustimmen?

Dehler: Diese Frage kann ich nicht beantworten... Jedenfalls gibt es nach meiner Meinung für Berlin keine Lösung ohne gleichzeitige Klärung der Sicherheitsfrage in Mitteleuropa, und die gibt es nicht ohne Klärung der Deutschlandfrage. Und auf jeden Fall widersprechen isolierte Berlin-Verhandlungen dem, was im Koalitionsabkommen (der Regierung) festgelegt wurde. Darin steht nämlich, daß keinerlei Minderung der Rechtsposition Berlins und seiner Beziehungen zur Bundesrepublik zugestanden werden darf. Was sollen also isolierte Berlin-Verhandlungen nützen?...

Spiegel: Trotzdem war es der Bundeskanzler, der, wie Sie selber einmal zitiert haben, dem Papst gegenüber erklärte, das deutsche Volk sei Wächter des Westens gegen jede mögliche Macht, die von Osten her aufstehen könnte.

Dehler: Das ist eine dieser ideologischen Fixierungen, die eine wirksame Ostpolitik erschweren. Andere haben viel dümmeres Zeug geredet."

Als über den sowjetischen Botschafter gesprochen wurde, sagte Dehler noch mehr Unorthodoxes:

Dehler: ... als Botschafter Smirnow mich fragte: ‚Herr Dehler, geht denn der 30jährige Krieg zu Ende?' In dieser Frage lag ein bißchen Wehmut, eine Klage: Führt doch keinen Krieg mehr mit uns, sondern sprecht mit uns! Und das im Munde des Vertreters der Macht, die wir als die aggressive schlechthin zu betrachten gewohnt sind.

Spiegel: Sie glauben nicht, daß dies nur ein psychologischer Trick ist, sondern meinen, daß aus Smirnows Worten hervorgeht, die Sowjets wollten die schwebenden Probleme zwischen den Deutschen und den Sowjets bereinigen?

Dehler: Sie möchten – das ist meine Überzeugung – die ideologischen Verklemmungen überwinden und zu Sachgesprächen kommen. Weil es eben in der Politik Fragen gibt, die ganz losgelöst sind von den ideologischen Auseinandersetzungen. Ob nun im Kreml Herr Chruschtschow die Macht ausübt, oder ob ein Demokrat Kerenskij dort sitzt oder vielleicht ein zaristischer Ministerpräsident: Bestimmte machtpolitische Fragen sind die gleichen und müssen in gleicher Weise angepackt werden...

Spiegel: Sie glauben also, daß auch heute noch Chancen bestehen, die Interessen beider Völker (Deutschlands und der Sowjetunion) zur Deckung zu bringen?

Dehler: Ich bin der Meinung, daß die Sowjet-Union ein Interesse daran haben muß, sich von uns nicht bedroht zu fühlen, und ich glaube, sie fühlt sich bedroht... Aber trotz des ideologischen Gegensatzes muß man einen machtpolitischen Ausgleich anstreben. Wir können uns doch nicht verhalten wie in den Konfessionskriegen des 16. und 17. Jahrhunderts; daß man den anderen verteufelt und ihn auszurotten versucht. Auch in dem Verhältnis zur Sowjetunion muß ein Westfälischer Friede möglich sein...

Viel zu häufig fallen noch Redewendungen, die genauso

klingen wie Hitlers polemische Tiraden. Wenn da gesagt wird: Der eine Teil der Welt wird von Gentlemen, der andere Teil der Welt wird von Gangstern oder Banditen regiert; wenn von Todfeinden gesprochen wird; wenn gesagt wird, der Zweite Weltkrieg ist noch nicht zu Ende, oder wenn gesagt wird, die Macht muß aus den atheistischen Händen in unsere Hände übergeben werden, so halte ich das für psychologisch verderblich. Aus doppeltem Grund: weil das deutsche Volk von den eigentlichen politischen Problemen abgelenkt wird, weil es zu gefährlichen Stimmungen kommt, statt zur Einsicht dessen, worum es geht, weil sich dann am Ende unser politisches Wollen in solchen Anti-Haltungen ideologischer Art erschöpft...

Spiegel: Es sind dieselben Politiker (die gegen die Koalition sind), die an dem von Ihnen bekämpften Kreuzzugsgedanken (gegen die UdSSR) festhalten. Deshalb erscheint es uns zweifelhaft, ob das Koalitionsabkommen eine tragfähige Grundlage für die Regierungskoalition im Bereich der Außenpolitik sein kann.

Dehler: Ich glaube nicht, daß Sie recht haben. Bei manchen sind die Kreuzzugsvorstellungen vielleicht Ausfluß einer grundsätzlichen politischen Haltung, bei vielen ist es nur Phraseologie. Die CDU/CSU ist eine sehr weit gespannte Partei. Ich kenne doch sehr viele – ich will keine Namen nennen – in ihren Reihen, mit denen ich mich in der außenpolitischen Konzeption durchaus einig weiß."

Es gibt noch andere Stimmen, die widersprechen. Acht bekannte Intellektuelle Deutschlands (unter ihnen Professor Werner Heisenberg, München und Professor Carl Friedrich Freiherr von Weizsäcker, Hamburg) unterschrieben zu Beginn der neuen Adenauerregierung eine Erklärung, in der sie für eine „Normalisierung" der politischen Beziehungen zu Deutschlands östlichen Nachbarn und für eine Anerkennung der Oder-Neiße-Linie eintraten. Atomare Aufrüstung lehnten sie ebenso ab wie eine staatliche Politik des Prestiges und der Macht. Sie erklärten: „Wir glauben zu wissen, daß politisch verantwortliche Kreise aller Parteien die von uns ausgesprochene Ansicht (hinsichtlich der Oder-Neiße-Linie) teilen; aber aus innenpolitischen Rücksichten scheuen sie sich, die Erkenntnis, die sie gewonnen haben, öffentlich auszusprechen. Eine Atmosphäre, die es der politischen Führung unmöglich macht, dem Volk die Wahrheit zu sagen, ist vergiftet. Wir werden den Krisen der kommenden Monate nicht gewachsen sein, wenn es nicht möglich ist, die Öffentlichkeit auf eine Entwicklung vorzubereiten, die schon im Gange ist und die Schritte erfordert, die unser Volk binnen kurzem wird anerkennen und gutheißen müssen." (Zitiert nach *Blätter für deutsche und internationale Politik*, Köln (Pahl-Rugenstein), Band 6, März 1962, S. 224-228).

Die Evangelische Kirche Deutschlands veröffentlichte im Januar eine Erklärung, in der sie „Frieden durch Koexistenz" fordert und in welcher sie erste Schritte vorschlägt, die zu Entspannung, Minderung von Haß, Wiederannäherung und Wiederversöhnung führen würden. (Auch diese Erklärung findet sich in *Blätter für Deutsche und Internationale Politik*, a. a. O.)

In der Ausgabe von *Der Spiegel* vom 18. April 1962 findet sich ein Interview mit dem früheren Reichswehrkapitän W. Pabst, der den Kapp-Putsch mit angestiftet hat und der sich in diesem Interview damit brüstet, die Befehle zur Ermordung von Karl Liebknecht und Rosa Luxemburg am 15. Januar 1919 gegeben zu haben. *Der Spiegel* unterstreicht, daß in der Weimarer Republik die Mörder, die auf Pabsts Befehle hin gehandelt hatten, wegen Mordes vor ein Militärgericht gestellt wurden; doch nur einer wurde zu zwei Jahren, ein anderer zu vier Monaten Gefängnisstrafe verurteilt. In diesem Artikel verurteilt *Der Spiegel* Pabst und erklärt, wie diesem hierfür Anerkennung zukam: „Jedenfalls ist Ihnen dafür jetzt eine amtliche Anerkennung zuteil geworden, der Sie sogar zu Hitlers Zeiten hatten entraten müssen." Das bundesamtliche „Bulletin" hat die Ermordung Liebknechts und Luxemburgs für standrechtliche Erschießungen ausgegeben. Die Witwe Karl Liebknechts hat in der Zwischenzeit Klage eingereicht gegen den Leiter des Bundesnachrichtendienstes wegen „Verherrlichung von Mord".

Alle diese Tatsachen zeigen, daß Adenauer und Strauß nicht in dem Maße die Vertreter aller Deutschen sind, wie sie behaupten. Wenn die Administration Adenauer nicht länger erlaubt, die Politik gegenüber den Vereinigten Staaten so stark zu beeinflussen, werden viele Leute in Deutschland erleichtert sein und werden das sagen, was sie heute noch nicht äußern. Eine Politik des Friedens und der Verständigung wird in Deutschland von vielen Wissenschaftlern, religiösen Repräsentanten und Arbeiterführern unterstützt, die amerikanische Maßnahmen befürworten, welche versuchen, den Kalten Krieg zu begrenzen und schließlich zu beenden.

In einer weiteren Notiz aus *Der Spiegel* vom 23. März 1962 wird Außenminister Schröder zitiert, der zu CDU-Journalisten sagt: „Wenn ich Amerikaner wäre und die Westdeutschen als Bundesgenossen hätte, denen würde ich was erzählen."

4. Die Spiegelaffäre – ein altes Muster? (1962)

"Die Spiegelaffäre – ein altes Muster?" wurde für die November-Ausgabe von Council for Correspondence – Newsletter *unter dem Titel „The Spiegel Affair – an old pattern" als Manuskript verfaßt. Die Übersetzung ins Deutsche besorgte Linda Bender.*

Der Spiegel wird von vielen als das einzig wirksame oppositionelle Nachrichtenmagazin in der Bundesrepublik

Deutschland angesehen. 1946 von Rudolf Augstein (einem Mitglied der Freien Demokratischen Partei, Adenauers Koalitionspartner) gegründet, beläuft sich seine Auflage derzeit auf über 500 000 Exemplare. (Es wird geschätzt, daß 40 Prozent aller deutschen Studenten regelmäßige Leser sind.) *Der Spiegel* unterstützt keine Partei und kritisiert sowohl die Großunternehmer als auch die Arbeiterschaft, Sozialdemokraten ebenso wie Christliche Demokraten. Er ist kämpferisch, nonkonformistisch, mutig und zeigt keinen Respekt vor „heiligen Kühen". Selbst die weniger bilderstürmerische *London Times* schrieb, es sei ermutigend, daß das Nachrichtenmagazin *Der Spiegel* eine so außergewöhnliche Popularität besitze. Die Zielscheibe seiner Angriffe war in den vergangenen Jahren hauptsächlich der westdeutsche Verteidigungsminister, Franz Josef Strauß, der engagierteste und mächtigste Fürsprecher einer deutschen Atomrüstung. *Der Spiegel* enthüllte Material, welches darauf hinwies, daß persönliche Freunde von Strauß und seiner Familie im Verteidigungsministerium bevorzugt behandelt wurden und dadurch Millionen von Dollar verdienten. (*Der Spiegel* behauptete nie, daß sich Strauß selbst bereichert habe.)

Als vor einigen Wochen der Herausgeber des Magazins und vier Redakteure unter dem Verdacht des Landesverrats verhaftet wurden, rief dies in Westdeutschland und im Ausland eine heftige Reaktion hervor. Zuallererst drohte der Bundesjustizminister (Mitglied der Freien Demokratischen Partei) mit seinem Rücktritt, weil ihm sein eigener Staatssekretär (Mitglied der CDU Adenauers) die Kenntnis über die bevorstehende Aktion vorenthalten hatte. Aber dieser Zank unter den Koalitionspartnern ist nicht das Wesentliche der Spiegelaffäre. Was viel wichtiger ist und zu einer erheblichen Empörung innerhalb und außerhalb der Bundesrepublik geführt hat, ist zum einen die Art und Weise, mit der die ganze Aktion durchgeführt wurde, zum anderen die Anwendung eben jenes Paragraphen des Strafgesetzbuches, der ab 1922 und später unter Hitler das bevorzugte Instrument war, um die Presse mundtot zu machen, die Opposition einzuschüchtern und insbesondere um Berichte über die illegale deutsche Aufrüstung zu unterdrücken.

Die Methode erinnert an jene, die bevorzugt von autoritären Regimes praktiziert wird. Die Redakteure wurden in den späten Abendstunden, vor Mitternacht verhaftet. Ein Redakteur, der gerade mit seiner Frau seinen Urlaub in Spanien verbrachte, wurde dort von der Polizei um 3 Uhr morgens verhaftet und bewacht, bis er das Flugzeug nach Deutschland bestieg, nachdem er dazu gezwungen worden war, eine Erklärung zu unterschreiben, daß er freiwillig zurückkehre. (Es gab nie eine Erklärung dafür, warum die spanische Polizei einen deutschen Staatsangehörigen wegen eines Verbrechens verhaften konnte, für das es keine Auslieferungsregelung gibt.) Die Redakteure wurden nicht nur auf solch dramatische Art und Weise verhaftet (während ich diesen Artikel hier schreibe, am 10. November 1962, sind sie noch immer in Haft), sondern die Polizei durchsuchte die Büroräume von *Der Spiegel* in Hamburg, nahm die meisten Akten mit, hinderte die Belegschaft eine Woche lang daran, ihre Büros zu benutzen, und machte die Einsicht in den Inhalt der Ausgabe, an welcher die Belegschaft gerade arbeitete, zur Bedingung dafür, daß diese Ausgabe fertiggestellt werden dürfte. Es ist ganz offensichtlich, daß diese Methoden weit über das Maß der notwendigen Ermittlungen bei Verdacht auf Landesverrat hinausgingen. Sie stellten vielmehr einen schwerwiegenden Eingriff in die Pressefreiheit dar. Deshalb haben auch das Präsidium des Deutschen Journalistenverbandes und das Institut der Internationalen Presse in Zürich Erklärungen herausgegeben, in denen sie die Bedrohung der Pressefreiheit durch derartige Vorgehensweisen anprangern.

Noch unheilvoller ist die Anklage gegen die Herausgeber von *Der Spiegel* wegen Landesverrats. Viele amerikanische

Leser werden die Bedeutung dieser Anklage kaum verstehen, solange sie nicht mehr über die Bedeutung des Landesverratsparagraphen und die Geschichte seiner Anwendung wissen. (Die folgenden Angaben sind einer wissenschaftlichen und gut dokumentierten Erörterung durch den Generalstaatsanwalt des Landes Hessen, Fritz Bauer, entnommen, die *Der Spiegel* in seiner Ausgabe vom 7. November 1962 brachte.)

Dem westdeutschen Strafgesetz zufolge bezieht sich Landesverrat auf den Verrat von Staatsgeheimnissen. Wie es Paragraph 93 des deutschen Strafgesetzes definiert, sind Staatsgeheimnisse "Tatsachen, Gegenstände oder Erkenntnisse, ... die vor einer fremden Macht geheimgehalten werden müssen, um die Gefahr eines schweren Nachteils für die äußere Sicherheit der Bundesrepublik Deutschland abzuwenden" [zitiert nach Schönke, Adolf und Horst Schröder, *Strafgesetzbuch Kommentar*, München (C.H.Becksche Verlagsbuchhandlung) 1982]. Aber ein „Staatsgeheimnis" muß nicht unbedingt als „Geheimsache" eingestuft sein, seine Kenntnis muß noch nicht einmal von Regierungsquellen stammen. Jede Information, auch eine, die eine Zeitung auf Grund eigener Nachforschung herausgefunden hat und deren Veröffentlichung die Regierung als für die Sicherheit des Staates schädlich bezeichnet, ist ein „Staatsgeheimnis". Mit anderen Worten: Dieses Gesetz hat nichts mit Spionage zu tun; noch kann eine Zeitung im voraus sicher sein, was als Staatsgeheimnis gilt, da der Staat später erklären kann, daß bestimmte Tatbestände hätten geheimgehalten werden sollen, weil ihre Veröffentlichung dem Staat Schaden zufügen könnte.

Von 1896 bis 1914 wurden neunzehn Personen auf Grund dieses Paragraphen verurteilt. 1923, als die heimliche Wiederbewaffnung Deutschlands begann, wurden 1200 Personen angeklagt; 1924 waren es 1080 Personen. Dieser Landesverratsparagraph diente bis zu Hitlers Machtergreifung dazu, Zeitungen einzuschüchtern, die heimliche Wiederbewaffnung Deutschlands nicht zu enthüllen und die Regierung nicht zu kritisieren.

Einer der ersten rigorosen Fälle war die Verurteilung von Fechenbach (dem Privatsekretär von Kurt Eisner, dem ersten Ministerpräsidenten von Bayern nach der Revolution). Fechenbach hatte 1919 einem französischen Journalisten das vom Juli 1914 stammende Telegramm des bayrischen Vertreters im Vatikan gegeben, in dem stand, daß der Papst eine strenge Haltung von Österreich-Ungarn gegenüber Serbien befürworte. Fechenbach wurde 1922 zu elf Jahren Zwangsarbeit verurteilt, weil er ein Geheimnis der Reichsregierung (!) verraten hatte. Im Urteil wurde dargelegt, daß Fechenbach Deutschland geschadet habe, weil – hätte es nicht die Veröffentlichung dieses Telegramms 1919 gegeben – der Papst vielleicht die Fortsetzung der Blockade der Alliierten gegen Deutschland unmittelbar nach der deutschen Kapitulation verhindert hätte. 1923 betrachtete die deutsche Regierung Berichte über die Stimmung der Bevölkerung im Ruhrgebiet als Staatsgeheimnisse, deren Verrat eine Hilfe für die französische Regierung sei. Das bekannteste Urteil wegen Verrats von Staatsgeheimnissen war das gegen Carl von Ossietzki, der 1931 die illegale deutsche Aufrüstung kritisierte. (Fünf Jahre später bekam er im Konzentrationslager demonstrativ den Friedensnobelpreis.)

Es ist interessant, die Geschichte der betreffenden, wichtigsten Paragraphen (§§ 93ff. des deutschen Strafgesetzes) zu erwähnen. Sie sind eine strengere Neufassung des älteren Gesetzes und wurden 1934 von Hitler eingeführt. Sie wurden im Strafgesetzbuch der Bundesrepublik beibehalten. 1946 verordnete der Alliierte Kontrollrat, daß diese Paragraphen gestrichen werden müßten; im August 1951 wurde der Bundesrepublik im Zusammenhang mit der Wiederbewaffnung erlaubt, diese Paragraphen wieder in Kraft zu setzen. Damals sind dann einige weitere Paragraphen hinzugefügt worden, die die Verurteilung wegen Landesverrats noch einfacher machten.

Was die Regierung Adenauer [bei der Spiegelaffäre] getan hat, ist ein Vorgehen gegen ein Oppositionsblatt auf der Grundlage dieses dehnbaren Landesverrats-Paragraphen (zu dem es zum Beispiel in den Vereinigten Staaten keine Entsprechung gibt). Adenauer gebraucht ihn in der gleichen Weise, wie die Regierung vor und während Hitler diesen Paragraphen gegen alle Gegner der zunächst heimlichen und später nicht mehr heimlichen deutschen Wiederaufrüstung angewendet hatte. Es überrascht deshalb kaum, daß viele innerhalb und außerhalb Deutschlands, die die deutsche Szene beobachten, befürchten, daß dieses Vorgehen gegen *Der Spiegel* ein unheilvoller Schritt ist, der vielleicht darauf hinweist, daß die Regierung Adenauer die gleiche Dienstbarkeit für die Ziele der Wiederbewaffnung zeigt, die in der Weimarer Republik über Ebert, Hindenburg, Brüning und Papen zu Hitler führte.

5. „Entspannung durch Stärke" (1964)

Der Beitrag „Entspannung durch Stärke" wurde 1964 durch die Veröffentlichung eines Artikels des damaligen deutschen Verteidigungsministers Kai-Uwe von Hassel in der amerikanischen Zeitschrift Foreign Affairs *provoziert. Fromm äußert seinen ganzen Argwohn gegen die Argumentationen von Hassels und bedient sich hierbei der Beobachtungen des amerikanischen Diplomaten und Historikers George Frost Kennan, der mehrere amerikanische Präsidenten in ostpolitischen Fragen beraten hatte. Der Beitrag wurde erstmals 1964 den Lesern von* The Correspondent *zugänglich gemacht. – Die Übersetzung besorgte Rainer Funk nach einer Vorlage von Emmanuel Picard.*

Seit der Unterzeichnung des Vertrags über das Verbot von Atomwaffenversuchen verbreitet sich die Meinung, daß sich die Hoffnung des verstorbenen Präsidenten [Kennedy] auf ein Ende des Kalten Krieges erfüllen kann. Ein wichtiger Gesichtspunkt, der diese Vorstellung unterstützt, ist die Annahme, daß Kanzler Erhard moderater und flexibler ist als der kompromißlose Adenauer.

Dieser Ansicht habe ich beigepflichtet [vgl. den Nachtrag zum Artikel „Außenpolitik nach dem Verbot von Atomwaffenversuchen" oben in Kapitel II]: Erhard ist ein Mann, der lächelt und sehr auf das deutsch-amerikanische Bündnis baut. Dies wird ihm um so leichter gemacht, als Adenauers Drohung (oder Erpressung) mit dem deutsch-französischen Bündnis nun ihren Dienst getan hat. Aber kann man den klüger formulierten Erklärungen wirklich entnehmen, daß sich die deutsche Politik bezüglich des Kalten Krieges geändert hat? Eine erstaunlich offene, in der Januarnummer der *Foreign Affairs* von 1964 unter der Überschrift „Détente through Firmness" veröffentlichte Erklärung des deutschen Verteidigungsministers Kai-Uwe von Hassel zeigt, daß sich im Grunde nichts geändert hat.

Die Ansichten von Hassels, der eine der Schlüsselfiguren in Erhards Kabinett ist, können wohl kaum in Gegensatz zu der westdeutschen Politik stehen. Er erklärt zu Beginn, daß es bis jetzt weder möglich ist, dem brennenden Wunsch der Menschheit nach einem Frieden durch Entspannung zu entsprechen, noch die Angst vor einem durch Schwäche verursachten Krieg wegzunehmen. Nachdem uns der Autor mit den deutschen Ansichten zu anderen Fragen vertraut gemacht hat, wird die Antwort auf die Frage, warum die Entspannung jetzt nicht möglich sei, im letzten Abschnitt des Artikels gegeben. Er behauptet, daß der defensive Charakter der NATO und der offensive Charakter des Warschauer Paktes einen Nichtangriffspakt unmöglich machen und daß „die Abschreckung gegen jede Art und Weise eines Angriffs glaubwürdig sein muß". Im Zusammenhang damit, daß er die Einsetzung einer multilateralen atomaren

Streitmacht befürwortet, macht er folgende, allerdings rätselhafte Bemerkung:

„Es war ein weitblickender Vorschlag der USA, den europäischen Verbündeten eine in Eigentum und Verfügungsgewalt wirklich multilaterale Kernwaffen-Streitmacht vorzuschlagen. In Deutschland kennt man die Kommentare, die einen solchen Vorschlag mit der Absicht erläutern, auf diesem Wege sollte den Deutschen sowohl ihren Wünschen nach einer Mitsprache oder Mitbestimmung beim Einsatz von Kernwaffen nachgegeben als auch verwehrt werden, tatsächlich selbst über solche Waffen zu verfügen. Das wäre ein sehr enger Blickwinkel. Der entscheidende Gesichtspunkt des Projekts dieser multilateralen Streitmacht ist die in ihm liegende Chance, den Einsatz von Kernwaffen zu einer Angelegenheit des Bündnisses werden zu lassen." (K.-U. von Hassel, 1964, S. 69f.)

In welchem Sinne reflektieren „diese Kommentare" einen „sehr engen Blickwinkel"? Obwohl der Autor es nicht ausdrücklich sagt, scheint er es als „engen Blickwinkel" anzusehen, wenn die multilaterale Streitmacht als Einrichtung verstanden wird, für die Deutschland die Nutzungsrechte solcher Waffen „unter eigener Mitbestimmung" verweigert werden. Was wäre dann wohl eine Deutung, die nicht mehr „eng" ist?

Offenbar erhofft sich von Hassel von den Verhandlungen, daß der „Einsatz von Kernwaffen zu einer Angelegenheit des Bündnisses werden" kann und die weitere Entwicklung darauf hinauslaufen wird, daß die Lenkung der Atomwaffen unter gemeinsamer Regie der Alliierten erfolgt und Deutschland vom Gebrauch solcher Waffen in eigener, nationaler Verantwortung nicht ausgeschlossen sein wird. Diese Aussage ist von der Logik her nicht schlüssig; aber weil es noch zu früh ist, die deutsche Forderung offen auszusprechen, verhüllt von Hassel sie in zweideutige Worte.

Nachdem der Verteidigungsminister uns die deutsche Ansicht zur NATO, die russische Gefahr, die deutsche Friedfertigkeit und die Notwendigkeit einer multilateralen Streitmacht nahegebracht hat, beantwortet er die Frage der deutschen Einstellung zur Beendigung des Kalten Krieges. Von Hassel schreibt (a. a. O., S. 77):

„Entspannung muß mehr sein als eine Pause im Aufeinanderstoßen der Interessen, wenn sie dem Frieden den Weg bereiten soll. Länger als ein Jahrzehnt hat die sowjetische Politik unerbittlich ihre Forderung aufrechterhalten, den Status quo in Europa unter kommunistischen Vorzeichen anzuerkennen: zwei deutsche Staaten, Eiserner Vorhang mitten durch Europa, ein uneiniges Westeuropa. Keines dieser Ziele ist aufgegeben. Entspannung wird erst möglich, wenn die Ursachen der Spannung beseitigt sind. In Europa sind diese Ursachen die Spaltung Berlins, die Spaltung Deutschlands, die Spaltung Europas."

Aus Herrn von Hassels versteckten Andeutungen wird deutlich: Die so oft gemachten Erklärungen bezüglich der Ziele Westdeutschlands, die westdeutsche Regierung erwarte nicht wirklich, die verlorenen Gebiete – vielleicht nicht einmal Ostdeutschland – wiederzugewinnen, sind kaum haltbar, es sei denn, wir würden annehmen, daß der Verteidigungsminister sich in seiner Meinung grundsätzlich von der seiner Regierung unterscheidet.

In Wirklichkeit sagt von Hassel, daß es erst dann zu einer Entspannung kommen könne, wenn Rußland sämtliche neu hinzugewonnenen Gebiete und seine Interessenssphären in Osteuropa aufgegeben hat. Er braucht gar nicht ausdrücklich zu sagen, daß, wenn die Russen diese Gebiete und Interessenssphären erst einmal aufgegeben haben, diejenigen Gebiete an Deutschland zurückgegeben würden, die zum Deutschen Reich gehört hatten. Und deshalb müssen sich die Vereinigten Staaten am Rande eines Krieges bewegen, nur um sich nicht mit ihrem deutschen Verbündeten zu überwerfen.

Dem Artikel von Herrn von Hassel in *Foreign Affairs* folgt einer von George F. Kennan. Beide Artikel sind miteinander auf eine sonderbare Weise, wenn auch ohne Zweifel unabsichtlich, verknüpft. Dabei lieferte von Hassels Artikel Kennan den Beweis für eines seiner Hauptargumente. Kennan (1964, S. 179f.) erklärt:

„Wenn es um den militärischen Faktor und die Frage seiner Verstärkung oder Abschwächung geht, dann ist es eine nackte Tatsache, daß die westlichen Mächte sich während eines jetzt bald über mehrere Jahre erstreckenden Zeitraums immer mehr gegen jegliche Art militärischer Loslösung aus Europa gewendet haben. Sie weisen nicht nur die Möglichkeit eines umfassenden Rückzugs fremder Truppen aus dem westlichen Teil des Kontinents zurück – auch wenn sich sowjetische Truppen im Gegenzug in ähnlichem Maße zurückzögen –, sondern scheinen sich unter den gegebenen Umständen auch jedem Europäischen Pakt oder Nicht-Angriffs-Vertrags zwischen der NATO und den Staaten des Warschauer Paktes zu widersetzen. Sie wenden sich auch gegen jegliche Art atomarer Abrüstung im europäischen Bereich, selbst wenn dies auch hier auf Gegenseitigkeit geschähe. Sie haben schließlich nicht im geringsten überzeugend nachgewiesen, daß sie der Wiederbewaffnung Westdeutschlands wirksame Grenzen setzen wollen, wobei alle im Laufe der vergangenen Jahre erhobenen Restriktionen eine nach der anderen still und ohne Aufsehen wieder aufgehoben wurden. So sind die Westdeutschen in den Augen aller Ostdeutschen jetzt auf dem bestem Wege, zu einer in jeder Hinsicht richtigen Atommacht zu werden. Gleichzeitig haben sich die westlichen Mächte mit Ausnahme Frankreichs nicht bereit erklärt, die Ostgrenzen Deutschlands als endgültig anzuerkennen; und die westdeutsche Regierung verfolgt – mit dem Segen der anderen – noch immer eine

Politik völliger Unversöhnlichkeit gegenüber dem ostdeutschen Staat."

Kennan argumentiert dann weiter, daß der Liberalisierung und Unabhängigkeit der kleineren Staaten des Sowjetblocks durch diese Politik die allergrößten Hindernisse in den Weg gelegt werden und daß wir außerdem jegliche Ost-West-Vereinbarungen erschweren, die den militärischen Spannungen ihre Hitze nehmen könnten. Er beschreibt die Kernfrage dieses Problems sehr treffend im folgenden Abschnitt:

„Die fortschreitende Wiederbewaffnung Westdeutschlands ist für die (Osteuropäer) auf dem Hintergrund der westdeutschen Verpflichtung, Ostdeutschland zu befreien, ganz besonders entmutigend und störend, auch wenn beteuert wird, daß zur Verwirklichung dieser Verpflichtung nur friedfertige Mittel eingesetzt werden sollen. Die Wirkung, die die Verquickung dieser beiden Faktoren auf die Gefühle der Völker Osteuropas gehabt hat, kann nicht stark genug hervorgehoben werden. Der eine oder der andere allein wäre vielleicht weniger unannehmbar gewesen. Eine starke Verpflichtung zur Wiedervereinigung Deutschlands wäre vielleicht noch tolerierbar gewesen, wenn sie sich nicht auf eine Politik gestützt hätte, die Westdeutschland zu einem der zwei mächtigsten Staaten Europas hat werden lassen. Andererseits wäre eine Wiederbewaffnung Westdeutschlands aus osteuropäischer Sicht vielleicht zwar nie ganz zu rechtfertigen, aber doch tolerierbar gewesen, wenn diese mit einer größeren Bereitschaft westdeutscher Politiker verbunden gewesen wäre, gute Miene zum bösen Spiel zu machen und die Existenz eines kommunistischen Deutschlands zumindest als bedauernswerte Notwendigkeit in der jetzigen Epoche zu akzeptieren und die Frage der deutschen Wiedervereinigung weniger als eine programmatische Verpflichtung, als vielmehr als eine historische Unausweichlichkeit zu betrachten, die man der heilenden Wirkung der

Zeit überlassen kann. Aber das Schreckgespenst einer gewaltsamen Befreiung Ostdeutschlands mit Mitteln, die auf keinen festen Abmachungen mit den Russen beruhen, und die entweder vor dem Hintergrund oder mit Hilfe einer wiederbelebten militärischen Übermacht Deutschlands herbeigeführt werden soll, vereint sowohl die Regierungen als auch die Völker in Osteuropa zu einer gemeinsamen Reaktion des Entsetzens und des Besorgtseins; denn die kommunistischen Führer dort wissen – so wenig sie auch Ulbricht gern haben oder achten mögen –, daß ihre eigene Stabilität durch den Ansturm eines plötzlichen und gewaltsamen Umsturzes seines Regimes empfindlich getroffen würde. Die Völker Osteuropas einschließlich der Jugoslawen sehen in dieser Möglichkeit nur den Beginn einer Wiederherstellung der deutschen militärischen Übermacht, die in Osteuropa in sehr schlechter Erinnerung ist; 18 Jahre haben nicht ausgereicht, um das Grauen dieser Aussicht aus ihren Köpfen fortzuwischen."

Stellt man die klaren Äußerungen Kennans neben die verschlungenen Begründungen von Hassels, daß Deutschland den Kalten Krieg nicht beenden kann, bevor nicht die „Spaltung Europas" als ganze aufgehoben ist, dann tritt die aus unserer Unterstützung der Deutschen erwachsende Gefahr tatsächlich sehr klar zutage. Offensichtlich wird auch, daß sich unter Erhard nur das Image der westdeutschen Regierung geändert hat. Die Gefahr eines Atomkriegs ist genauso akut wie zur Zeit Adenauers, als wir seinen härteren Forderungen nachgaben.

6. Die deutsche Frage (1965)

Die Ausführungen zur deutschen Frage entstanden Ende 1965 und bilden den zweiten Teil eines Manuskripts mit dem Titel „Memo on Foreign Policy". Der 1. Teil steht am Ende von Kapitel II und trägt den Titel „Die globale Verantwortung der Vereinigten Staaten".

Einige Aspekte zur deutschen Frage veröffentlichte Fromm 1966 in dem Beitrag „Marschiert Deutschland bereits wieder?" ("Is Germany on the March Again?"), vgl. Erich-Fromm-Gesamtausgabe, *Band 5, S. 13-17. – Die Übersetzung des amerikanischen Manuskripts besorgte Linda Bender.*

Deutschland, der Nachzügler unter den großen europäischen Industriemächten, hat seit 1895 die beiden älteren europäischen Industrienationen – Frankreich und England – sowohl wirtschaftlich als auch militärisch überflügelt. Es hat reiche Bodenschätze an Kohle und Eisen, eine arbeitsame und gehorsame Bevölkerung und eine alte Militärtradition von hoher Qualität. Gleichzeitig ist sein Territorium begrenzt und es hat nur wenige Gebiete in Übersee, so daß es versucht war, sein Gebiet zu erweitern. Als die Zeit dafür günstig schien, zuerst 1914, dann 1939, wendete es militärische Mittel an. Die Kriegsziele der kaiserlichen Regierung und die Hitlers waren fast identisch: Beide strebten nach wirtschaftlicher Hegemonie in Westeuropa, nach Eroberung von Land in Osteuropa und in den Kolonien. Deutschland verlor beide Kriege, weil es den Fehler beging, die neutralen Vereinigten Staaten außer acht zu lassen, die schließlich den Ausgang dadurch bestimmten, daß sie sich Deutschlands Feinden anschlossen. Trotz der Tatsache, daß Deutschland in beiden Kriegen gänzlich geschlagen worden war, erholte es sich schnell, und heute ist Westdeutschland nicht nur viel reicher als es das Deutsche Reich mit seinen östlichen Teilen war, sondern die Bundesrepublik ist nach der Sowjetunion die zweitstärkste Wirtschafts- und Militärmacht in Europa und die drittstärkste Macht weltweit nach den Vereinigten Staaten und der Sowjetunion.

Gegen Ende des Krieges versuchten die Naziführer (Himmler, Göring und andere) zu einer Übereinkunft mit den westlichen Mächten zu kommen, damit ihnen erlaubt würde, den Krieg gegen die Sowjetunion (allein oder mit westlicher Hilfe) fortzusetzen. Ihr Plan scheiterte. Das Potsdamer Abkommen sah eine bindende Entmilitarisierung Deutschlands vor, um ein für allemal die Wiedergeburt eines deutschen Militarismus zu verhindern. Der Kalte Krieg kehrte die Situation um. Die westlichen Alliierten, die Stalins imperialistischen Machtzugriff auf Polen und später auf die Tschechoslowakei mit Lenins und Trotzkis Ideen von Weltrevolution verwechselten, glaubten, daß Deutschland unbedingt ein Partner in der militärischen Verteidigung des Westens gegen die angebliche Bedrohung durch einen russischen Angriff werden sollte. Die deutsche Regierung zögerte nicht, die gebotene Gelegenheit wahrzunehmen. Sie erkannte diesmal, wie wichtig es ist, die Vereinigten Staaten nicht zum potentiellen Feind, sondern auf ihrer Seite zu haben. Und sie erkannte auch, wie wichtig es war, das Bild eines militaristischen Deutschlands aus der Welt zu schaffen. Adenauer täuschte zuerst Abneigung gegen eine Wiederbewaffnung vor, und er mußte von den Alliierten „überzeugt" werden, eine neue Armee aufzubauen. Er betonte den neuen und demokratischen Charakter der neuen Armee, indem er ihr neue Uniformen gab und einige Gewohnheiten der Reichswehr und der Wehrmacht änderte. Er versprach, keine Atomwaffen zu produzieren. Der Westen glaubte dem Eindruck einer neuen, auf Demokratie ausgerichteten Nation, die nur an einer friedlichen Erholung und an der Verteidigung des Westens gegen die kommunistische Aggression interessiert ist.

Wie sieht es aber heute aus? Deutschland hat seine Armee so sehr ausgebaut, daß sie – wie gesagt – bereits die zweitstärkste in Europa ist. Deutschland verlangt mit immer größerem Nachdruck die Rückgabe der Gebiete Ostpreußen und Schlesien (und, weniger offiziell, Gebiete der Tschechoslowakei), die es nach dem letzten Krieg an die Sowjetunion, Polen und an die Tschechoslowakei verloren hatte. Bereits 1952 erklärte Adenauer in einer Radioansprache, der Westen müßte militärisch stark werden, um die Sowjetunion (mit friedlichen Mitteln, versteht sich) dazu zwingen zu können, die verlorenen Gebiete zurückzugeben. Diese Politik wurde zum führenden Prinzip der deutschen Regierung seit dieser Zeit. Natürlich wünscht Deutschland keinen Krieg, aber es hofft, daß ein starkes, mit den Vereinigten Staaten verbündetes Deutschland dazu fähig sein wird, die Sowjetunion zur Kapitulation zu zwingen und seine Gewinne des letzten Krieges aufzugeben.

Die Illusion, man könnte einen starken Gegner ohne Krieg dazu zwingen zu kapitulieren, ist einer der Faktoren, die zu den beiden vergangenen Weltkriegen geführt haben. Die westdeutsche Regierung hat nicht nur die Oder-Neiße-Linie nicht anerkannt, sie hält unverhohlen die Hoffnung lebendig, daß diese Gebiete zurückgegeben werden. (Zwei Beispiele hierfür: Alle deutschen Landkarten zeigen die Grenzen von 1937 und bemerken bei Ostpreußen und Schlesien, daß sie vorübergehend unter russischer – oder polnischer – Verwaltung seien. Die jeweiligen Autobahnen Deutschlands haben Schilder mit der Aufschrift nach Königsberg oder nach Breslau.) Der deutsche Minister Seebohm, der an der Spitze des Bundes der früheren Sudetendeutschen steht, verlangt mit Nachdruck die Rückgabe des Sudetenlandes. Diese Forderungen werden jedoch noch übertroffen von der ständigen Forderung nach Wiedervereinigung, die das Leitmotiv der deutschen Außenpolitik ist.

Diese Forderung klingt ziemlich harmlos von einem sentimentalen Standpunkt aus. Obwohl Deutschland als ein vereinigter Staat erst seit 1871 bestand (und selbst damals war die „Vereinigung" eigentlich Preußens indirekte Eroberung der kleineren deutschen Staaten), scheint die Vereinigung für die Deutschen eine berechtigte Forderung zu sein. (Die Tatsache, daß sich Deutschland weigerte, militärisch entwaffnet zu bleiben oder neutral zu sein und daß es die Oder-Neiße-Linie nie anerkannte, läßt sehr an der Echtheit des Verlangens nach Vereinigung zweifeln.) Überdies ist zu befürchten, daß die Forderung nach „Wiedervereinigung" nur der Hebel ist, um die Wiedereinrichtung der Grenzen von 1937 und 1938 zu fordern.

Aus der Sicht der Sowjetunion und der kleinen Staaten des sowjetischen Blocks ist die deutsche Forderung nach der Wiederherstellung der alten Grenzen zusammen mit seinem militärischen Aufbau und seiner Forderung nach Atomwaffen notgedrungen unannehmbar. Der sowjetische Block fühlt sich bedroht durch das Aufkommen eines neuen, mächtigen und auf Expansion bedachten Deutschland. Dies aber ist genau der Punkt, der eine Verständigung zwischen den Vereinigten Staaten und der Sowjetunion behindert. Die Sowjetunion wird nie einem Vertrag zustimmen können, der die Weitergabe von Atomwaffen verbietet, solange Deutschland – wenn auch nur indirekt durch die NATO – Zugang zu ihnen erhält. Ein wiederbewaffnetes Deutschland, das seine früheren Gebiete zurückfordert, die seit 20 Jahren Teile der Sowjetunion und Polens sind, stellt für die Sowjetunion eine Bedrohung dar, so daß die Sowjetunion auf ein mögliches neues Bündnis mit China kaum verzichten kann; ein solches Bündnis wäre nämlich für die Sowjetunion die einzige mögliche Lösung angesichts einer wachsenden westlichen Bedrohung.

Anders als diese Erwägungen betonen sowohl Presse als auch Politiker wieder und wieder, daß Deutschland demokratisch und friedlich sei und daß man von einem Deutschland, das sich von Hitlers Reich völlig unterscheide, nichts befürchten müsse. Ich habe bereits dargelegt, daß sich die Ziele Hitlers nicht von denen des Kaisers unterschieden und daß es hinsichtlich der Ziele Deutschlands eine logische Kontinuität von 1914 zu 1938 gibt; die gleichen Trends gibt es heute wieder.

Nachfolgend will ich einige Fakten nennen, die zeigen, daß das Deutschland von 1965 schon etwas weiter in die Richtung gegangen ist, die von einer Anzahl von Beobachtern seit vielen, vielen Jahren vorhergesehen worden ist. Es ist erstaunlich, wie wenig Aufmerksamkeit Presse, Politiker und Öffentlichkeit den unheilvollen Entwicklungen in Deutschland schenken, auf die die Tatsachen vor allem aus jüngster Zeit hinweisen.

(1) Der Führer des bayrischen Zweiges der regierenden Christlich Demokratischen Partei, Franz Josef Strauß, schreibt in einem Artikel in *Rheinischer Merkur* (Nr. 35, 1965) mit dem Titel „Das Genfer Schelmenspiel": „Für jeden vernünftig Denkenden allerdings muß ein Deutschland, dem man noch einmal eine Art ‚militärisches Versailles' aufoktroyieren würde und das dann als drittgrößte Wirtschaftsmacht der Welt diskriminiert zwischen West und Ost stünde, nur als ein Alptraum erscheinen. Allein nach den geschichtlichen Erfahrungen könnte man sich ausrechnen, wann ein neuer Führer-Typ einem derartig behandelten Deutschland Atomwaffen oder Schlimmeres versprechen (sic!) und wohl auch verschaffen würde." In diesem Artikel kommt erstmals Hitlers Wendung von „Versailles" wieder auf; und ein neuer Führer wird auf ziemlich offene Art vorhergesagt, wenn Deutschland nicht solche Waffen erhalte. Der rührselige Aufruf lautet, Deutschland sei erniedrigt und diskriminiert, wenn es keine Atomwaffen habe.

Die Forderung nach Atomwaffen veranlaßte Adenauer dazu, die Vereinigten Staaten scharf anzugreifen. Er sagte (zit. nach *Der Spiegel*, Nr. 36 (1. 9. 1965), S. 19): „Der amerikanische Abrüstungsplan ist so ungeheuerlich, so schrecklich, daß Europa damit den Russen überantwortet wird." Adenauer unterstützt seine Position, indem er seinen Kollegen im August 1965 berichtet, was angeblich auf der Londoner Konferenz von 1954 geschah (bei dieser Konferenz ging es um die Zugehörigkeit Westdeutschlands zur NATO, und die Bundesrepublik unterschrieb einen Vertrag, mit dem sie versprach, keine atomaren, biologischen und chemischen Waffen auf ihrem Gebiet zu produzieren.

Inzwischen erklären Vertreter der deutschen Regierung, daß dieses Versprechen sie nicht davon abhalten würde, Atomwaffen im Ausland zu *kaufen*). Adenauer berichtete 1965 seinen Kollegen (vgl. a. a. O., S. 21), Dulles sei während der Konferenz zu ihm gekommen und habe ihm für diesen Verzicht gedankt. Dulles habe aber hinzugefügt, er nehme an, daß auch für diesen Verzicht die *„clausula rebus sic stantibus"* gelte. (Diese Klausel ist ein aus dem Zivilrecht stammender Vorbehalt, der besagt, ein Vertrag habe nur so lange Gültigkeit, wie die Umstände fortbestehen, die bei seinem Abschluß gegeben waren.)

Adenauer attackierte die Vereinigten Staaten, weil sie es wagen, mit den Russen über einen Vertrag zu verhandeln, der die Weitergabe von Atomwaffen verbietet, obwohl die Vereinigten Staaten auf dem Recht bestehen, daß die NATO am Gebrauch dieser Waffen beteiligt wird, womit der Vertrag für die Russen unannehmbar wird. In dieser Hinsicht äußern sich Kanzler Erhard und die gegenwärtige Regierung gemäßigter. Erhard meinte, man solle doch erst einmal abwarten, ob sich die Großmächte überhaupt einigen würden. Adenauer ist nicht so geduldig. Ebenso wie sich Strauß indirekt selbst schon als neuer Führer anbietet, sagt Adenauer (vgl. *Der Spiegel*, a. a. O., S. 21): „Das deutsche Volk muß sich auf ernste Zeiten gefaßt machen. Ich habe den Eindruck, daß ich nötig bin, wenn die außenpolitische Lage sich zuspitzt."

(2) Die wachsende militaristische Tendenz wird offensichtlich in den neuen deutschen Notstandsgesetzen. Die Abstimmung über die Gesetze, für die eine Zwei-Drittel-Mehrheit des Parlaments erforderlich ist, wurde wegen einiger geringfügiger Einwände seitens der Sozialdemokraten bis nach den Wahlen zurückgestellt. Diese Gesetze sehen vor, daß im Falle eines Notstandes die Regierung ohne das Parlament regieren und Gesetze verabschieden kann. (Wie ja hinreichend bekannt ist, war es dieser Not-

standsparagraph, auf dem die „Legalität" von Hitlers Diktatur beruhte.)

Die bereits angenommenen Notstandsgesetze handeln von der Zivilverteidigung. Jeder Bürger muß Gegenstände zur zivilen Verteidigung kaufen (wie Verdunkelungsvorhänge, Nahrungsvorräte für 2 Wochen, etc.). Was aber viel wichtiger ist, ist das Gesetz vom 12. August 1965 (Bundesgesetzblatt 38, 1965, I, S. 782ff.), das die Einrichtung eines Zivilschutzkorps vorsieht. Dieses Gesetz bestimmt, daß jeder Deutsche bis zum Alter von 45 Jahren, der für den Dienst in den bewaffneten Streitkräften geeignet ist, im Zivilschutzkorps dienen muß, dessen Stärke vom Innenminister und dem Verteidigunsminister festgelegt wird. Diejenigen, die in der Armee gedient haben, können als Freiwillige angenommen werden (1-3). Der Dienst im Zivilschutzkorps erfordert eine Grundausbildung, die vier Monate dauert. Außerdem ist es für die Mitglieder erforderlich, an Übungen teilzunehmen, die einen Zeitraum von jeweils einem Monat nicht überschreitet (10,1). (Der Text macht aber nicht deutlich, ob diese Übungen jährlich stattfinden.)

Während das Gesetz behauptet, daß das Zivilschutzkorps keine militärische Organisation sei und daß seine Mitglieder Zivilisten seien gemäß der Definition nach Internationalem Recht (2), so erinnern doch viele Bestimmungen an militärische Organisationen. Besonderer Erwähnung wert sind: der Umstand, daß der Verteidigungsminister die Entscheidung hinsichtlich der Stärke des Zivilschutzkorps mit dem Innenminister teilt; daß die Einberufung für das Zivilschutzkorps durch die Einberufungsbehörde der Armee vorgenommen wird (14,2); daß die Bevollmächtigten des Zivilschutzkorps die Armeebevollmächtigten informieren müssen, wenn Mitglieder des Zivilschutzkorps den Wohnort wechseln. In Abschnitt 18,1 ist festgelegt, daß jedes Mitglied des Zivilschutzkorps, während es seinen Dienst tut, den gleichen rechtlichen Status wie ein Soldat hat. Das

Zivilschutzkorps hat 21 verschiedene Dienstgrade, die denen der Armee entsprechen (und gleich bezahlt werden) (Ad 18,2.2 und 19,1). Die Grade reichen vom „Schutzkorpsmann“ bis zum „Oberbereichsführer“. Ein besonders unheilvoller Abschnitt ist 40,1, der von der Verschwiegenheit handelt und festlegt, daß ein Mitglied des Zivilschutzkorps bestraft werden kann, wenn es seine Pflicht verletzt und Geheimnisse preisgibt, nachdem es das Zivilschutzkorps verlassen hat. Es ist ziemlich klar, daß das neue Gesetz ein halb-militaristisches Korps schafft, das (wenn die Regierung dies wünscht), alle Männer einberufen kann, die dazu in der körperlichen Verfassung sind und die nicht aktiv Dienst tun. Es handelt sich also um eine halb-militaristische Ausbildung und eine Organisation aller männlichen Deutschen, die weit über den Bereich einer Armee hinausgeht. All dies wird dadurch, daß die Mitglieder des Zivilschutzkorps „Zivilisten“ genannt werden, kaum bemäntelt.

Die Armee selbst ist hinsichtlich einer Wiederaufnahme der alten deutschen Militärtraditionen einem langsamen, aber konstanten Wandel unterworfen. Während sie wieder ins Leben gerufen wurde mit der Idee, eine neue Art demokratischer Armee zu sein (symbolisiert durch eine neue Uniform, die Abschaffung von Militärgerichten usw.), wird die Rückkehr zur Tradition immer auffälliger. Verteidigungsminister von Hassel gab kürzlich neue Richtlinien heraus, in welchen die Pflege der Tradition betont wird. In einem Interview (vgl. *Der Spiegel*, Nr. 36, 1965) gesteht Professor G. Möbus, der Wehrbeauftragte des Parlaments, daß der Heeres-Inspekteur General de Maizière geschrieben hatte, es sei für die Armeeführung sehr schmerzlich, die Tatsache zu akzeptieren, daß die Bundeswehreinheiten die Traditionen der alten Regimente der früheren Reichswehr und Wehrmacht nicht weiterführten. Die Dinge haben sich bis zu einem Punkt entwickelt, an dem es einem aktiven Major, Löwenstern, möglich war, zu sagen: „Bundeswehr (die gegenwärtige Armee) ist Wehrmacht (Hitlers Armee) weniger dem Hitlergruß". Die „Traditionalisten" unter den Offizieren drängen mehr und mehr auf eine Wiedereinführung der früheren Gepflogenheiten und Regeln der deutschen Armee, und der Verteidigungsminister sagt in seinem „Traditions-Erlaß", daß politisches Mitdenken und Mitverantwortung seit den preußischen Reformen (vor 150 Jahren) zur guten Tradition deutschen Soldatentums gehören. Professor Möbus mußte zugeben, daß diese Glorifizierung von Traditionen der deutschen Armee nicht der historischen Realität entspricht (vgl. *Der Spiegel*, Ausgabe Nr. 36, 1965, S. 43).

Die Entwicklung Deutschlands zu einem neuen, auf Expansion ausgerichteten, militaristischen und schließlich autoritären Regime ist um so wahrscheinlicher, als es praktisch keine Opposition zur Regierungspolitik gibt. Während Adenauer und Strauß eine aggressivere Sprache in ihren Forderungen nach Atomwaffen sprechen, besteht doch zwischen ihnen und der Gruppe um Erhard und Schröder kein grundlegender Unterschied, noch unterscheidet sich die sozialdemokratische „Opposition" in irgendeinem wesentlichen Punkt von Erhards Politik.

Die deutschen Führer waren selbst überrascht, als man sie vor fast 20 Jahren um die Wiederbewaffnung bat und darum, ihre Plätze unter den Siegern in den vorderen Reihen einzunehmen. Sie gingen vorsichtig vor, um keinen Verdacht zu wecken und besonders, um die Vereinigten Staaten nicht gegen sich aufzubringen. Sie hatten bisher Regierungen, die sich aus mittelmäßigen Leuten zusammensetzen, die für diese Übergangszeit gut geeignet sind. Die neuen Führer warten schon in deren Schatten: kluge und rücksichtslose Führer wie Strauß, die das alte Deutschland – wenn möglich – friedlich und demokratisch, wenn nötig aber mit der Drohung von Krieg und mit totalitären Methoden wiederherstellen wollen.

Wenn die Vereinigten Staaten zu der nötigen Kooperation mit der Sowjetunion kommen wollen – was für die friedliche Alternative gegenüber der gegenwärtigen chinesischen Politik unabdingbar ist –, und wenn sie darüber hinaus einen neuen Krieg verhindern wollen, in welchen sie die deutsche Aggressivität hineinziehen würde, müssen wir unsere Politik ändern: Wir müssen auf die Anerkennung der Oder-Neiße-Linie durch Deutschland und auf dem früheren Beschluß bestehen, demzufolge Deutschland keine Atomwaffen haben darf, auf welche Weise sie auch dazu kommen könnten. Die Zeit, in der wir das tun können, läuft ab. Hat Deutschland einmal Zugriff zu Atomwaffen, wird es die Vereinigten Staaten mit der gleichen Verachtung und Geringschätzung behandeln, die wir schon jetzt von Adenauer und Strauß ernten.

IV. Atomare Rüstung und politische Gewalt

1. Alternativen zum Atomkrieg (1961)

„Alternatives to Nuclear War" lautete das Thema eines Vortrags, den Fromm 1961 hielt und dessen von Fromm selbst korrigiertes Transkript sich im Nachlaß fand. Die Übersetzung des amerikanischen Originalmanuskripts stammt von Rainer Funk nach einer Vorlage von Emmanuel Picard.

Für die meisten verantwortlichen und gut informierten Amerikaner ist die wichtigste Frage heute, ob es eine Alternative zum Atomkrieg gibt. Die folgenden Bemerkungen beschäftigen sich mit dieser Frage und versuchen, alternative Handlungsmöglichkeiten ausfindig zu machen.

Ich muß mit einer negativen Feststellung beginnen: Ich glaube nicht, daß Abschreckung eine wirkliche Alternative zum Atomkrieg ist; sie ist es höchstens für eine begrenzte Zeit. Die gegenseitige Abschreckung hat bisher einen Kriegsausbruch verhindert oder – besser gesagt – verzögert, aber langfristig werden Waffen mit immer größerer Zerstörungskraft notwendigerweise die Angst der großen Weltmächte voreinander hochschrauben. Sobald es dann auf einer Seite zu einer erkennbaren technischen Überlegenheit kommt, wird sich diese Seite dazu gedrängt fühlen, als erste anzugreifen. Unabhängig von einer solchen Entscheidung zum Krieg ist es auch möglich, daß ein Krieg jederzeit auf Grund von Irrtum und falschen Berechnungen ausbrechen kann. (Die Geschichte vergangener Kriege weist zu Genüge nach, daß es auf allen Seiten solche falschen Berechnungen und Irrtümer gab; es wäre deshalb naiv zu glauben, sie seien vermeidbar.)

Ich glaube nicht, daß „das Gewinnen des Kalten Krieges" eine Alternative zum Atomkrieg ist. Es ist im Gegenteil eine historische Tatsache, daß eine Großmacht lieber ihre Kriegsvorbereitungen verstärken wird und auch zu kämpfen beginnt, als daß sie einen Verlust an Macht hinzunehmen bereit ist, bei dem ein Gegner ihr einen fremden Willen aufzwingen kann. Es ist außerdem ebenso eine historische Tatsache, daß jede Regierung bzw. jeder politische Führer entmachtet wird, wenn es zu solch einem Ereignis kommt, bevor die Nation eine entscheidende militärische Niederlage erfahren hat. Dies trifft genauso auf die Sowjetunion wie auf die Vereinigten Staaten zu. Wenn wir den Kalten Krieg „gewinnen" würden, müßten die friedenswilligen Politiker in der Sowjetunion weichen. Gleiches würde auch umgekehrt gelten. Ich glaube, daß im Falle des Kalten Krieges nur ein Kompromiß, nicht der Sieg, die Grundlage für eine Alternative zum Atomkrieg bilden kann.

Unser Dilemma ist, daß es für jede Seite schwierig ist, den Kalten Krieg zu beenden, solange das Wettrüsten und die daraus resultierenden Ängste und das Mißtrauen voreinander weitergehen. Deshalb muß unser Ziel sein, mit dem Wettrüsten aufzuhören, indem es zu einem Verbot von Atomwaffenversuchen kommt, das schließlich zu einer allgemeinen Abrüstung führt.

Aber diese Maßnahmen werden von keiner der beiden Seiten in Angriff genommen, solange der Kalte Krieg mit seinen Spannungen und Krisen weitergeht. Ich folgere daraus, daß die Schritte zur Beendigung des Wettrüstens mit denjenigen zur Beendigung des Kalten Krieges einhergehen müssen.

Wie immer in Konfliktsituationen läßt sich Streit zwischen

gleich starken Gegnern nur durch eine Kompromißbereitschaft auf beiden Seiten vermeiden, wenn es nicht zu Gewalttätigkeiten kommen soll. Die Vereinigten Staaten und die Sowjetunion können den Kalten Krieg nur dann beenden, wenn beide Seiten zu Zugeständnissen bereit sind. Es liegt in der Natur solcher Zugeständnisse, daß sie die vitalen Interessen beider Seiten nicht verletzen dürfen und daß gleichzeitig beide Seiten zu Zugeständnissen in Bereichen bereit sind, die die eigenen überlebenswichtigen Interessen nicht berühren.

Es läßt sich kaum verleugnen, daß diese Vorgehensweise prinzipielle Gültigkeit hat, um zu einer gewaltlosen Konfliktlösung zwischen Gegnern zu kommen, die kriegsbereit sind und notfalls auch zur Gewaltanwendung greifen. Man könnte jedoch argumentieren, daß im Falle der amerikanisch-sowjetischen Beziehungen der Antagonismus der Interessen so übersteigert ist, daß dieser Lösungsweg ausgeschlossen ist.

Ich glaube nicht, daß diese Ansicht stimmt. Zunächst möchte ich zeigen, daß es wichtige gemeinsame Interessen der Vereinigten Staaten und der Sowjetunion gibt. Vielleicht ist die Vermeidung des Atomkrieges das wichtigste gemeinsame Interesse. Die derzeit Regierenden beider Nationen sind sich dessen bewußt, daß aus einem Atomkrieg niemand als Gewinner hervorgeht, und daß es für die Überlebenden „im allerbesten Fall" zu barbarischen Lebensformen kommt, in denen weder Freiheit noch Sozialismus existieren können. Sie wissen, daß Krieg kein Mittel zur Erreichung politischer Ziele oder zur Rettung des Lebens und der Freiheit der eigenen Bevölkerung mehr ist. Ein weiteres gemeinsames Interesse ist diesem verwandt: Beide wollen verhindern, daß noch andere Mächte in den Besitz von Atomwaffen kommen. Es ist den politischen Führern der Vereinigten Staaten und der Sowjetunion ganz klar, daß die Chance, einen atomaren Holocaust zu vermeiden, ganz erheblich sinkt, wenn andere Länder, darunter insbesondere China, Frankreich und Deutschland, Atomwaffen haben.

Schließlich haben die politischen Führer der beiden großen Weltmächte begriffen, daß eines der wichtigsten historischen Merkmale des zwanzigsten Jahrhunderts der Wille der nicht-industrialisierten Völker ist, selber zu einer Industrialisierung zu kommen und den Lebensstandard ihrer Bevölkerung in absehbarer Zeit mindestens auf das europäische Niveau zu heben. Die Sowjetunion hat als letzte der alten europäischen Nationen einen ökonomischen Status erreicht, den Großbritannien, Frankreich und Deutschland zuvor hatten, und ist genauso wie die Vereinigten Staaten eine „Haben"-Nation. Beide Länder unterstützen die wirtschaftliche Entwicklung der armen Länder und haben das gemeinsame Interesse, von diesen weder durch direkte Kriege noch durch gewaltsame Revolutionen überrannt oder angegriffen zu werden. Anders gesagt: Es ist ihr gemeinsames Interesse, die koloniale Revolution fortzusetzen, allerdings auf friedlichem Wege und in einer Weise, die eine breitflächige Gewaltanwendung vermeidet; denn nur so ist es sowohl der Sowjetunion als auch den westlichen Nationen möglich, diese Entwicklung durch Planung sowie durch direkte technologische und wirtschaftliche Unterstützung zu fördern.

Wenn dies die gemeinsamen Interessen der Vereinigten Staaten und der Sowjetunion sind, gibt es dann auch ebenso starke Interessenskonflikte, die keinen Kompromiß zulassen? Meines Erachtens sind die Konflikte hauptsächlich ideologischer Art. Der westliche Kapitalismus ist das Kind einer Gesellschaft freien Unternehmertums aus dem neunzehnten Jahrhundert; die Sowjetunion ist ein Kind der marxistisch-kommunistischen Revolution (von 1917 bis 1923). Während die Ideologien hart aufeinanderprallen, weichen beide Gesellschaften tatsächlich stark von dem ab, was die Ideologien behaupten. Der westliche Kapitalismus ist ein korporativer Kapitalismus mit einem großen Anteil an staatlicher Einmischung in wirtschaftliche Angelegenheiten und einem mehr oder weniger entwickelten Wohlfahrtswesen. Die Sowjetunion ist eine der konservativsten Nationen in Europa, auch wenn sie ein staatskapitalistisches System ist und ein hochentwickeltes Wohlfahrtswesen hat. Die Entwicklung beider Gesellschaften zeigt, wie wahr die Aussage von Papst Johannes [XXIII] in seiner letzten Enzyklika [*Pacem in terris*, Teil 5, Abs. 159] ist: „Von da aus gesehen, ist es durchaus angemessen, bestimmte Bewegungen, die sich mit wirtschaftlichen, sozialen und kulturellen Fragen oder der Politik befassen, zu unterscheiden von falschen philosophischen Lehrmeinungen über das Wesen, den Ursprung und das Ziel der Welt und des Menschen... Während die in ein System gefaßte und endgültig niedergelegte Weltanschauung nicht mehr geändert werden kann, unterliegen diese Bewegungen dort, wo sie sich mit den je und je sich wandelnden Verhältnissen befassen, doch notwendigerweise diesen Veränderungen."

Es gibt keine grundlegenden Konflikte wirtschaftlicher Interessen zwischen beiden Blöcken, die sich wesentlich von denjenigen unterscheiden, die auch innerhalb der Blöcke bestehen. Den einzigen wirklichen Konflikt gibt es nur hinsichtlich der Angst auf beiden Seiten, daß die jeweils andere neue Gebiete unter ihre Kontrolle bringen will. Die Sowjetunion hat dies erfolgreich nach dem letzten Krieg getan, als sie die von den eigenen Truppen eroberten Gebiete unter ihre Herrschaft gebracht hat. Dies wurde von den Vereinigten Staaten als Beweis für die russische Absicht angesehen, die Welt für den Kommunismus erobern zu wollen, während es sich in Wirklichkeit um eine auch sonst geübte Machtergreifung einer siegreichen Nation nach Kriegsende handelte.

Unter ethischen Gesichtspunkten waren diese Eroberungen unmoralisch; sie waren aber auch nicht unmoralischer als die Verletzung der 14 Punkte von Präsident Wilson durch die Siegermächte nach dem Ersten Weltkrieg. Stalins Handeln war aber nicht nur unmoralisch, es war auch dumm; denn diese Eroberungen führten genau zu dem, was er immer vermeiden wollte: zu einer westlichen Koalition gegen ihn. Ob Stalins Handeln nun als unmoralisch oder dumm zu bewerten ist, es war jedenfalls kein Ausdruck eines Wunsches, die Welt revolutionieren zu wollen. Seine Eroberungen waren durch denselben Faktor veranlaßt, den man auch sonst bei mächtigen Staaten findet: durch das Streben nach mehr Sicherheit und durch das Bedürfnis der führenden Politiker, die Großartigkeit ihrer Triumphe vor Augen zu führen; möglicherweise spielte auch der Wunsch nach Rache nach einem harten Kampf eine Rolle.

Der Kampf um die Herrschaft über fremde Territorien hat seinen Grund vor allem in der Angst, seine Macht zu verlieren, wenn der Gegner Herrschaft über andere Gebiete gewinnt. Dieser Kampf drückt sich in ideologischen Begriffen aus, doch handelt es sich eigentlich um denselben Kampf, den es im neunzehnten Jahrhundert zwischen den unterschiedlichen europäischen Großmächten gab. Könnte der Kalte Krieg durch einen Kompromiß beendet werden, bei dem es weder Gewinner noch Verlierer gibt, dann könnten die meisten derartigen Konflikte gelöst werden.

Im folgenden will ich einige Beispiele für verschiedene Modelle bereits erfolgreich ausgehandelter Kompromisse anführen:

(1) Kompromiß durch *Neutralisierung* eines umstrittenen Gebiets. Das beste Beispiel dafür ist Österreich. Ein bisher weniger erfolgreiches Beispiel ist Laos. Noch gibt es Hoffnung, daß Laos sich als ein gutes Beispiel hierfür erweisen wird.

(2) Kompromiß durch *Teilung*. Beispiele sind Korea,

Deutschland, Vietnam. (Im Fall von Vietnam gibt es eine Instabilität, die im Vergleich zu den anderen Beispielen einen Kompromiß nur schwer erreichbar macht.)

(3) Kompromiß durch *gegenseitigen Verzicht* auf extreme Positionen. Das beste Beispiel hierfür ist Kuba. Die Sowjetunion hat darauf verzichtet, in Kuba Atomwaffen zu stationieren. Die Vereinigten Staaten haben den Versuch aufgegeben, Castro durch eine Invasion zu stürzen, ja, sie haben sogar von der eher indirekten Unterstützung einer gewaltsamen Unterwanderung abgesehen.

Die hervorstechendsten Konfliktpunkte heute sind (1) die Berlinfrage, (2) die Frage der atomaren Bewaffnung Westdeutschlands und (3) die Frage des Verbots von Atomwaffenversuchen. Bei all diesen Fragen könnte ein Kompromiß ohne unüberwindliche Schwierigkeiten erreicht werden.

(1) Bezüglich Westberlins sind unsere vitalen Interessen die folgenden: Die Erhaltung der Freiheit (im westlichen Sinne) für Westberlin; die Garantierung dieser Freiheit sowie die Gewährleistung des freien Zugangs nach Westberlin durch die Sowjetunion und die Anwesenheit amerikanischer und britischer Soldaten in Westberlin. Die Sowjetunion hat ein vitales Interesse am Abschluß eines Friedensvertrags mit Ostdeutschland, der die endgültige Festigung der Nachkriegsgrenzen des Sowjet-Blocks symbolisieren soll. Besonders wichtig für die Sowjetunion ist die Anerkennung des bestehenden Mächtestatus durch Westdeutschland und – als Ausdruck dieser Anerkenntnis – die Neutralisierung von Westberlin, so daß Westberlin aufhört, ein Vorposten Westdeutschlands zu sein, der sich gegen seine früheren Besitztümer richtet. Es wird oft vergessen, daß es immer noch kein Politiker in Westdeutschland gewagt hat, den Willen zu bekunden, auf die verlorenen Gebiete verzichten zu wollen. Im Gegenteil, diese verlorenen Gebiete werden immer noch auf allen deutschen Landkarten als „derzeit unter polni-

scher bzw. russischer Verwaltung" stehende Teile Deutschlands bezeichnet.

Die Sowjetunion scheint nach langem ungeduldigem, manchmal aber auch erstaunlich geduldigem Warten, einen Kompromiß angeboten zu haben, wie etwa die Garantie der Freiheit für Westberlin, den freien Zugang zur Stadt und die fortgesetzte Anwesenheit der alliierten Soldaten in der Stadt unter der Voraussetzung, daß diese dort unter der Fahne der Vereinten Nationen anstatt unter derjenigen ihrer eigenen Länder stehen. Dieser Kompromiß scheint die vitalen und ausdrücklich erklärten Interessen beider Seiten nicht zu verletzen; die beiderseitigen Zugeständnisse sind gering und sollten eine Lösung möglich machen. Die Eigenart dieses Kompromisses muß auch im Zusammenhang mit der Tatsache beurteilt werden, daß der Westen wesentlich dazu beigetragen hat, daß sich Westdeutschland trotz aller sowjetischen Proteste wiederbewaffnet hat und daß die Sowjetunion gute Gründe hat, ein wiederbewaffnetes Deutschland zu fürchten, das zusammen mit Frankreich (oder am Ende sogar Frankreich dominierend) die Führung eines mächtigen *Neuen Europa* sein wird.

(2) Einen Kompromiß für Berlin zu finden, ist relativ einfach; schwieriger ist es, einen Kompromiß in der Frage der atomaren Bewaffnung Deutschlands zu finden. Die Idee eines mit atomaren Waffen ausgerüsteten NATO-Bündnisses, an dem Deutschland teilhaben würde, ohne Befehlsgewalt über Atomwaffen zu bekommen, klingt in den Ohren vieler Beobachter ziemlich unrealistisch. Solch eine Streitmacht wird, kommt sie mit Deutschland als stärkstem Partner zustande, den Deutschen den Gebrauch von Atomwaffen ermöglichen, wann immer sie es als richtig ansehen. Der beste Weg, um den amerikanisch-sowjetischen Konflikt um die Wiederbewaffnung Westdeutschlands zu lösen, ist eine umfassende Abrüstung. Bevor dies erreicht wird, sollte ein Kompromiß nach Art des Rapacki-Plan möglich sein.

(3) Bei der Frage des Verbots von Atomwaffenversuchen liegt der Kompromiß fast auf der Hand. Die Sowjetunion hat ihre Position aufgegeben, jegliche Art internationaler Kontrollmaßnahmen zurückzuweisen, und bietet zwei bis drei Inspektionen pro Jahr an. Die Vereinigten Staaten haben die ursprüngliche Anzahl erforderlicher Inspektionen auf sieben bis acht herabgesetzt. Es sollte keine wirkliche Schwierigkeit darstellen, sich auf ungefähr fünf Inspektionen zu einigen, vorausgesetzt, daß beide Seiten das Verbot der Atomwaffenversuche wirklich wollen. Sogar der Unterschied zwischen den beiden Vorschlägen für eine weltweite Abrüstung könnte durch einen Kompromiß gelöst werden, sofern auch hier vorausgesetzt werden kann, daß beide Mächte die weltweite Abrüstung ernsthaft anstreben.

Ich fasse zusammen:

(1) Eine nüchterne Einschätzung zeigt zunächst, daß die Alternative zum Atomkrieg weder in der Abschreckung noch im „Gewinnen des Kalten Krieges" liegt. Vermutlich werden beide Wege früher oder später zu einem Atomkrieg führen. Die Weiterführung des Wettrüstens wird sowohl in den Vereinigten Staaten als auch in der Sowjetunion zur Niederlage der Friedenswilligen und zur Übermacht der reaktionären und aggressiven Elemente führen. In den Vereinigten Staaten wird dies zu einem Garnisonsstaat mit immer eingeschränkteren Freiheiten führen; in der Sowjetunion wird es den aufkommenden Liberalismus ersticken und die Rückkehr zur militärischen Diktatur bedeuten.

(2) Abrüstung ist nicht möglich, ohne daß der Kalte Krieg beendet wird; und der Kalte Krieg kann nicht ohne die sofortige, gleichzeitige Reduzierung der Truppenstärken und die rasche Verschrottung aller Waffen, die für einen internationalen Krieg geeignet sind, enden. Als erster Schritt in diese Richtung muß es zu einem Verbot aller Atomwaffenversuche kommen.

(3) Wenn der Kalte Krieg zu einem Sieg einer der beiden Seiten führt, dann wird die Möglichkeit eines Atomkriegs sehr viel größer. Ziel muß also sein, den Kalten Krieg durch gegenseitige Zugeständnisse in zweitrangigen Fragen zu beenden, so daß die jeweiligen vitalen Interessen nicht berührt werden.

(4) Um das Ende des Kalten Krieges einzuleiten, ist ein Kompromiß bei der Berlinfrage vonnöten. Die sowjetische Garantie der Freiheit Westberlins (nach dem Beispiel Österreichs) und der freie Zugang zur Stadt sowie die Anwesenheit von amerikanischen und britischen Truppen unter der Flagge der Vereinten Nationen scheint eine gangbare Lösung zu sein.

(5) Wenn wir nicht die wertvollen menschlichen Errungenschaften der letzten sechstausend Jahre durch unseren Wahnsinn zerstören wollen, müssen wir uns durch realistische Einschätzung leiten lassen und der Versuchung widerstehen, der Stimme der Selbstgerechtigkeit, des Hasses und der Torheit Gehör zu schenken.

2. Der Vietnamkrieg und die Brutalisierung des Menschen (1966)

Dieser Beitrag gibt Fromms Rede auf der „SANE Garden Rally" am 8. Dezember 1966 wieder, dessen von Fromm überarbeitetes Manuskript sich im Nachlaß fand. SANE, die größte amerikanische Friedensbewegung für eine Sane Nuclear Policy, *wurde von Erich Fromm mitbegründet. 1963 erhielt Fromm vom Chicago Area Committee von SANE den „Jane Addams Friedenspreis". Die Übersetzung stammt von Rainer Funk nach einer Vorlage von Emmanuel Picard.*

Die Befürworter des amerikanischen Krieges in Vietnam behaupten, daß unsere Truppen dort kämpfen, um die Freiheit zu retten. Wie viele andere Amerikaner auch, betrachte ich dies als eine Illusion, doch ich möchte die Zeit hier nicht damit verbringen, alte Argumentationspunkte zu wiederholen oder neue hinzuzufügen. Die Frage, der ich nachgehen möchte, ist die folgende:

Selbst wenn es wahr wäre, daß unsere militärische Intervention in Südvietnam den Südvietnamesen zur Freiheit verhilft, schaden wir nicht trotzdem ihnen, uns selbst und der gesamten Menschheit in einer anderen Hinsicht, die mehr Gewicht hat als das Gute, das wir ihnen anzutun meinen? Ich meine damit nicht nur die wachsende Gefahr eines durch den Krieg in Vietnam wahrscheinlicheren atomaren Holocausts. Mir geht es um die *Gleichgültigkeit* dem Leben gegenüber und um die *Brutalisierung* des Menschen, die seit dem Ersten Weltkrieg immer mehr zugenommen haben. Im Ersten Weltkrieg wurden Kämpfe erstmals ohne Rücksicht darauf, wieviele Soldaten ihr Leben ließen, ausgefochten. Innerhalb weniger Meilen und weniger Tage wurden zehn-, ja hunderttausend Männer getötet – man denke an Verdun. Jede Seite dachte, sie kämpfe für die Freiheit, wo es in Wirklichkeit nicht um die Freiheit, sondern um Land, Bodenschätze und um den Ruhm ging. Danach war die Menschheit bereit, neue Schreckensvisionen ohne großen Protest hinzunehmen: die Grauen der Konzentrationslager von Hitler, die Arbeitslager von Stalin und die Vernichtung vieler Millionen einfacher Bürger, die das Pech hatten, hilflos zu sein.

Nachdem man sich an die Grausamkeiten dieser Epoche gewöhnt hatte, warum sollte man sich nun über die erste Zerstörung einer kleinen Stadt aus der Luft empören? Ich meine die Zerstörung der spanischen Stadt Guernica während des spanischen Bürgerkriegs durch deutsche Flugzeuge [am 26. April 1937]. Beim Ausbruch des Zweiten

Weltkriegs scheint wenig von dem im Menschen übriggebliebben zu sein, was man „Gewissen" nennt, also von dem dem Menschen innewohnenden Protest gegen die mutwillige Zerstörung des Lebens. Die Deutschen begannen mit der flächendeckenden Zerstörung von Städten wie Warschau, Amsterdam und Coventry. Die westlichen Alliierten folgten mit der militärisch bedeutungslosen Tötung von über 100.000 Männern, Frauen und Kindern, die innerhalb einer Nacht in der Feuersbrunst von Dresden starben, und mit dem Abwurf der Atombomben auf Hiroshima und Nagasaki.

Seit der Entwicklung der Atomwaffen bereiten die verantwortlichen Staatsmänner der großen Länder, Männer, die in ihrem Privatleben ehrenhafte und freundliche Menschen wie jedermann sind, die Möglichkeit eines Atomkrieges vor, der zur Zerstörung der Zivilisation, wenn nicht des gesamten Lebens führen wird. Sie *hoffen*, daß diese Waffen nie benutzt werden, aber sie sind *gewillt*, sie zur Verfolgung der politischen Ziele als legitime Mittel einzusetzen.

Wie läßt sich dies erklären? Wie ist es möglich, daß es genau in dem Augenblick, in dem die Menschheit dabei ist, sich die Träume von Jahrhunderten zu erfüllen, zu dieser unglaublichen Gleichgültigkeit angesichts der Zerstörung von allem kommt?

Ich glaube, daß der Grund darin liegt, daß die Liebe zum Leben und die Achtung vor dem Leben sowie unser moralischer Protest gegen die Zerstörung seit 1914 in zunehmendem Maße schwächer geworden sind, Schritt für Schritt, Tag für Tag. Und der Krieg in Vietnam erscheint mir wie der letzte Schritt dazu, daß wir gegenüber der Destruktivität unempfindlich und dem Leben gegenüber gleichgültig werden. Hier töten wir, verbrennen und verstümmeln wir viel mehr Zivilisten – Männer, Frauen und Kinder – als feindliche Soldaten. Wir wollen die Folterungen nicht wahrhaben;

die die südvietnamesischen Truppen an den Kriegsgefangenen vorgenommen haben. Wir bombardieren ein kleines Land Tag für Tag mit der ausgesprochenen Absicht, die Menschen zum Aufgeben zu zwingen, indem man sie lange genug leiden läßt – ein Prinzip, das sich von der Anwendung mittelalterlicher Folter nicht wesentlich unterscheidet und das nichts mit den bei zivilisierten Nationen entwickelten Prinzipien der Kriegsführung gemeinsam hat. Wir berichten über unsere Erfolge, nicht indem wir wie früher die eroberten Gebiete erwähnen, sondern indem wir die Anzahl der getöteten Feinde mitteilen – den Jägern vergleichbar, die die bei der Jagd getöteten Hirsche oder Hasen zählen. Die Menschen lesen die Nachrichten darüber beim Frühstück oder auf dem Weg zur Arbeit. Wenn diese Entwicklung so weitergeht, werden die letzten Überreste des Gewissens aus der Seele des Menschen verschwunden sein, es wird zu einer universellen Entmenschlichung kommen.

Ich möchte daran erinnern, daß das Entschärfen destruktiver Impulse das erklärte Ziel aller großen Religionen war: der christlichen wie der jüdischen und der buddhistischen. Das Wesen all dieser Religionen läßt sich in dem Satz zusammenfassen, daß der Mensch das Leben wählen soll und nicht den Tod. Albert Schweitzer sprach davon, daß die grundlegende Form allen ethischen Verhaltens die Ehrfurcht vor der Heiligkeit des Lebens ist. Ich möchte daran erinnern, daß dies nicht nur der Kerngedanke aller großen Religionen ist, sondern auch derjenige der humanistischen Philosophie sowie der Entwicklung der Demokratie, die ein ganzes System zum Schutz des Lebens eines jeden Menschen, selbst des Kriminellen, entwickelt.

Uns bedroht heute nicht nur ein atomarer Holocaust, der die gesamte Zivilisation zerstören kann; bedrohlich ist vielmehr, daß wir schon jetzt, bevor solch ein atomarer Holocaust sich ereignet, die Zivilisation zerstören. Das Menschengeschlecht ist mit der unmittelbaren Gefahr konfrontiert, daß sein ethisches Gebäude in Stücke zerrissen wird. Die Grundstruktur dieses Gebäudes ist aber gerade die Liebe zum Leben und allem, was lebendig ist, und die Überwindung der schlimmsten Perversion, zu der der Mensch fähig ist: zum Angezogensein von Verfall und Totem und zu der irrationalen Leidenschaft, anderen seinen Willen aufzuzwingen, indem man ihnen Schmerzen zufügt.

Der Wunsch und das Bedürfnis nach Freiheit gehören wohl zur tiefsten Sehnsucht eines jeden Menschen. Wenn wir ihm gegenüber taub werden, schaden wir uns selbst. Aber auch der unfreie Mensch behält seine menschlichen Züge, solange er das Leben wählt und nicht die Destruktion. Wenn die Gleichgültigkeit dem Leben gegenüber und die Destruktivität die Oberhand gewinnen, dann kann allerdings keine Freiheit erreicht werden, weil nichts anderes übrigbleibt, als die äußerste Erniedrigung, zu der der Mensch fähig ist: ein Raubtier zu sein.

Die Menschen von 1914, die nach einem Jahrhundert des Friedens lebten, unterschätzten das Potential des Bösen im Menschen, sein Angezogensein vom Toten und vom Zerstörerischen. Diese Unterschätzung ging so weit, daß einer der größten Psychologen, Freud, glauben konnte, daß der Sexualtrieb am meisten gefürchtet und unterdrückt werde. Nach dem Ersten Weltkrieg begann Freud die Macht der Destruktivität anzuerkennen und berücksichtigte sie in seinem Begriff des Todestriebs. Heute klammern wir uns bewußt noch immer an die optimistische Version des letzten Jahrhunderts. Wenn wir allerdings die Augen öffnen, erkennen wir, daß unser Gewissen, das die Funktion hat, gegen unser destruktives Potential zu protestieren, seine Stärke verliert. Damit aber nicht genug: In einer industriellen, bürokratischen Gesellschaft verwandeln wir uns in Dinge, die andere Menschen wie Dinge behandeln; wir lieben das Leben nicht mehr und machen technische Apparate und das Organisieren zu Götzen. Vielleicht liegt die größte

Gefahr nicht so sehr in der Grausamkeit, sondern in der Gleichgültigkeit dem Leben gegenüber, die eine Folge unserer Vergötzung des rein Mechanischen, des Organisierens und des Leblosen ist.

Wer auch immer im Kampf in Vietnam Recht oder Unrecht hat, ich schließe mich denen an, für die unsere religiöse und humanistische Tradition immer noch lebendig ist und die sagen: Hört auf zu töten! Hört jetzt auf oder wir verlieren für immer die Fähigkeit, uns gegen die Flut des Toten und der Entmenschlichung zu wehren. Und vergeßt nicht, daß es nicht nur um das geht, was in Südostasien geschieht. Wir befassen uns mit dem, was in unserer Mitte vor sich geht, mit der wachsenden Gewaltanwendung zu Hause, mit den einzelnen Fällen von brutalem Töten, mit der rücksichtslosen Destruktivität jugendlicher Banden. Wie können wir erwarten, daß die junge Generation das Leben achtet, wenn sie täglich Zeuge von Zerstörung ist, die mit dem Einverständnis ihrer Eltern geschieht? Es gibt nur eine Hoffnung, der Welle der Gewalt Einhalt zu gebieten: Wir müssen wieder ein Gespür für alles Lebendige bekommen. Es geht nicht um die Frage, ob Gott tot ist oder was Demokratie ist. Ungeachtet des religiösen oder politischen Bekenntnisses verbindet alle, denen es um den Menschen geht, das Anliegen, daß der Mensch mit seinem Gewissen im Zuge der Brutalisierung nicht stirbt und daß wir keine Menschen wie Eichmann werden, für die Ordnung und Organisieren höhere Werte sind als Leben und Wachstum.

3. Kennedys Mörder (1964)

„Kennedys Mörder" entstand im Dezember 1963 nach der Ermordung von J. F. Kennedy am 22. November 1963 in Dallas (Texas). Der Text wurde als Manuskript in Nr. 30 (Januar 1964) von The Correspondent *abgedruckt. Die Übersetzung stammt von Rainer Funk nach einer Vorlage von Emmanuel Picard.*

Innerhalb der Vereinigten Staaten und vor allem im Ausland gibt es beträchtliche Zweifel an der wirklichen Identität des Mörders von Präsident Kennedy. Man fragt sich vor allem, ob Oswald, sofern er der Mörder war, allein gehandelt hat oder ob er ein neuer van der Lubbe ist, dessen Waffe damals in Wirklichkeit von den Verschwörern geführt wurde.

Diese Ungewißheit veranlaßte Präsident Johnson, eine Untersuchungskommission mit einem solch hervorragenden Vorsitzenden wie dem Obersten Richter Warren einzuberufen. Aber selbst mit der Einberufung einer solchen Kommission, deren Auftrag es ist, „sich zu vergewissern, daß die Wahrheit (über das Attentat auf Präsident Kennedy) so weit wie möglich aufgedeckt ist", muß bezweifelt werden, ob die ganze Geschichte wirklich aufgedeckt werden kann. Auch die *New York Times* äußerte in einem Kommentar am 9. Dezember 1963 ihre Zweifel.

Wenn Männer wie der frühere Chef des Geheimdienstes CIA und der Oberste Richter des Höchsten Gerichts dieses Rätsel nicht lösen können, dann sind dafür vor allem zwei Gründe verantwortlich: Erstens gibt es nur unzureichende Informationen von jenen Behörden, die zunächst die Untersuchungen durchführten (insbesondere die Polizei von Dallas), und zweitens gibt es ein allgemeines Mißverständnis darüber, was einen labilen Menschen zum Mord motiviert.

Jedem Psychiater wird sofort das Bild einer schizoiden Persönlichkeit vor Augen kommen, wenn er die bekannten Daten über Lee Harvey Oswald analysiert. Wenn sich die Untersuchungskommission des Präsidenten damit zufriedengibt, daß Oswald Kennedys Mörder war, werden wir uns zweifelsohne mit der Schlußfolgerung abfinden müssen, daß eine labile schizoide (oder schizophrene) Person die Tat begangen hat; und unter der Voraussetzung, daß die Geschichte von Jack Ruby nicht widerlegt wird, bedürfte es keiner weiteren Fragen mehr. Meiner Meinung nach aber sollte ein solches Ergebnis eine wichtige Frage aufwerfen, bei der es nicht nur um den Mörder von Präsident Kennedy geht, sondern um den gesamten Fragenkomplex des Mordens durch geisteskranke Täter.

Im allgemeinen wird angenommen, daß ein geistig kranker Mensch, der einen Mord begeht, aus ganz individuellen Impulsen heraus und ohne jeglichen Bezug zur äußeren Wirklichkeit handelt. Dies trifft nur bis zu einem gewissen Grade zu. Das dem Täter eigene mörderische Potential ist individuell, aber wird sehr oft durch eine Atmosphäre von Gewalt und Haß, die ihn umgibt, ausgelöst.

So ist es eine allgemein bekannte Tatsache, daß ein in den Medien groß herausgestellter Mord (etwa der an einer berühmten Persönlichkeit oder ein besonders grauenerregender Mord) gewöhnlich Morddrohungen und sogar ähnliche Morde von labilen Menschen nach sich zieht, deren zerstörerische Phantasien durch den Mord angeregt wurden. Manchmal ist es auch der gegen einen Menschen in der Presse oder in privaten Gesprächen ausgedrückte mörderische Haß, der zur Mordhandlung führt.

Das bekannteste historische Beispiel dafür ist der durch eine „unausgeglichene" Person am Vorabend des Ausbruchs des Ersten Weltkrieges begangene Mord an Jean Jaurès. Jaurès war der bekannteste und prominenteste Sprecher für den Frieden in Frankreich. In den letzten Tagen vor der Kriegserklärung war die französische Vorkriegspresse mit Verleumdungen gegen Jaurès gespickt voll, und es gab viel privates Gerede, er müsse beiseite geschafft werden, weil er Frankreichs „Ehre" im Wege stünde. Man kann zwar sagen, daß der Mord an Jaurès wahrscheinlich durch niemand anderen als durch den Mörder selbst geplant war, aber seine Pistole wurde durch die allgemeine Haßstimmung, die sich auf Jaurès eingeschossen hatte, gegen ihn gerichtet.

Die Analogie zwischen dem Mord an Jaurès und an Kennedy ist deutlich: Alle Berichte sprechen von einer Haßstimmung gegen Kennedy, die unter den lautstarken Rechtsradikalen und Rassisten in Dallas herrschte. Adlai Stevenson war nur einige Wochen vorher angespuckt und beleidigt worden. Einige Leute sprachen offen aus, daß Kennedy erschossen werden sollte. Schulkinder brachen in Jubel aus, als der Mord bekannt wurde und spiegelten damit das wider, was sie zu Hause aufgeschnappt hatten. Immer dann, wenn die Haßstimmung gegen eine politische Größe eine größere Anzahl von Menschen ergreift, ist es wahrscheinlich, daß es mindestens einen labilen, halb- oder vollkommen psychotischen Menschen gibt, der auf diese Stimmung reagiert und zum Mörder werden kann. Deshalb ist der, der den Haß schürt, für die Tat der geistig kranken Person moralisch verantwortlich, selbst wenn er keine direkte Verbindung zu ihr hat. Man weiß viel über die mörderischen Neigungen einzelner Psychotiker und Methoden, diese zu kontrollieren. Hingegen ist wenig darüber bekannt, wie die Formen des Hasses von Massen kontrolliert werden können. Wie solch ein unverantwortlicher Haßausbruch eingedämmt werden kann, ohne unsere verfassungsmäßig garantierten Freiheiten aufzugeben, ist eine entscheidende Frage unserer Zeit.

4. Der Terrorismus von Baader und Meinhof (1976)

Die Gedanken zum Terrorismus sind einem Interview entnommen, das Micaela Lämmle vom Südwestfunk Baden-Baden 1976 anläßlich des Baader-Meinhof-Prozesses in Stuttgart-Stammheim mit Fromm in Locarno führte. Ein Transkript wurde unter dem Titel „Zur Psychologie des Terrorismus und seiner gesellschaftlichen Hintergründe" in der Broschüre Nr. 339 von Christlicher Friedensdienst *(Bern) im März 1977 veröffentlicht. Der hier abgedruckte Text orientiert sich am gesprochenen Interview.*

Als Psychologe ist es meine Aufgabe, sowohl die Motive der mutmaßlichen Terroristen zu verstehen, als auch die Motive der Reaktion auf den Terror. Verstehen heißt im politischen und rechtlichen Sinn nicht, politische Verbrechen zu entschuldigen. Urteilen aber, ohne zu verstehen, führt leicht zu irrationalen Haltungen und zum Feind der Vernunft, dem Fanatismus.

Was die persönlichen Motive der Terroristen anbelangt, so liegt es natürlich nahe zu denken, die meisten Terroristen seien destruktive Menschen, die aus einem inneren Zwang motiviert werden, zerstören zu wollen. Solche destruktiven Menschen gibt es sowohl unter den links- wie unter den rechtgerichteten Terroristen. Dies sollte aber nicht zu jenem psychologischen Klischee führen, daß man das Motiv für den Terror mit dem Wunsch nach Destruktivität erklären könne.

Ich möchte speziell auf die verstorbene Frau Meinhof zu sprechen kommen und an ihren Lebenslauf einige theoretische Gedanken anknüpfen. Soweit ich ihre Biographie kenne, war sie bis zu einem bestimmten Zeitpunkt eine religiöse, liebende, um andere Menschen bekümmerte Frau. Was ließ sie zur Terroristin werden? Sicher spielten persönliche und politische Faktoren eine große Rolle, besonders die persönliche und politische Enttäuschung mit ihrem Mann. Betrachtet man Fotos von ihr, von ihren Jugendbildern bis zur terroristischen Phase, dann läßt sich erkennen, daß in ihrem Gesicht beim Zusammenbruch der Ehe etwas vor sich gegangen war. Aus einem liebevollen, gläubigen Gesicht ist ein Gesicht voller Härte und Verbitterung geworden.

Natürlich ist es nicht nur diese persönliche Erfahrung, die Frau Meinhof auf diesen Weg gebracht hat. Vielmehr ist es das Gefühl der Ohnmacht und der Ausweglosigkeit, das dazu führt, daß ein Mensch die Verbindung zur Realität verliert – größenwahnsinnig davon überzeugt, die Welt ändern zu können, und sich als Märtyrer empfindend. Man kann häufig feststellen, daß Menschen, die die Fähigkeit zu lieben verloren haben, ihre Unfähigkeit durch die Idee ersetzen, ihr Leben zu opfern, um dann diese Selbstaufopferung als Beweis nehmen, daß sie eben doch lieben können. Unter Umständen bleibt dann kein anderer Ausweg aus einer völlig verfahrenen und verzweifelten Situation als der Terror.

Es kommt noch ein Mangel an Vernunft, an theoretischer Ausbildung und an kritischem Denken hinzu, der leider bei dieser Generation – und auch bei jenen, die sich Marxisten oder Revolutionäre nennen – sehr verbreitet ist. Dieser Mangel an politisch-theoretischer Bildung und einem entsprechenden Wissen führt dann leicht zum Bruch mit der Realität: zu jenem Narzißmus, in dem man alles für möglich hält, weil man nichts weiß und wirklich erforscht.

Vom Rechtsstandpunkt des Staates und vom politischen Standpunkt aus sind die terroristischen Handlungen nicht nur zu beklagen, sondern auch anzuklagen. Aber sie sind nicht nur anzuklagen, sondern klagen auch uns und unsere Gesellschaft an. Sie klagen an, daß unsere Gesellschaft einige ihrer besten Kinder keinen Ausweg sehen läßt und sie damit immer tiefer in die Überzeugung treibt, daß niemand sie versteht und nur Gewalt, ihr eigener Fanatismus und ihre eigene Selbstüberschätzung eine Änderung herbeiführen können. [...]

Ich habe mich oft gefragt, warum der Baader-Meinhof-Prozeß so stark im Blickpunkt der Öffentlichkeit steht, denn es ist eine sehr merkwürdige Erscheinung, daß in einem Land wie Deutschland, das in seiner demokratischen Struktur überhaupt nicht gefährdet ist, und in dem eine Revolution das Unmöglichste ist, das man sich denken kann – warum hier eine Gruppe von Terroristen so verteufelt wird, daß sie zum Zentrum der Emotionen wird. Ihretwegen wurden Gesetze eingeführt, die fragen lassen, ob mit ihnen nicht die Grundprinzipien des demokratischen Rechtsstaates überschritten werden. Warum dies alles?

Es liegt sicher nicht einfach daran, daß die Terroristen eine objektive Gefahr für die Bundesrepublik darstellen. Ich sehe einen anderen Grund: Die Menschen von heute sind verängstigt. Die Welt ändert sich rapide, und die Menschen wissen nicht, warum. Der einzelne fühlt sich – bewußt oder unbewußt – immer ohnmächtiger, weil er immer mehr zu einem kleinen Rad in der Maschine wird. Immer häufiger fragt er sich: Warum lebe ich eigentlich? Das ganze Gefühl der Überlegenheit des Industriemenschen über den vorindustriellen Menschen, auf den er herabsieht, weil dieser keine Technik hat – all dies wird in Frage gestellt. Andere Veränderungen kommen hinzu: Der Beginn der Emanzipation der Frauen und das voraussehbare Ende der Männerherrschaft. Auch dies verängstigt die Menschen, speziell die Männer, und erzeugt in ihnen Verwirrung.

All dies führt zu einem Gefühl der Angst, und Angst führt leicht zu Haß. Was liegt da näher als die Idee, den Grund aller Verwirrung zu kennen und mit der Beseitigung des Grundes – in diesem Fall der Terroristen – auch die Schwierigkeiten zu beseitigen. In jeder verzweifelten Situation findet man Figuren, die einen über das hinwegtäuschen, was man wirklich fühlt – über die wirklichen Ängste. Sie verleiten zu dem Glauben: Ich kann alles wieder ins Geleise bringen, wenn nur diese Leute stumm gemacht worden sind.

Ich glaube, daß in den Methoden der Bekämpfung der Terroristen eine viel größere Gefährdung der Freiheit in Deutschland liegt, als je die Terroristen selbst an Gefahr dargestellt haben.

5. Märtyrer und Helden (1967)

Das Manuskript „Märtyrer und Helden" entstand 1967 im Anschluß an den Sechstagekrieg im Nahen Osten und wendet sich offensichtlich an jüdische Leser in und außerhalb Israels. Die Übersetzung aus dem amerikanischen Originalmanuskript stammt von Rainer Funk.

Der Sieg der israelischen Armee über die arabischen Armeen im Sechstagekrieg des Jahres 1967 hat in vielen Juden Stolz aufkommen lassen, bei vielen Nicht-Juden Bewunderung. Es ist, als ob beide Gruppen sagten: „Jetzt wissen wir, daß die Juden keine Feiglinge sind und so mutig und gekonnt wie die beste Armee der Welt kämpfen können. Jetzt wissen wir, daß die heutigen Juden ebenso große Helden sind wie jene, die Jerusalem gegen die mächtigen römischen Armeen verteidigten und im ‚Jüdischen Krieg' vor beinahe 2000 Jahren lieber starben, als daß sie aufgaben."

Dieser Stolz auf das jüdische Heldentum ist eng mit einer Einstellung verknüpft, die sehr deutlich von vielen Einwohnern Israels ausgedrückt wird, nicht selten aber auch von Juden der westlichen Welt gespürt wird: Ich spreche von einer Haltung der Beschämung, daß sechs Millionen Juden von den Nazis abgeschlachtet wurden, ohne daß diese sich dagegen gewehrt hätten. Mit Ausnahme des Aufstandes im Warschauer Ghetto ließen sie sich wie Schafe töten und starben wie „Feiglinge" und nicht wie mutige Männer, die den Feind mindestens einen hohen Blutzoll zahlen lassen.

Gegen diese Argumentation wird manchmal eingewendet, man brauche nicht zu beweisen, daß die Juden keine Feiglinge seien. Sie hätten nämlich ihren Mut genauso wie ihre Landsmänner beim Kampf gegen die gegnerischen Armeen während des Ersten und Zweiten Weltkriegs unter Beweis gestellt. Sie zeigten großen Mut als Kämpfer in den Reihen der russischen Revolution und stellten aus ihren Reihen einen General mit außerordentlichem militärischem Können und persönlichem Mut: Trotzki.

Diejenigen, die so argumentieren, fügen hinzu, daß es eigentlich eine Beleidigung der Juden sei, mit Verwunderung auf die israelischen Siege zu reagieren; wer so reagiere, bestätige indirekt, daß bis heute die antisemitische Unterstellung, die Juden seien Feiglinge, von vielen Juden und Nicht-Juden akzeptiert worden sei, ohne daß sie sich dessen bewußt gewesen seien. Wie ließe sich sonst die Verwunderung erklären? So richtig diese Argumentation für sich genommen meiner Meinung nach ist, sie erfaßt dennoch nicht den eigentlichen Kern des Problems, nämlich den Unterschied zwischen zwei Idealen menschlichen Verhaltens: dem Ideal des *Helden* und dem des *Märtyrers*. Was haben beide gemeinsam, und worin ist der Unterschied zwischen diesen beiden idealen Haltungen zu sehen? Welches war das vorherrschende Ideal in der jüdischen Tradition von Jeremias bis zu den in Auschwitz Gemordeten? Es gibt kaum eine dramatischere Geschichte des Martyriums als den Bericht über Rabbi Akibas Tod durch die Hände der Römer. Rabbi Akiba, eine der größten Gestalten der rabbinischen Tradition, war ein Leben lang antinationalistisch eingestellt. Im Gegensatz zu einigen seiner Kollegen ließ er sich aber davon überzeugen, daß Bar Kochba, der als ein falscher Messias den jüdischen Aufstand gegen die Römer im Jahre 135 vor Christus anführte, der wahre Messias sei; er forderte die Römer heraus, indem er deren Verbot, religiöse Unterweisung und die Ordinierung junger Rabbiner vorzunehmen, übertrat. Der Talmud beschreibt die Ereignisse wie folgt (Babylonischer Talmud, Berachot 61b, zit. nach A. Wünsche, 1886, S. 100f.):

„Die Rabbinen haben überliefert: Einst hatte das griechische Reich [gemeint ist die römische Regierung] den Befehl ausgehen lassen, daß die Israeliten sich nicht mit dem Gesetze beschäftigen sollten. Da kam Papus ben Jehuda und fand, daß Rabbi Akiba zahlreiche Versammlungen abhielt und sich mit der Tora beschäftigte. Da sprach er zu ihm: ‚Wie, Akiba! Fürchtest Du Dich nicht vor der Regierung?‘ Dieser sprach zu ihm: ‚Ich will Dir mit einem Gleichnis antworten. Womit ist diese Sache zu vergleichen? Mit einem Fuchs, welcher am Ufer eines Flusses ging und sah, wie sich die Fische von einem Orte zum anderen versammelten. Er fragte sie: Wovor flieht Ihr? Vor den Netzen, antworteten sie, welche die Menschen über uns bringen. Da sprach er zu ihnen: Ist es Euch gefällig, so kommt heraus auf das Trokkene (auf das Land) und ich und Ihr wollen zusammenwohnen, wie meine Väter mit Euren Vätern zusammengewohnt haben. Allein die Fische antworteten: Bist Du es, den man unter den Tieren den Listigen nennt? Du bist nicht listig, sondern dumm, denn wenn wir schon am Orte des Lebens (das heißt im Wasser) uns fürchten müssen, um wieviel mehr wird das am Orte unseres Todes der Fall sein. – So auch wir: Wenn es schon jetzt, wo wir sitzen und uns mit der Tora beschäftigen, von der es Dt. 30,20 heißt: ‚Denn sie ist Dein Leben und die Länge Deiner Tage‘, so ist, um wieviel mehr erst, wenn wir gehen und uns ihr entziehen!

Man erzählt: Es vergingen nur wenige Tage, so ergriffen sie den Rabbi Akiba und warfen ihn ins Gefängnis. Ebenso ergriffen sie auch den Papus ben Jehuda und banden ihn neben ihn. Da sprach Akiba zu ihm: ‚Papus, wer hat Dich hierher gebracht?‘ Papus antwortete: ‚Heil Dir, Akiba, der Du wegen der Worte der Tora ergriffen worden bist, dagegen wehe mir, der ich wegen eitler Dinge ergriffen worden bin.‘ In der Stunde, als sie Rabbi Akiba zum Tode hinausführten, war gerade die Zeit, wo man das Schema [Gebet der Synagogenliturgie, das auch in der Todesstunde gebetet wird] liest, und sie rissen ihm sein Fleisch mit eisernen Kämmen ab, er aber nahm doch das Joch des Himmelreichs auf sich [das heißt, er sprach das Schema]. Seine Schüler sprachen zu ihm: ‚Unser Lehrer, bis hierher‘ (das heißt, sie wollten ihn nötigen, mit dem Beten aufzuhören). Allein er antwortete ihnen: ‚Mein Leben lang bin ich in Sorge gewesen wegen dieses Verses [Du sollst Deinen Gott lieben...]: „mit Deiner ganzen Seele", das heißt: selbst wenn man Dir die Seele nimmt. Ich dachte: Wann wird sich mir die Gelegenheit darbieten, daß ich es erfülle, und jetzt, wo sich mir die Gelegenheit darbietet, soll ich es nicht erfüllen?' Er hielt beim Aussprechen des Wortes *Echad* [der Einzige] so lange inne, bis seine Seele dabei ausging. Da ließ ein Bath-Kol [eine himmlische Stimme] die Worte vernehmen: ‚Heil Dir, Rabbi Akiba, daß Deine Seele (bei dem Worte) *Echad* ausgegangen ist. Die Dienstengel sprachen vor dem Heiligen, gebenedeiet sei er, ist dies die Tora und dies ihr Lohn, „von den Sterblichen" [Ps 17,14] getötet zu werden? Von Deiner Hand, Ewiger, (hätte er sterben sollen).' Gott sprach zu ihnen: ‚Ihr Teil ist im Leben' [Ps 17,14]. Da ließ abermals ein Bath-Kol die Worte vernehmen: ‚Heil Dir, Akiba, denn Du bist bestimmt für das Leben der zukünftigen Welt.'"

Rabbi Akiba ist eine beispielhafte Märtyrergestalt. Er handelt gemäß seinem Gewissen und ist bereit, sein Leben aufzugeben und die Schmerzen der Folter zu erleiden. Er ist nicht nur zum Martyrium bereit, sondern erlebt sogar eine tiefe Freude beim Sieg des Geistes über das biologische Bedürfnis zu überleben und über den physiologischen Drang, Schmerzen zu vermeiden.

Es hat in der jüdischen Geschichte viele Märtyrer gegeben: solche, die wie Rabbi Akiba sich der Gesetzgebung aktiv widersetzten und solche, die sich einfach nicht bekehren ließen. Sie wurden in der jüdischen Tradition als Vorbilder menschlicher Lebensführung besonders wertgeschätzt. Man nannte sie jene, „die ihr Leben zur Heiligung des Namens Gottes" hingaben. Selbst jene, die bei den Verfolgungen im Mittelalter oder auf Grund der Pogrome des zaristischen Rußland getötet wurden, ohne daß sie mit solch einer Entscheidung konfrontiert waren, wurden mit demselben Ausdruck bezeichnet. Der neunte Tag im Monat „Ab“ [“Ab“ ist der fünfte jüdische Monat im Juli und August] ist traditionell der Tag, an dem in Trauer der Zerstörung des Ersten und Zweiten Tempels gedacht wird, er ist in der jüdischen Tradition zugleich auch der Tag, an dem all jener gedacht wird, die ihr Leben zur Heiligung des Namens Gottes hergaben.

Das Wort „Märtyrer“ bedeutet im Griechischen und Lateinischen „Zeuge“ und bezeichnet den, der freiwillig den Tod erleidet als Strafe dafür, daß er seinen Glauben oder einen Glaubensinhalt nicht aufgibt. Er ist Zeuge der Wahrheit seines Glaubens. Der Märtyrer kämpft nicht, er rächt seinen Tod nicht an denen, die ihn verurteilen; er versucht auch nicht, Gewalt anzuwenden, im Gegenteil, er ist ein Zeuge dafür, daß der Mensch eine Höhe erreichen kann, in der die Wahrheit stärker als alle Gewalt ist. Er versichert sich seiner Identität als Mensch dadurch, daß er sich seiner selbst treu bleibt, selbst wenn ihm dies sein Leben kostet. Bei seinem Handeln wird er von seinem Körper nicht unterstützt; er muß im Gegenteil alle körperlichen Strebungen (und ihre physiologischen Äquivalente) überwinden, die seinem Martyrium entgegenstehen. Er hat nicht den Vorteil des Soldaten im Krieg, der mit anderen zusammen kämpft und von den Daheimgebliebenen für seinen Mut gelobt wird. Der Märtyrer ist meistens allein; er befindet sich in den Händen von Feinden, die ihn verspotten und ihm das Gefühl vermitteln, daß er ein Tor ist.

Dem Märtyrer wird in der jüdischen Tradition die größte Bewunderung zuteil; dasselbe trifft für die christliche und buddhistische Tradition zu; es trifft auch für die philosophischen und politischen Märtyrer der humanistischen Tradition zu. Die christlichen Märtyrer aus den ersten Jahrhunderten der Christenheit, Sokrates und Giordano Bruno, die buddhistischen Mönche in Vietnam – sie alle sind Zeugen für die größte menschliche Selbstbehauptung, die es gibt.

Sich selbst gegenüber treu zu bleiben trotz extremen Leidens und in diesem Akt höchster Bestätigung des Menschlichen Freude zu empfinden: das ist ihre Überzeugung.

Was ist demgegenüber ein Held? Natürlich kann das Wort auf vielerlei Weise gebraucht werden; es würde eigentlich dem gängigen Sprachgebrauch nicht widersprechen, den Märtyrer „heldenhaft“ zu nennen. Meistens wird das Wort „Held“ aber in einem ganz bestimmtem Sinne gebraucht. Man denkt zunächst an ein historisches Phänomen, den griechischen Helden. Eines hat der Held mit dem Märtyrer gemeinsam: Er verfolgt sein Ziel, ohne sich vom Risiko des Todes, des Schmerzes oder der auch im Kriegsfall möglichen Folter abschrecken zu lassen. Sein Ziel ist ihm wichtiger als sein individuelles Leben, so daß er den normalen Überlebenswunsch durch den heroischen Akt transzendiert.

Wenn wir allerdings nach den Zielen selbst fragen, die der Held verfolgt, dann tritt der Unterschied zum Märtyrer ganz klar zutage. Für den griechischen Helden waren der Ruhm, das Erobern, das Demonstrieren von Männlichkeit und Geschicklichkeit Ziele. Diese Ziele waren heidnischer Natur; die menschliche Existenz übersteigt in ihnen nicht das Materielle, auch wenn sich dieses Materielle in den oft genannten Zielen Ruhm, Ehre und Rache symbolisch widerspiegelt. Keine Wahrheit muß bestärkt werden; man muß keinem Selbst treu bleiben; es gibt nichts zu bezeugen, das den physischen Bereich transzendiert.

Die gewöhnliche Vorstellung vom Helden wurzelt zwar in der des griechischen Helden, ist aber allgemeiner. Mir scheint es, daß der Held vor allem das Ideal des Überlebens verkörpert, und zwar im Sinne der physischen Selbstbehauptung. Wenn man von einem biologischen Standpunkt aus annimmt, daß das Überleben die grundlegende Motivation des Menschen ist, dann ist bei dieser Sichtweise der

Held auch der, zu dem man aufschauen kann. In vielen Fällen läßt sich das Überleben besser mit Flucht als mit Kampf sichern; in vielen anderen Fällen liegt der Schlüssel zum Überleben im heldenhaften Mut, dem Tod zu trotzen und sein Leben zu riskieren, um das eigene Überleben oder das der Gruppe zu sichern. Es gibt also tatsächlich gute Gründe, den Helden zu bewundern, der die Stärke des menschlichen Geistes im Dienste des Lebens vor Augen führt.

Der Märtyrer verkörpert die größte spirituelle oder, anders gesagt, menschliche Selbstbehauptung; der Held repräsentiert die größtmögliche biologische Selbstbehauptung. Das Menschengeschlecht verdankt vielleicht sein physisches Überleben den Helden; in jedem Fall aber verdankt es sein spirituelles Überleben den Märtyrern. Ob jemand den Helden mehr als den Märtyrer oder den Märtyrer mehr als den Helden bewundert, hängt von seiner philosophischen und religiösen Haltung ab. Wem man auch den Vorzug gibt, es gibt keinen Grund, die eine oder die andere Idealform menschlichen Verhaltens zu schmälern oder sogar herabzusetzen.

Es ist nun einfach so, daß die jüdische Tradition, wie viele andere religiöse Traditionen, den Märtyrer und nicht den Helden am meisten bewundert. Deshalb wurde das Buch der Makkabäer, der wahren Helden, von den Rabbinen als Bestandteil der Bibel nicht akzeptiert. Ein Held wie König David wird von den Propheten wegen seiner moralischen Verfehlungen schwer kritisiert, und seine Heldentaten wiegen die moralischen Verfehlungen nicht auf. Als 70 vor Christus die Römer Jerusalem belagerten, gründete Rabbi Jochanan ben Sakkai die Zukunft der Juden auf einen Akt des „Landesverrats", indem er die belagerte Stadt heimlich verließ und unter der Bedingung kapitulierte, daß die Römer die Gründung einer jüdischen Akademie in Jabne erlaubten. Andererseits wurden die Zeloten, die Jerusalem bis auf den letzten Mann verteidigten und nicht davor zurückschraken, ihre eigenen Brüder zu töten, in der jüdischen Tradition nie bewundert. David, die Makkabäer, die Zeloten: sie waren richtige Helden, und doch sprach ihnen die jüdische Tradition nie den Ehrenplatz eines Märtyrers zu.

Zeigt aber, so muß man fragen, das Beispiel der Zeloten nicht doch, daß der Unterschied zwischen dem Märtyrer und dem Helden nur sehr klein ist? Waren die Zeloten nicht auch Märtyrer, die ihr Leben für das Weiterbestehen von Jerusalem hergaben? Dieses Argument klingt nur auf den ersten Blick überzeugend. Denn beim näheren Hinsehen entpuppen sich die Zeloten als Männer der Gewalt und des Fanatismus: Sie waren zwar zum Sterben bereit, aber doch nur unter der Bedingung, ihre Gegner, seien es Römer oder Juden, zu töten. Außerdem opferten sie ihr Leben vergebens; der Krieg war schon verloren, als sie noch kämpften; sie starben nicht im Wissen, der Wahrheit zu dienen, sondern versuchten blindlings, das Schicksal aufzuhalten. Es waren Nationalisten, deren höchstes Ziel das nationale Überleben und nicht die spirituelle Wahrheit war.

Gibt es aber nicht doch noch eine andere Art von Helden, einen Helden, der nicht vorrangig um das physische Überleben seiner Gruppe kämpft, sondern eben um deren spirituelles Überleben, um ihre Freiheit, Würde und um die Voraussetzungen für ein menschenwürdiges Leben? Es gibt in der Tat viele Beispiele dieser Art von Heldentum, wenn auch der Wunsch nach physischem Überleben oder sogar nach Eroberung als Wunsch rationalisiert wird, spirituellen Werten zu dienen. Insofern revolutionäre Bewegungen den rein materiellen und biologischen Bereich transzendieren und sie echte Befreiungsbewegungen sind, gehören sie wohl zu dieser Art von Heldentum, die sich weder den Märtyrern noch den Helden im oben beschriebenen Sinn zuschreiben lassen. Innerhalb der jüdischen Tradition wäre

Moses der Repräsentant dieser Gruppe, und zweifelsohne wird im Judentum keiner mehr bewundert als er, der Prophet und Führer im Kampf um die Befreiung aus Ägypten. Ich möchte die Frage hier nicht weiterverfolgen, sondern mich auf die eigentliche Alternative konzentrieren: hier der Zeuge, der sein Leben für die Behauptung seiner spirituellen Integrität hingibt, dort der Held, der sein Leben für das biologische Überleben hingibt.

Als Psychoanalytiker kann ich das Thema „Märtyrer und Held" kaum auf einer nur bewußtseins- und verhaltensbezogenen Ebene behandeln. Entscheidend ist die tatsächliche und oft unbewußte Motivation bei beiden Arten von Haltungen. Es ist bekannt, daß Märtyrertum durch Selbstzerstörung, Masochismus, Depression und Narzißmus motiviert sein kann. Zweifellos sind viele Märtyrer durch eines dieser Motive oder durch eine Verbindung mehrerer solcher Beweggründe bestimmt gewesen, ohne daß sie sich dessen bewußt waren. Im bewußten Erleben war ihr einziges Motiv, daß sie Zeugnis ablegen wollten. Das gleiche gilt für den Helden. Viele Helden waren durch Haß, Destruktivität, Sadismus, Depression und Narzißmus motiviert, wobei ihnen einzig das angestrebte Idealziel bewußt war.

Es wäre aber äußerst naiv, in jedem Märtyrer nur einen verkappten Masochisten zu sehen und jeden Helden zu einem verkappten Sadisten zu machen. Gibt es eine Möglichkeit, den Unterschied herauszufinden? Die Lösung ist relativ einfach: Man muß jeweils die gesamte Persönlichkeit kennen. Wenn Martyrium oder Heldentum seine Wurzeln in narzißtischen, depressiven, masochistischen, sadistischen, destruktiven usw. Zügen hat, dann wird man diese Neigungen auch in anderen Manifestationen der Persönlichkeit wiederfinden. Um diese Hinweise zu gewinnen, muß man einen Menschen nicht erst „psychoanalysieren"; eine gründliche Untersuchung seiner Lebensgeschichte, seines Verhaltens, seiner Träume und vieler anderer Ausdrucksformen seiner Persönlichkeit werden dem geübten Beobachter genügen. Ein Motiv gibt es, das wahrscheinlich das wichtigste bei der Bestimmung echten Heldentums und insbesondere echten Martyriums ist: die Stärke der Liebe zum Leben ("Biophilie"; vgl. E. Fromm, 1964a). Wer das Leben wirklich liebt, wird nicht vom Tod angezogen, weder vom eigenen, noch von dem, den er anderen zufügt. Auch hier ist es generell nicht allzu schwierig, besonders für den geübten Beobachter nicht, bei einem Menschen den Grad an Biophilie herauszufinden.

Es geht uns hier aber nicht nur um individuelle Motivationen, sondern um affektive Verhaltensmuster innerhalb einer bestimmten Kultur. Hat die jüdische Kultur den Geist des Leidens gefördert? Tat dies die buddhistische oder christliche Tradition? Hat dies die humanistische Philosophie Platos oder der Renaissance getan? Die Antwort ist ein eindeutiges „Nein". Die jüdische wie auch die buddhistische und christliche Tradition ermutigten nicht zum Martyrium. Sogar die Gültigkeit des Martyriums von Rabbi Akiba wurde in Frage gestellt. Der Talmud macht es zu einer Verpflichtung, die religiösen Gesetze zu übertreten, wenn Gesundheit und Leben in Gefahr sind. Nur unter ganz besonderen und ungewöhnlichen Umständen wird das Martyrium als legitim angesehen.

Ohne dies im einzelnen aufweisen zu wollen, gilt doch, daß der Buddhismus, das Judentum, das Christentum und der säkulare Humanismus biophile Systeme zur Behauptung des Lebens sind; sie schätzen die Freude besonders wert und begreifen Traurigkeit beinahe als Sünde. Sie bejahen das Leben, die physische Existenz sowie alle Manifestationen von Lebendigkeit. Auch wenn sie die Fähigkeit, sein Leben für die Behauptung eines spirituellen Prinzips hinzugeben, loben, ist ihnen allen doch gemeinsam, daß sie das Leben schätzen und bewundern und mit Menander sagen können: „Nur der lebt wirklich, der in Freude lebt."

Die jüdische Tradition von Jeremias bis in dieses Jahrhundert erkannte im Märtyrer ihr Ideal. Ich selbst und alle, die die jüdische der griechischen Tradition vorziehen, wollen den Helden nicht geringschätzen, doch wir protestieren laut, wenn der Märtyrer ein Feigling genannt wird und fälschlicherweise behauptet wird, daß die jüdische Geschichte die Helden bewundere. Ebenso protestieren wir, wenn die 2500jährige Geschichte unterschlagen wird und die unmenschlichen Helden, die Kanaan eroberten (auch wenn sich diese Eroberung gegen den Götzendienst richtete), zum Anknüpfungspunkt der jüdischen Geschichte werden, auf die die Kriege von 1948, 1956 und 1967 unmittelbar folgen. Wenn die Einwohner von Israel und viele Juden außerhalb von Israel jetzt Helden, militärische Siege und Präventivschläge bewundern, dann haben sie ein Recht darauf. Aber sie sollten wissen, daß sie mit der Geringschätzung der Märtyrer ihre größten Traditionen geringschätzen, und nicht nur ihre, sondern auch die des Menschengeschlechts. Denn seit der Entstehung eines humanistischen Gewissens erkennt die Menschheit die Werte, die die biologischen transzendieren, als die höchsten, die Menschen verwirklichen können.

V. Politische Initiativen

1. Für eine Kooperation von Israelis und Palästinensern (1948)

Mit dem folgenden Beitrag soll eine politische Initiative dokumentiert werden, an der Erich Fromm einen wesentlichen Anteil hatte. Noch bevor am 15. Mai 1948 das britische Mandat über Palästina erlosch, der Jüdische Nationalrat an diesem Tag den unabhängigen jüdischen Staat unter Chaim Weizmann als Staatspräsidenten ausrief und es am 17. Mai 1948 zu kriegerischen Auseinandersetzungen zwischen den arabischen Staaten und Israel kam, die erst im Juni 1949 mit einem Waffenstillstand beendet wurden, wandten sich in Jerusalem Martin Buber, Juda L. Magnes und David W. Senator mit einer öffentlichen Erklärung zur Frage des jüdisch-arabischen Konflikts an die Weltöffentlichkeit. Diese Erklärung nahmen Erich Fromm und sein Jugendfreund Ernst Simon zum Ausgangspunkt, um bekannte Juden in Amerika zu einer Solidaritätsbekundung für ein friedliches Zusammenleben in Palästina zu gewinnen und diese Erklärung in der New York Times *abzudrucken.*

Der erste Entwurf, der sich im Nachlaß von Fromm erhalten hat, sollte am 22. März 1948 in Fromms Wohnung in New York einigen bekannten amerikanischen Juden und einigen Palästinensern bekanntgemacht werden mit dem Ziel, prominente Persönlichkeiten für ihre Unterschrift zu gewinnen. Fromm, Nachmansohn und Simon hatten bereits Albert Einsteins telefonische Zusage; nach einer starken Überarbeitung des ersten Entwurfs von Fromm gelang es ihm am 6. April 1948, Leo Baeck zur Unterschrift zu gewinnen. Schließlich wurde die Erklärung mit beider Unterschrif-

ten in der Sonntagsausgabe der New York Times *am 18. April 1948 abgedruckt.*

Da der erste Entwurf, seine Überarbeitung und schließlich der veröffentlichte Text insgesamt nicht sehr umfangreich sind, sollen sie, trotz der Wiederholungen, vollständig hier abgedruckt werden. So vermitteln sie auch einen Eindruck vom Werden dieses Dokuments. – Die Texte wurden von Rainer Funk übersetzt.

a) Der erste Entwurf

Die Unterzeichner fühlen sich auf Grund ihres Gewissens genötigt, das Schweigen zu brechen, das schon viel zu lange dauert angesichts der lauten Propaganda pro-terroristischer jüdischer Gruppen im ganzen Land. In einer Situation des Gruppenkonflikts, wie er heute zwischen den Juden und den Arabern besteht, vertreten wir den Grundsatz, daß Gruppen und insbesondere ihre Führer sich nicht darauf beschränken dürfen, die Handlungen der gegnerischen Gruppe zu verurteilen, sondern daß sie auch offen die Gewalttaten kritisieren sollen, die von den eigenen Leuten begangen wurden. Wir hoffen, daß sich auch die arabischen und englischen Führer, also die wahren Repräsentanten der Araber, an ihre jeweiligen Gruppen wenden, wie wir uns an die Juden wenden. Aus diesem Geist möchten wir die amerikanische Öffentlichkeit mit wesentlichen Passagen einer Erklärung bekannt machen, die kürzlich in Jerusalem publiziert wurde:

„Mit erschreckender Geschwindigkeit haben sich über das ganze Land barbarische Handlungen ausgebreitet. Alte, Frauen, Kinder wurden dabei nicht geschont... Glücklicherweise gab es auch Beispiele, bei denen Araber ihr Leben riskiert haben, um Juden zu retten, und Juden Arabern das Leben gerettet haben. Doch Männer, Frauen und Kinder, frei von jeder Straftat, werden immer häufiger vor den Augen der Öffentlichkeit, ja selbst in Gegenwart der Sicherheitskräfte umgebracht... Wir wenden uns an die Menschen von Jerusalem. Wir appellieren insbesondere an unsere jüdischen Brüder: Entweiht nicht unseren Namen und unsere Ehre! Wenn auch wir dem Pöbel und den aufgebrachten Verbrecherbanden folgen, werden wir nicht nur nichts Positives erreichen; wir werden vielmehr nur zur Verschlechterung der Situation beitragen, zu einem Anwachsen des Hasses, zu immer noch mehr Vergeltungsmaßnahmen, unterschiedslos und gnadenlos. Wir wenden uns an die öffentliche Meinung und an die jüdischen Führer, jede Möglichkeit wahrzunehmen, um diese verwerflichen Angriffe der Verbrecherbanden zu verhindern... Die jüngsten bedauerlichen Unglücke sollten uns zur Warnung dienen, diese Verbrecher nicht über uns regieren zu lassen und nicht mit unseren Händen die moralischen Grundlagen unseres Lebens und unserer Zukunft zu zerstören.

M. Buber, D. W. Senator, J. L. Magnes“

Diese Erklärung wird von den Unterzeichnern als so wichtig erachtet, weil sie die folgenden drei wesentlichen Grundsätze enthält:

(1) Die jüdische Ansiedlung in Palästina, um die wir uns aktiv und verantwortlich in Sorge fühlen, muß darauf ausgerichtet sein, die wesentlichen spirituellen und moralischen Grundsätze der jüdischen Überlieferung zu realisieren.
(2) Der Schutz des jüdischen Lebens und Eigentums, den wir für ein unhinterfragbares Recht und eine Aufgabe der jüdischen Gemeinschaft in Palästina halten, darf nicht mit Methoden erreicht werden, die diesen moralischen Grundsätzen zuwiderlaufen und deshalb auf lange Sicht eine Bedrohung für die moralische und physische Existenz der jüdischen Siedlungen darstellen.
(3) Diese Methoden des Terrorismus und des ungezügelten Nationalismus bewirken zugleich, daß man sich die Mehr-

heit der arabischen Bevölkerung Palästinas, die sich bisher nur in einem geringen Ausmaß an feindseligen Handlungen gegen die Juden beteiligt hat, zum Feind macht. Nur Methoden, die sich von moralischen Grundsätzen her rechtfertigen lassen, können die friedlichen Strömungen in der arabischen Bevölkerung wieder erstarken lassen. Nur so läßt sich eine Kooperation der jüdischen und arabischen Gruppen in Palästina vorbereiten, die für jede produktive Entwicklung und für weitere Einwanderungen in das Heilige Land unabdingbare Voraussetzung ist.

b) Der überarbeitete Entwurf

Arabische und jüdische Extremisten, die wie fanatische Militaristen den Krieg herbeisehnen, treiben derzeit Palästina rücksichtslos in einen sinnlosen Krieg, der dieses Land verwüsten und möglicherweise die ganze Welt in einen Krieg verwickeln wird. Die arabischen Extremisten dulden keine Juden in Palästina. Die jüdischen Extremisten sind auf die jüdische Vorherrschaft in Palästina versessen, ohne ein Interesse an Demokratie. Mit terroristischen Aktionen spielt jede Seite dieser Extremisten der anderen in die Hand. Dabei ignoriert diese Herrschaft des Terrors die Bedürfnisse und Wünsche der gewöhnlichen Menschen in Palästina.

Auf Grund der natürlichen Gegebenheiten Palästinas muß jede vernünftige Lösung auf einer Kooperation zwischen Juden und Arabern aufbauen. Auch wenn es Krieg gäbe, wäre es für den Frieden notwendig, daß beide Völker zusammenarbeiten, wenn nicht das eine oder das andere ausgelöscht oder zu Sklaven gemacht werden soll. Die Katastrophe wäre nur wenig geringer, wenn eine der beiden Seiten einen deutlichen Sieg erringen würde, denn ein solcher würde zu einer ätzenden Bitterkeit führen, die alle notwendigen gemeinsamen Maßnahmen äußerst schwierig gestalten würde. Der gesunde Menschenverstand nötigt uns zu gemeinsamen Anstrengungen, um einen Krieg zu verhindern und um die Zusammenarbeit zum jetzigen Zeitpunkt zu fördern.

In Palästina gibt es jüdische Gruppen, die in Amerika kaum bekannt sind und die darauf bestehen, daß eine derartige Kooperation wesentlich und auch jetzt praktizierbar ist. Am 28. März 1948 veröffentlichten einige bedeutende Repräsentanten dieser Gruppen eine Erklärung, deren Kernpunkt lautete: „Eine Verständigung zwischen den beiden Völkern ist trotz der ständig wiederholten Behauptung, daß die jüdische und arabische Bestrebung unversöhnlich seien, möglich. Der gewöhnliche Jude und der gewöhnliche Araber sind nämlich keine Extremisten. Sie sehnen sich nach der Möglichkeit, durch Arbeit und Kooperation ihr gemeinsames Land aufzubauen, das Heilige Land."

Die Unterzeichner dieser Erklärung vertreten verschiedene Gruppierungen des palästinensischen Judentums. Außer Dr. Juda L. Magnes, dem Präsidenten der Hebräischen Universität, und zwei seiner Kollegen, Dr. Martin Buber und Dr. David Senator, sind es noch Dr. Kurt Wilhelm, der Rabbiner von Emet ve'Emuna, einer liberalen Jerusalemer Kongregation, Simon Schereschewski, ein Chirurg, der den Misrach-Zionisten angehört, sowie Isaak Molho von der spanischen jüdischen Gemeinschaft in Palästina.

Tausende friedliebende Palästinenser, Juden wie Araber, teilen diese Ansichten im stillen, trauen sich aber aus Todesangst vor den Machenschaften der Terroristen nicht, sich öffentlich zu ihnen zu bekennen. Diese menschlichen Ansichten, gegen die die Terroristen zu Felde ziehen, spiegeln die wesentlichen Grundsätze der Zivilisation wider, zu denen die Juden ihren Beitrag geleistet haben: die Anerkenntnis des Grundsatzes der Gerechtigkeit und des Sittengesetzes, die Achtung vor dem Individuum und die Bejahung des Lebens. Es wäre äußerst tragisch, wenn sich die

Juden in diesen Tagen der Wirrnis einem fanatischen Militarismus unterwerfen und von diesen Prinzipien abwenden würden.

Wir wenden uns an die Juden in diesem Land und in Palästina, sich nicht in eine Stimmung der Verzweiflung und des falschen Heldentums hineinreißen zu lassen, weil eine solche schließlich in selbstmörderischen Schritten endet. Zweifellos läßt sich eine solche Stimmung als Reaktion auf die brutale Vernichtung von sechs Millionen Juden in den letzten zehn Jahren verstehen, sie ist aber dennoch sowohl moralisch wie faktisch destruktiv.

Wir sind davon überzeugt,

(1) daß eine konstruktive Lösung nur dann möglich ist, wenn sie auf Wohlstand und Kooperation für Juden und für Araber in Palästina gründet;
(2) daß die jüdische Gemeinschaft in Palästina ein unhinterfragbares Recht hat, ihr Leben und ihre Arbeit zu schützen und
(3) daß es für die nächste Zukunft für mindestens ..... einwanderungswillige Juden in Palästina eine Garantie geben muß; danach hängt die Zahl der Einwanderer von den wirtschaftlichen und politischen Verhältnissen im Land ab.

Die Unterzeichner bitten alle Juden inbrünstig, auf die Stimme der Vernunft zu hören, den Geist des Fanatismus und eines falsch verstandenen Heldentums aufzugeben und sich auf das einzig wichtige Ziel zu besinnen. Dies ist das Überleben und die Entwicklung der jüdischen Siedlungen in Palästina auf einer friedlichen und demokratischen Basis und in Übereinstimmung mit den wesentlichen spirituellen und moralischen Grundsätzen, die der jüdischen Überlieferung zu eigen sind. Mit Einsicht kann dieses Ziel erreicht werden, ohne daß zu einem Krieg Zuflucht genommen werden muß.

c) Der veröffentlichte Text in der *New York Times* vom 18. April 1948

An den Herausgeber der *New York Times*:

Arabische und jüdische Extremisten treiben derzeit Palästina rücksichtslos in einen nutzlosen Krieg. Sie glauben zwar, legitime Interessen zu vertreten, doch diese Extremisten spielen nur der jeweils anderen Seite in die Hand. Dabei ignoriert diese Herrschaft des Terrors die Bedürfnisse und Wünsche der gewöhnlichen Menschen in Palästina.

Wir glauben, daß in einer Situation nationaler Konflikte es lebensnotwendig ist, daß Gruppen und insbesondere ihre Führer die Gebote von Moralität und Vernunft in ihren eigenen Reihen aufrechterhalten, statt sich darauf zu beschränken, ihre Gegner der Verletzung dieser Gebote anzuklagen. Deshalb spüren wir es als unsere Pflicht, mit Nachdruck zu erklären, daß wir keinerlei Nachsicht für Methoden des Terrorismus oder des fanatischen Nationalismus haben, wenn sie von Juden praktiziert werden, noch weniger als von Arabern. Wir hoffen, daß verantwortungsbewußte Araber an ihr Volk in ähnlicher Weise appellieren, wie wir dies für die Juden tun.

Auch wenn es Krieg gäbe, wäre es für den Frieden notwendig, daß beide Völker zusammenarbeiten, wenn nicht das eine oder das andere ausgelöscht oder zu Sklaven gemacht werden soll. Die Katastrophe wäre nur wenig geringer, wenn eine der beiden Seiten einen deutlichen Sieg erringen würde, denn ein solcher würde zu einer ätzenden Bitterkeit führen. Der gesunde Menschenverstand nötigt uns zu gemeinsamen Anstrengungen, um einen Krieg zu verhindern und um die Zusammenarbeit zum jetzigen Zeitpunkt zu fördern.

Eine jüdisch-arabische Kooperation war schon seit vielen

Jahren das Ziel weitsichtiger jüdischer Gruppen, die sich gegen jede Art Terrorismus wandten. Kürzlich wurde eine Erklärung einer solchen Gruppe in der amerikanischen Presse unter dem Datum „Jerusalem, 28. März 1948" veröffentlicht, auf die wir aufmerksam machen möchten. Wir zitieren hieraus einen der Schlüsselsätze:

„Eine Verständigung zwischen den beiden Völkern ist trotz der ständig wiederholten Behauptung, daß die jüdischen und die arabischen Bestrebungen unversöhnlich seien, möglich. Die Forderungen der Extremisten sind tatsächlich unversöhnlich. Der gewöhnliche Jude und der gewöhnliche Araber sind nämlich keine Extremisten. Sie sehnen sich nach der Möglichkeit, durch Arbeit und Kooperation ihr gemeinsames Land aufzubauen, das Heilige Land."

Die Unterzeichner der Erklärung vertreten verschiedene Gruppierungen des palästinensischen Judentums. Außer Dr. Magnes, dem Vorsitzenden, unterschrieben Dr. Martin Buber, Professor für jüdische Philosophie an der Hebräischen Universität, Dr. David Senator, der Verwalter der Universität, Dr. Kurt Wilhelm, der Rabbiner von Emet ve'Emuna, einer liberalen Jerusalemer Kongregation, Simon Schereschewski, ein Chirurg, der den Misrach-Zionisten angehört, sowie Isaak Molho von der spanischen jüdischen Gemeinschaft.

Die Unterzeichner dieser Erklärung repräsentieren derzeit nur eine Minderheit. Abgesehen aber davon, daß sie für einen weitaus größeren Kreis von Menschen sprechen, die sich nicht äußern, sprechen sie auch im Namen jener Prinzipien, die der bedeutendste Beitrag des jüdischen Volkes zur Menschlichkeit waren.

Wir wenden uns an die Juden in diesem Land und in Palästina, sich nicht in eine Stimmung der Verzweiflung oder falschen Heldentums hineinreißen zu lassen, weil eine solche schließlich in selbstmörderischen Schritten endet. Zweifellos läßt sich eine solche Stimmung als Reaktion auf die brutale Vernichtung von sechs Millionen Juden in den letzten zehn Jahren verstehen, sie ist aber dennoch sowohl moralisch wie faktisch destruktiv.

Wir sind davon überzeugt, daß eine konstruktive Lösung nur dann möglich ist, wenn sie auf Wohlstand und Kooperation für Juden und für Araber in Palästina ausgerichtet ist. Wir glauben, daß die jüdische Gemeinschaft in Palästina ein unhinterfragbares Recht hat, ihr Leben und ihre Arbeit zu schützen, und daß die Einwanderung der Juden nach Palästina, so gut es geht, erlaubt sein muß.

Die Unterzeichner bitten alle Juden inbrünstig, sich auf das einzig wichtige Ziel zu besinnen: auf das Überleben und die Weiterentwicklung der jüdischen Siedlungen in Palästina auf einer friedlichen und demokratischen Basis. Dies ist der einzige Weg, der die Zukunft in Übereinstimmung mit den wesentlichen spirituellen und moralischen Grundsätzen, die der jüdischen Überlieferung zu eigen sind und das Wesen der jüdischen Hoffnung ausmachen, sichert.

Leo Baeck
New York, 12. April 1948. Albert Einstein.

2. „Citizens for Reason" (1955)

Die Initiative „Citizens for Reason" wird hier als Beispiel dokumentiert, das nicht zu dem gewünschten Ziel, einer Mobilisierung der amerikanischen Öffentlichkeit, führte, weil sich die Initiatoren nicht auf einen gemeinsamen Text einigen konnten. Offensichtlich ging der Impuls zu dieser Initiative von Erich Fromm aus, der in seinem ersten Entwurf (Abschnitt a) zunächst die Bedrohung durch einen mit Atomwaffen geführten Dritten Weltkrieg in den

Mittelpunkt stellt. Die zweite (Abschnitt b) und die dritte Fassung (Abschnitt c) konkretisieren dann die Bedrohung mehr auf den Konflikt zwischen Formosa und Rotchina und die sich aus diesem Konflikt möglicherweise ergebende Verstrickung in einen Dritten Weltkrieg. Der dritte Entwurf, auf den sich Norman Thomas, John C. Bennett und Erich Fromm einigten, und der eine verkürzte und stellenweise geänderte Version des zweiten Entwurfs aus der Feder von Erich Fromm darstellt, hatte bereits die Zustimmung von Bischof Angus Dun, Albert Einstein, John P. Burke, Reinhold Niebuhr, Elmer Rice, Bruno Walter und Max Lerner. Der Vorschlag, den Text (des dritten Entwurfs) statt per Zeitungsanzeige an die amerikanische Öffentlichkeit als offenen Brief an den Präsidenten der Vereinigten Staaten zu adressieren, fand keine Zustimmung.

Wie die Frommschen Anmerkungen zum Verlauf der Initiative (siehe Abschnitt d) bereits vermuten lassen, gelang es nicht, die Initiative zu realisieren. In einem Brief vom 3. Mai 1955 an Stephen Siteman, der die Initiative „Citizens for Reason" von Raum 706 in der 112 East 19th Street in New York aus koordinierte, versuchte Fromm nochmals, den dritten Entwurf auf eine breitere Basis zu stellen. Seine Bemühungen, mit den Unterzeichnern von Mexiko aus Kontakt aufzunehmen, blieben ohne Erfolg.

Am 14. Mai 1955 schrieb Fromm an Lewis Mumford: „Trotz der vielen Briefe und Telefonate von hier [Mexiko] nach New York, habe ich kaum von jemandem eine Antwort bekommen, so daß ich zur Zeit überzeugt bin, daß die ganze Aktion im Sande verläuft. Ich muß mir selbst den Vorwurf machen, mich Illusionen hingegeben zu haben bezüglich des Interesses einer Reihe von Liberalen an diesen Fragen – Illusionen, wie ich sie mir in den letzten 30 Jahren nicht mehr gemacht hatte. Doch ich fühlte mich unter einem inneren Druck, etwas tun zu müssen, und dies erzeugte in mir offensichtlich ein bestimmtes Maß an Wunschdenken. All dies ist mir eine Lehre, doch abgesehen davon, bedauere ich es schon aus dem Grunde nicht, weil sich mir hierbei die

Möglichkeit eröffnet hat, Sie kennenzulernen." – *Am 26. Mai 1955 schließlich schrieb Fromm an Stephen Siteman,* „daß wir die Tatsache akzeptieren müssen, daß unsere Aktion nicht ausgeführt werden kann." – *Die Übersetzung aus dem Amerikanischen stammt von Rainer Funk.*

a) Der erste Entwurf (Februar 1955): Im Interesse der Vernunft und des Überlebens der Menschheitsfamilie

Mehr als ein Jahr schon steht die Welt nahe am Abgrund der Vernichtung der menschlichen Rasse. Bis jetzt konnten der Präsident der Vereinigten Staaten, die Administration und die verantwortlichen Führer im Kongreß diese Gefahr abwenden, doch wir leben noch immer im Schatten der Zerstörung unserer selbst, unserer Kinder, der Menschheitsfamilie und der spirituellen und materiellen Errungenschaften. Es ist kaum zu glauben, aber die meisten unserer Mitbürger wissen von dieser Situation, doch dieses Wissen drang über eine dünne Schicht oberflächlichen Bewußtseins nicht tiefer in sie ein. Sie denken noch immer in Begriffen der Nachkriegszeit; sie glauben noch immer, daß die Kugel den anderen treffen wird, und sie wähnen sich noch immer in der Tradition eines Amerikas, das nicht berührt, geschweige denn zerstört werden kann.

Mitbürger, wir appellieren an Ihre Vernunft, an Ihr Gewissen, an Ihren Überlebenswillen. Hören Sie auf, die Augen vor den Tatsachen zu verschließen. Bricht erst einmal ein Krieg aus, ist es zu spät, den Lauf der Ereignisse noch zu ändern. Die neuen Waffensysteme sind, sobald sie zum Einsatz kommen, unkontrollierbar, und ihre zerstörerischen Auswirkungen lassen keine Wiederherstellung zu. Wenn einmal die Nahrungsversorgung, die Vegetation, das Wasser und die Luft dieses Planeten verstrahlt sein werden, gibt es kein Entkommen mehr. Die Menschheit läßt sich nicht von diesem Planeten evakuieren.

Die größte Gefährdung ergibt sich aus der chinesischen Situation. Amerika ist sich einig in seinem Abscheu gegen das kommunistische System von Unterdrückung und Terror, sei es in Rußland, in China oder sonstwo auf der Welt. Aber diese Abneigung darf unser gesundes Urteilsvermögen nicht beeinträchtigen. Wir haben die Existenz des Regimes in Peking als Faktum anzuerkennen, das von außen durch nichts als durch einen Weltkrieg geändert werden könnte. Wir müssen der Tatsache ins Auge sehen, daß ein solcher Krieg nicht nur das kommunistische Regime, sondern mit ihm auch alle anderen Regierungen auslöschen würde. Wir sind zwar davon überzeugt, daß unsere politischen Führer dies wissen, doch wir befürchten, daß sie statt einer *mutigen* Politik, die die Konsequenzen aus einem solchen Wissen ziehen würde, einer Politik des „Zu-wenig-und-zu-spät" folgen und uns in das Hasardspiel eines Krieges verwickeln. Frühere Kriege lehren uns, daß die gute Absicht, einen Krieg zu vermeiden, nicht ausreicht, um dieses Ziel auch tatsächlich zu erreichen. Regierungen nehmen starre Positionen ein, haben Angst, diese in letzter Minute noch zu ändern, etwas Unvorhergesehenes ereignet sich – und der Krieg bricht gegen jedermanns Absicht aus.

Dies ist in der heutigen Situation die große Gefahr. Wir sind auf unsere Positionen eingefahren und auf Gedeih und Verderb Zufällen oder unverantwortlichen Elementen ausgeliefert, die das Pulverfaß anzünden können. Man spricht davon, daß man mit einem „zumutbaren Risiko" leben müsse. Aber das Risiko eines Atomkrieges ist unter gar keinen Umständen zumutbar. Es ist ein Risiko, das nur ein Verrückter eingehen kann.

Wir sind davon überzeugt, daß abgesehen von einer kleinen Gruppe von Abenteurern die große Mehrheit unserer politischen Führer weder unverantwortlich noch verrückt ist. Wir fürchten aber sehr, daß sich ihr Handeln auf tiefreichendes Mißverständnis zwischen ihnen und dem amerikanischen Volk gründet. Sie scheinen noch immer davon überzeugt zu sein, daß die Mehrheit unserer Landsleute noch immer unter dem Einfluß von hysterischen und selbstsüchtigen Demagogen steht und daß sie, die verantwortlichen Führer, deshalb keine *mutige* Politik wagen können, weil sie sofort einer *weichen* Politik bezichtigt würden. Sie glauben, mit aller behutsamen Vorsicht vorgehen zu müssen, weil sie sonst die Zustimmung des Volkes nicht hätten.

Wäre dies wirklich so, dann wäre dies die schlimmste Tatsache in der Geschichte dieser Republik. Die Unterzeichner weigern sich jedoch, daran zu glauben. Wir glauben, daß es ein schreckliches Mißverständnis zwischen der Administration und dem Kongreß auf der einen und der Mehrheit unserer Bürger auf der anderen Seite gibt. Wir sind davon überzeugt, daß die Mehrheit der Amerikaner genügend Vernunft, genügend gesunden Menschenverstand und genügend Liebe zu ihren Kindern und zum Leben hat, um ein Glücksspiel mit dem Krieg nicht zu wollen. Wir glauben, daß diese Menschen auch genügend Gespür für Selbstvertrauen und Verantwortung haben, um in Krisenzeiten sich zu Wort zu melden und unserer Regierung und unseren Politikern zu sagen, was sie denken. Wir wissen, daß es schon zu Kriegsausbrüchen kam, nur weil es zwischen zwei feindlichen Regierungen zu Mißverständnissen kam. Wäre es nicht ein äußerst tragisches Mißverständnis, wenn ein Krieg ausbräche, weil das amerikanische Volk und unsere Regierung sich gegenseitig mißverstanden?

Wir Unterzeichner stimmen nicht in allen Fragen der Außenpolitik zu. Einige von uns sind für eine sofortige Anerkennung von Rotchina, andere für eine Neutralisierung von Formosa, wieder andere bevorzugen einen langsameren Kurs. Gemeinsam ist uns allen aber die Überzeugung, daß unsere Außenpolitik mutiger sein muß und nicht so zäh, und daß sie von Vernunft geleitet und an den Tatsachen orientiert sein muß, statt daß sie durch die Angst vor einer angeblichen unvernünftigen Bürgerschaft entstellt wird.

Wäre die Gefahr nicht so direkt und bedrohlich, könnten wir uns der Hoffnung hingeben, daß sich alles mit der Zeit regeln wird. Da wir aber von der Unmittelbarkeit der Gefahr überzeugt sind, wenden wir uns an alle unsere Mitbürger, unserer Regierung und unseren Politikern deutlich zu machen, daß wir keinerlei Glücksspiel mit dem Krieg und auch kein „zumutbares Risiko" wollen. Unsere Politiker sollen für den Frieden arbeiten, ohne Angst vor gegnerischen Regimen, unerschrocken aber auch gegenüber den Demagogen in unserer Mitte und ganz bestimmt ohne Furcht vor dem amerikanischen Volk. Wir möchten ihnen sagen, daß die amerikanische Politik aufhören muß, sich vor allem von der Angst vor den aggressiven Absichten Rußlands und Chinas beherrschen zu lassen. Sie muß vielmehr geleitet sein von einem tiefreichenden Interesse am Überleben und Wohlergehen der menschlichen Rasse. Wird ein solches Interesse in unserer Politik erst einmal bestimmend, dann wird die ganze Menschheit – nicht zuletzt auch jene Menschen, die in Rußland und China leben – auf unserer Seite sein.

Wir wenden uns an unsere Mitbürger mit der ernsten Bitte, ihr Gewissen zu fragen, ob sie nicht die Pflicht haben, jetzt laut und deutlich zu sprechen. Wir bitten jeden Leser dieser Erklärung, der uns zustimmt, dem Präsidenten der Vereinigten Staaten, ihren Senatoren und Kongreßabgeordneten zu schreiben oder zu telegraphieren und ihre Übereinstimmung mit der Erklärung der Gruppe „Citizens for Reason" mitzuteilen. Ferner soll jeder nach Art eines Kettenbriefes zehn Freunden schreiben oder telefonieren und sie bitten, das gleiche zu tun. Bringen Sie in dieser Zeit ernsthafter Gefahr die Stimme des amerikanischen Volkes zu Gehör! Laßt uns der Welt zeigen, daß Demokratie kein leeres Ritual ist, bei dem man nur alle paar Jahre seine Stimme abgibt, sondern eine Wirklichkeit freier Bürger, die sich verantwortlich fühlen und es wagen, ihre Stimme zu erheben.

Nachbarn und Mitbürger, Ihr Leben und Ihre wertvollsten Hoffnungen stehen auf des Messers Schneide. Sie würden niemals schweigen und untätig bleiben, wenn auch nur *ein* Kind vor Ihren Augen in Todesgefahr käme und gerettet werden könnte. Wollen Sie die Verantwortung auf andere schieben, jetzt, wo die ganze Menschheitsfamilie in Gefahr ist? Wenn Sie laut und vernehmlich sprechen, werden Sie gehört werden, und rationale Entschlüsse werden den Sieg davontragen. Sprechen Sie es aus, bevor es zu spät ist!

b) Der zweite Entwurf (28. März 1955)

An unsere Mitbürger

Ein neues Faktum bestimmt das Leben des Menschen und die Beziehungen der Völker: die Möglichkeit der totalen Vernichtung. Sollte ein Dritter Weltkrieg ausbrechen, wird er das Ende unseres zivilisierten Lebens, wenn nicht das Ende des Lebens überhaupt bedeuten.

Die heutige Situation unterscheidet sich fundamental von allem, was es in der Vergangenheit gab. Haben die früheren Kriege auch unendlich viel Leiden in die Welt gebracht, so gab es am Ende doch, wenn es keinen Sieger oder Besiegten gab, zumindest ein Patt. Kein von vernünftigen Menschen regiertes Volk ließ sich auf einen Krieg ein, wenn es nicht spürte, daß es schlechter dran wäre, wenn es nicht kämpfte, bzw. besser, wenn es kämpfte. *Eine solche Alternative aber gibt es heute nicht mehr.* Sieg oder Niederlage, beide führen zum gleichen Ergebnis für die ganze Menschheitsfamilie. Ist ein Krieg einmal ausgebrochen und sind die neuen Streitkräfte des Todes in Gang gekommen, werden sie jeden Verteidigungswall durchstoßen und außerhalb menschlicher Kontrolle geraten. Sie werden die Sieger ebenso vernichten wie die Besiegten. Angesichts dieser Gegebenheiten davon zu sprechen, unterirdische Bunker aufzusuchen, die Industrie zu dezentralisieren, die Städte zu evakuieren, spottet allem, was wir wissen, nur Hohn. Wenn einmal die Nahrungsversorgung, das Wasser, die Vegetation und die Luft dieses Planeten voll der tödlichen Radioaktivität sein werden, dann gibt es kein Entrinnen mehr. Die Menschheit läßt sich nicht von der Erde evakuieren.

Dies sind die Fakten. Wie ist es dazu gekommen? Beide Seiten vertreten eine Politik, die durch gegenseitige Angst bestimmt ist. Beide drohen dem anderen. Beide sind fieberhaft damit beschäftigt, immer noch mächtigere Waffen der Verwüstung zu produzieren, und jede Seite ist von der Richtigkeit ihrer Sache überzeugt – doch die Welt wird in den Selbstmord geführt. Vernünftige diplomatische Kontakte, die in der Vergangenheit den Frieden gesichert haben, gibt es kaum. Da jede Seite in zunehmendem Maße harte Positionen einnimmt, vervielfacht sich die nervöse Anspannung und die Möglichkeit eines Zwischenfalls. Es kann in einem Jahr, in einem Monat, in jedem Augenblick zu einer Explosion kommen. *Dies ist Wahnsinn. Läßt sich ihm noch Einhalt gebieten?*

Wir, die Unterzeichner, sind davon überzeugt, daß der Präsident um die Gefahr der Zerstörung weiß und um den Erhalt des Friedens bemüht ist. Er hat sich standhaft zur Wehr gesetzt gegen die wenigen, aber lauten Stimmen, die kurzsichtig bereit sind, das Abenteuer eines präventiven Krieges zu riskieren. Beinahe alle Amerikaner teilen seine Besorgnis. Liegt also die Gefahr eines Krieges gänzlich in der Tatsache begründet, daß die Kommunisten bereit sind, für die Durchsetzung ihrer aggressiven Ziele einen Krieg zu riskieren? Niemand außerhalb der inneren Beratungsgremien weiß dies. Sie haben das Machtvakuum in Europa nach dem Zweiten Weltkrieg zu ihren Gunsten wahrgenommen und haben unser Vertrauen in ihre Zustimmung zu Freiheit und demokratischen Strukturen in den jetzigen Satellitenstaaten mißbraucht.

Wir verabscheuen das kommunistische System von Terror und Unterdrückung. Doch dieses moralische Urteil darf uns nicht zu dem Schluß verleiten, daß die Kommunisten den Selbstmord riskieren. Auch sie sind menschliche Wesen und haben Frauen und Kinder; auch sie sind damit beschäftigt, eine wirtschaftliche Struktur aufzubauen, die floriert – wenn auch auf Kosten menschlicher Freiheit. Sie kennen unsere Stärke, so daß sie auch wissen, daß ein Atomkrieg auch ihre eigene Zerstörung bedeutete.

Wie konnte es eigentlich dazu kommen, daß wir in eine solche Sackgasse gerieten? Einige Gründe für die kommunistische Unversöhnlichkeit lassen sich durchaus verstehen: unsere anfängliche Vertrauensseligkeit mit ihnen, die Psychologie eines diktatorischen Systems, der Groll wegen früherer Demütigungen, der Stolz auf den Sieg. All dies mag dazu beitragen, daß es zu einer unvernünftigen und aggressiven Einstellung in der Außenpolitik kommt.

Von unserer eigenen Außenpolitik, besonders wie sie unser Außenminister formuliert, erwarten wir natürlich mehr Weisheit, weniger Fanatismus und eine größere Objektivität als von den politischen Führern unserer Gegner. Die Unterzeichner haben den Eindruck, daß sich unsere Politik nicht auf Flexibilität, Einfallsreichtum und Vorstellungsvermögen gründet, die nötig wären, um mit dieser bedrohlichen Situation fertig zu werden. Sie ist vielmehr widersprüchlich und verwirrend, oft halsstarrig und kompromißlos. Es gab schon Zeiten, als wir große Geduld und Bereitschaft zu Verhandlungen zeigten. Aber die Politik ändert sich auf verwirrende Art. Das Außenministerium scheint von Zeloten und Erzpatrioten eingeschüchtert zu werden, die mit Anschuldigungen wie „Beschwichtigung“ oder gar „Landesverrat" um sich werfen, sobald jemand nicht ihrer Meinung ist. Schlimmer noch ist, daß unsere Politik von den chinesischen Nationalisten beeinflußt wird, deren einzige Möglichkeit, wieder zu Macht zu kommen, im Krieg liegt und die versuchen, uns zu Abenteuern zu zwingen, die zwar für sie vielversprechend zu sein scheinen, für uns aber sinnlose und gefährliche Risiken sind. Solange wir versuchen, die Moral von Tschiang Kai-schek zu stützen, werden wir uns immer mehr von den unentbehrlichen Verbündeten und Freunden in Europa und Asien entfremden.

Der Bevölkerung wird gesagt, wir würden unser Gesicht bei den asiatischen Völkern verlieren, wenn wir den harten Worten nicht ebensolche Taten folgen ließen. Doch wir bezweifeln, daß dies auf die meisten asiatischen Länder zutrifft. Es wird immer wieder behauptet, daß diese oder jene Haltung für unser Überleben notwendig sei, dann nehmen wir sie wieder zurück, um die gleiche Behauptung hinsichtlich einer anderen Position zu machen. Unser Verteidigungsminister hat (James Reston in der *New York Times* zufolge) unzweideutig behauptet, daß die Zugehörigkeit der Inseln Quemoy und Matsu für die Sicherheit von Formosa und den Pescadores nicht wesentlich sei. Wenn dies zutrifft, dann können Quemoy und Matsu für unsere nationale Verteidigung auch nicht wesentlich sein. Wie können wir es wagen, wegen ihnen einen Weltkrieg zu riskieren? Es wäre also zweifellos realistischer, derartige Äußerungen nur zu machen, wenn wir sie auch mit vernünftigen, und nicht mit leichtsinnigen Aktionen bekräftigen können.

Wir haben den Eindruck, daß unsere Außenpolitik verdrossen und inflexibel geworden ist und in einer Sackgasse steckt. Wir haben die Klagen im Ohr, daß alles getan wurde, was möglich war, und daß es nun an den anderen sei, einen vernünftigen Vorschlag zu machen. Aber haben wir wirklich alles getan?

Die Gefahr, in der sich wir und die ganze Welt befinden, ist zu groß, um bezüglich unserer Zukunft eine defätistische Haltung akzeptieren zu können, selbst wenn dieser Defätismus in harte Worte gefaßt ist. Wir Unterzeichner sind der Überzeugung, daß es defätistisch ist, sich mit der Alternative Kapitulation oder Krieg zufriedenzugeben. Wir können eine vernünftige und gesunde Politik betreiben, die Freiheit und Leben garantiert und beides vermeidet: Kapitulation *und* Krieg.

Wir haben keine Patentrezepte anzubieten. Doch zu versagen bedeutet, es nicht genug versucht zu haben. Wir müssen es immer noch einmal mit mehr Vorstellungsvermögen versuchen und dürfen uns nicht selbstgerecht einreden, daß wir keine weiteren Versuche mehr unternehmen müssen, weil unsere Bemühungen bisher zu keinem Erfolg geführt haben.

Bestimmte Tatsachen des Lebens müssen akzeptiert werden, auch wenn wir sie nicht mögen. Dies gilt vor allem hinsichtlich der Existenz des kommunistischen Regimes in Peking. Ausgehend von den grundlegenden Tatsachen müssen wir Fortschritte machen, und wir *können* sie auch machen, weil unsere Stärke im militärischen Bereich sowie hinsichtlich der wirtschaftlichen Möglichkeiten und der spirituellen Werte uns bei jedem Versuch, zu Abkommen zu gelangen, Vorteile verschaffen.

Wir sind davon überzeugt, daß wir all unsere Kräfte, unser Vorstellungsvermögen und unsere Geduld für einen ernsthaften Versuch zum Einsatz bringen müssen, um einen Plan für ein umfassendes Abkommen zu formulieren, bei dem wir wie auch unsere Gegner um des Friedens willen zu Konzessionen bereit sein müssen. Wir müssen dabei sehr deutlich machen, wo die Grenzen unserer Bereitschaft für Zugeständnisse sind, doch wir müssen endlich aufhören, um kleinliche und haltlose Positionen zu feilschen.

Mit seinem Aufruf, das Gespräch zu beginnen, hat sich Senator George sehr verdient gemacht. Zunächst müssen die Pläne mit unseren Verbündeten und Freunden in Europa und Asien entwickelt werden, dann mit unseren Gegnern am Konferenztisch. Eine jede Übereinkunft kann dann zu Gesprächen über die jeweilige militärische Stärke führen und wie man zu einem Gleichgewicht der Macht kommen kann. Mit einem solchen Gleichgewicht ließ sich in Europa schon einmal der Friede für viele Jahrzehnte sichern. Daran kann sich dann zumindest ein Moratorium für weitere Atomwaffenversuche und für die Entwicklung von noch zerstörerischeren Waffen anschließen. Schließlich könnten wir zu einer Übereinkunft über eine beträchtliche Reduktion der Rüstung kommen. Vielleicht brauchen wir Jahre, bis eine solche Stabilisierung erreicht werden kann, entscheidend ist allein, daß wir jetzt damit beginnen.

Mitbürger, wir wenden uns an Sie mit der dringenden Bitte, über diese Fragen nachzudenken und sie zur Sprache zu bringen. Wenn Sie mit dem Geist dieser Erklärung übereinstimmen, schreiben oder telegraphieren Sie Ihren Senatoren und dem Präsidenten, fordern Sie eine konstruktivere, flexiblere und realistische Politik, eine Politik, die vermeidet, in die Falle eines präventiven Krieges zu geraten. Bringen Sie Ihre Forderung zum Ausdruck, daß ein umfassender Plan für ein Abkommen und für eine Konferenz der betroffenen Mächte zustande kommt. Schreiben Sie, was Sie denken. Machen Sie Ihre Mitteilung lang oder kurz. Sprechen Sie mit Ihren Nachbarn.

Erheben Sie Ihre Stimme. Demokratie ist nicht nur ein gelegentliches Abstimmungsritual, sondern meint das Leben von verantwortlichen, freien Bürgern, die es wagen, ihre Stimme zu Gehör zu bringen.

Nachbarn und Mitbürger, Vernunft und Wirklichkeitssinn sind alles, was uns vor einem atomaren Holocaust bewahren kann. Geben Sie dem vernünftigen Vorschlag den Vorzug! Erheben Sie Ihre Stimme, solange noch Zeit ist.

Das Komitee „Citizens for Reason"
(Unterschriften)

c) Der dritte Entwurf (gekürzte und geänderte zweite Fassung vom 4. April 1955)

An unsere Mitbürger

Ein neues Faktum bestimmt das Leben des Menschen und die Beziehungen der Völker: die Möglichkeit der totalen Vernichtung. Sollte ein Dritter Weltkrieg ausbrechen, wird er das Ende unseres zivilisierten Lebens, wenn nicht das Ende des Lebens überhaupt bedeuten. Angesichts dieser Gegebenheiten davon zu sprechen, unterirdische Bunker aufzusuchen, die Industrie zu dezentralisieren, die Städte zu evakuieren, spottet allem, was wir wissen, nur Hohn. Wenn einmal die Nahrungsversorgung, das Wasser, die Vegetation und die Luft dieses Planeten voll der tödlichen Radioaktivität sein werden, dann gibt es kein Entrinnen mehr. Die Menschheit läßt sich nicht von der Erde evakuieren.

Dies sind die Fakten. Wie ist es dazu gekommen?

Beide Seiten vertreten eine Politik, die wesentlich durch gegenseitige Angst gekennzeichnet ist. Beide sind fieberhaft damit beschäftigt, immer noch mächtigere Waffen der Verwüstung zu produzieren, und jede Seite ist von der Richtigkeit ihrer Sache überzeugt; nervöse Anspannung und die Möglichkeit von Unfällen vervielfachen sich. Es kann in einem Jahr, in einem Monat, in jedem Augenblick zur Explosion kommen.

Dies ist Wahnsinn. Läßt sich ihm noch Einhalt gebieten?

Wir, die Unterzeichner, sind davon überzeugt, daß der Präsident um die Gefahr der Zerstörung weiß und um den Erhalt des Friedens bemüht ist. Er hat sich standhaft gegen die wenigen, aber lauten Stimmen zur Wehr gesetzt, die kurzsichtig bereit sind, das Abenteuer eines präventiven Krieges zu riskieren. Wir haben aber den Eindruck, daß sich unsere Politik, besonders wie sie unser Außenminister formuliert, nicht auf Flexibilität, Einfallsreichtum und Vorstellungsvermögen gründet, die nötig wären, um mit dieser bedrohlichen Situation fertig zu werden. Das Außenministerium hat es selbst zugelassen, daß es von Erzpatrioten eingeschüchtert wird, die mit Anschuldigungen wie „Beschwichtigung" oder gar „Landesverrat" um sich werfen, sobald jemand nicht ihrer Meinung ist. Schlimmer noch ist, daß unsere Außenpolitik von den chinesischen Nationalisten beeinflußt wird, deren einzige Möglichkeit, wieder zu Macht zu kommen, im Krieg liegt und die versuchen, uns zu Abenteuern zu zwingen, die zwar für sie vielversprechend zu sein scheinen, für uns aber sinnlose und gefährliche Risiken sind. Solange wir versuchen, die Moral von Tschiang Kai-schek zu stützen, werden wir uns immer mehr von den unentbehrlichen Verbündeten und Freunden in Asien und Europa entfremden.

Im Moment sind wir sehr in Gefahr, wegen der Verteidigung von Quemoy und Matsu in einen Krieg mit China, ja, möglicherweise in einen Weltkrieg verwickelt zu werden. Unser Verteidigungsminister hat (James Reston in der *New York Times* zufolge) behauptet, daß die Zugehörigkeit der Inseln Quemoy und Matsu für die Sicherheit von Formosa und den Pescadores nicht wesentlich sei. Wenn dies so ist, wie können Quemoy und Matsu für unsere nationale Verteidigung wesentlich sein?

Manche glauben, daß wir in einem Atomkrieg nach Art eines verzweifelten Glücksspiels einen schnellen und leichten Sieg in China riskieren können. Aber was könnten wir denn gewinnen? Ein zerstörtes China, das wir zu besetzen und zu ernähren hätten? Und was würden wir riskieren? Einen atomaren Weltkrieg?

Wir sind davon überzeugt, daß das amerikanische Volk sich nicht auf solche Risiken einlassen will. Wir glauben auch, daß die Kommunisten dies ebensowenig wollen. Wir verabscheuen deren System des Terrors und der Unterdrükkung. Doch dieses moralische Urteil darf uns nicht zu dem Schluß verleiten, daß sie Selbstmord begehen wollen. Auch sie sind menschliche Wesen und haben Frauen und Kinder; auch sie sind damit beschäftigt, eine wirtschaftliche Struktur aufzubauen, die floriert – wenn auch auf Kosten menschlicher Freiheit. Sie kennen unsere Stärke, so daß sie auch wissen, daß ein Atomkrieg auch ihre eigene Zerstörung bedeuten würde.

Die Gefahr, in der sich wir und die ganze Welt befinden, ist zu groß, um eine defätistische Haltung akzeptieren zu können, wenn es um die Vermeidbarkeit des Krieges geht. Zu versagen bedeutet, es nicht genug versucht zu haben. Wir dürfen uns nicht selbstgerecht einreden, daß wir keine weiteren Versuche mehr unternehmen müssen, weil unsere Bemühungen bisher zu keinem Erfolg geführt haben.

Bestimmte Tatsachen des Lebens müssen akzeptiert werden, auch wenn wir sie nicht mögen. Dies gilt vor allem hinsichtlich der Existenz des kommunistischen Regimes in Peking. Wir müssen von den grundlegenden Gegebenheiten ausgehen, und wir *können* dies auch auf der Grundlage unserer eigenen Stärke tun. Wir müssen sehr deutlich machen, wo die Grenzen unserer Bereitschaft für Zugeständnisse sind, doch wir müssen endlich aufhören, um kleinliche und haltlose Positionen zu feilschen.

Welcher Überzeugung sind Sie?

Wenn Sie mit dem Geist dieser Erklärung übereinstimmen, schreiben oder telegraphieren Sie Ihren Senatoren und dem Präsidenten, fordern Sie eine konstruktivere, flexiblere und realistische Politik, eine Politik, die vermeidet, in die Falle eines präventiven Krieges zu geraten.

Bringen Sie die Forderung zum Ausdruck, daß ein umfassender Plan für ein Abkommen und für eine Konferenz der betroffenen Mächte zustande kommt. Schreiben Sie lang oder schreiben Sie kurz – aber bringen Sie sich zu Gehör.

Lassen Sie uns Ihre Zustimmung wissen. Wenn Sie wollen, daß diese Erklärung auch in anderen Teilen des Landes bekanntgemacht werden soll, machen Sie uns für diesen Zweck eine Spende. (Unterschriften)

d) Stellungnahme zur Entstehung und zum Stand der Initiative (22. April 1955)

Anmerkungen für Norman Thomas, John C. Bennett, Lewis Mumford, Clarence Pickett, Max Lerner, Dan Bell und Stephen Siteman:

Mit diesen Bemerkungen möchte ich auf den gegenwärtigen Stand unserer Bemühungen für eine Friedenserklärung und auf Briefe von Norman Thomas, Dan Bell und Lewis Mumford reagieren.

(1) Zum Text der Erklärung:

Ich möchte Sie daran erinnern, daß wir einen großen Teil unserer Arbeit und Gespräche darauf verwendeten, die Erklärung zu formulieren, der schließlich John Bennett, Dan Bell und ich selbst zustimmten. Diese Erklärung [vgl. unter c)] war die letzte von etwa zehn bis fünfzehn verschiedenen Entwürfen. Die ersten verfaßten Lewis Mumford, Dan Bell,

Max Lerner und ich. Dann schrieb ich eine Reihe anderer Entwürfe, brachte Passagen früherer Entwürfe ein sowie Änderungen, die sich auf Grund meiner Gespräche mit etwa 40 bis 50 Personen, deren Urteil von Belang ist, ergaben. Unter diesen waren neben den bereits erwähnten vor allem Vorschläge, die Reinhold Niebuhr machte. John Bennett, Dan Bell und ich entschieden, daß der letzte Entwurf [vom 4. April 1955, siehe Abschnitt c)] auch der endgültige sein sollte, daß alles getan war, um ihn so konsensfähig wie möglich zu machen, um die gewünschten Unterschriften zu bekommen, und daß wir nicht mehr von neuem die Erklärung überarbeiten sollten. Deshalb weigerten wir uns auch, den Satz über Quemoy und Matsu fallen zu lassen, nur um die Zustimmung von Herrn Oram zu bekommen.

Nachdem Stephen Siteman die technische Organisation und die Koordinierung des Projekts übernommen hatte, wurden von ihm auf der Grundlage der Vorschläge von Norman Thomas und Rodger Baldwin neue Entwürfe geschrieben. Teils waren diese Entwürfe kürzer als die ursprünglichen, teils brachten sie ganz neue Aspekte, die in den vorausgegangenen Erklärungen noch nicht enthalten waren. Um dem Einwand zu begegnen, daß der von John Bennett, Dan Bell und mir akzeptierte Entwurf [siehe oben Abschnitt b)] zu lang sei, verdichtete ich ihn zu einem kürzeren Text, der zur besseren Orientierung in Kopie diesem Schreiben beiliegt [siehe Abschnitt c)]. Ich bin allerdings nicht der Meinung, daß die neuen Gesichtspunkte, die die Erklärung von Norman Thomas und Stephen Siteman enthalten, günstig sind oder bei den verschiedenen Unterzeichnern Zustimmung finden werden.

Der Kernpunkt unserer Erklärung lautet, daß das kommunistische China als de facto-Regierung von China anerkannt werden muß. Deshalb muß auch das kommunistische China, und nicht die Regierung Tschiang Kai-scheks, China in den Vereinten Nationen vertreten. Wenn Tschiang Kai-schek nicht die Regierung von China vertritt, dann repräsentiert er niemanden außer sich und höchstens die zwei Millionen Soldaten, die er hat. Es kann kaum behauptet werden, daß er die acht Millionen Menschen auf Formosa vertritt, denn sein Regime dort hat sich zu einer Diktatur entwickelt; zudem gibt es die berechtigte Hoffnung, daß die große Mehrheit der Menschen auf Formosa in einer Volksabstimmung nicht nur gegen das kommunistische China, sondern auch gegen Tschiang Kai-schek stimmen würden. Es geht nicht darum, zwei Millionen Soldaten im Meer umkommen zu lassen oder sie den Kommunisten zum Abschuß freizugeben, noch kann es darum gehen, die acht Millionen Menschen auf Formosa den Kommunisten auszuliefern. Es geht einzig darum: Solange Tschiang Kai-schek als eine wichtige Macht anerkannt wird, und solange unsere Politik davon bestimmt ist, die Moral zu stützen, die naturgemäß Jahr für Jahr mehr ins Wanken geraten muß, solange machen wir in unserer Politik eben jenen Fehler, den wir in unserer Erklärung hauptsächlich kritisieren. Wir sind nicht verpflichtet, in unserer Erklärung detaillierte Empfehlungen auszusprechen wie die, daß Tschiang Kai-schek in Zukunft keinen Sitz mehr in den Vereinten Nationen haben sollte. Wir stimmten nur wenigen konkreten Vorschlägen zu, nämlich

- Quemoy und Matsu nicht zu verteidigen
- das kommunistische China anzuerkennen
- einen umfassenden Plan für ein Abkommen zu entwickeln
- eine Konferenz der Großmächte einzuberufen, bei der diese Pläne erörtert werden.

Im Hintergrund stand die Empfehlung, unsere Politik dürfe weder von den Befürwortern eines Präventivkrieges in Amerika noch von den chinesischen Nationalisten bestimmt werden. Aus all dem folgt meiner Meinung nach, daß diese neuen umstrittenen Forderungen nicht in den endgültigen Text aufgenommen werden sollten. Die Ansicht, daß wir uns mit der Forderung nach Anerkennung des kommunistischen China auf einen Fortbestand der Vertretung Formosas in den Vereinten Nationen festlegen, ist meiner Überzeugung nach falsch. Es mag sein, daß Dulles einen solchen Handel fordern wird, aber ich kann keinerlei Grund sehen, warum wir ausdrücklich ein solches Zugeständnis fordern sollten, zumal die ganze Linie unserer Erklärung so ist, daß wir kein detailliertes praktisches Programm entwickeln, sondern Prinzipien kritisieren und Vorschläge für Prinzipien machen.

Ich möchte nochmals betonen, daß mir die Formulierung von Norman Thomas, die von der Fortsetzung der „Vertretung Formosas" spricht, unannehmbar scheint, und zwar unabhängig von allen anderen Gründen eben deshalb, weil Tschiang Kai-schek nie und nimmer behaupten kann, Formosa zu repräsentieren.

Im Blick auf den bisherigen Werdegang der Erklärung vertrete ich sehr entschieden die Auffassung, daß wir auf die Fassung der Erklärung vom 25. März [1955, siehe Abschnitt b)] zurückgreifen sollten mit der einzigen möglichen Änderung, daß diese Fassung gekürzt wird, wie ich es mit meinem letzten Entwurf versucht habe [siehe Abschnitt c)]. (Ich benutzte bei diesem letzten Entwurf in Wirklichkeit den Schluß des Entwurfs von Norman Thomas und Stephen Siteman. – Da ich von Lewis Mumford noch keinen besonderen Brief erhalten habe, in dem er erklärt, warum er die Erklärung nicht unterzeichnen möchte, weiß ich im Moment nicht, auf welchen Entwurf sich seine Weigerung bezieht.)

Ich glaube, wenn wir fortfahren, die Erklärung zu ändern, werden wir nie zu einem Ziel kommen und auch einige der Unterzeichner wieder verlieren, die ihre Bereitschaft bekundet hatten, die Erklärung zu unterschreiben.

(2) Zur Frage der Unterschriften:

Es ist wirklich sehr verwunderlich, daß wir für eine Erklärung, die einem großen und wachsenden Empfinden in Amerika entspricht, nur etwa zehn Unterschriften haben. Kann es sein, daß viele unbewußt Angst davor haben, eine solche Erklärung zu unterschreiben und hierfür alle möglichen Rationalisierungen finden? Oder kann es sein, daß die meisten nicht wirklich mit den Problemen befaßt sind und nicht die Mühe auf sich nehmen wollen, für eine Erklärung verantwortlich zu zeichnen, selbst wenn sie nur einmal für eine oder zwei Stunden darüber nachdenken müßten?

Es gibt eine bemerkenswerte Tatsache, daß nämlich die meisten Unterzeichner Menschen sind, deren Standort man in einem ganz weit gefaßten Sinn „religiös" oder stark gewissensbestimmt nennen könnte. Wenn dem so ist, erhebt sich die Frage, ob wir nicht einfach die Erklärung mit den Unterschriften, die wir haben, veröffentlichen sollten, vielleicht noch – sofern möglich – ergänzt durch einige weitere Unterschriften von Menschen, die in etwa die gleiche Einstellung haben wie die zehn. Ich denke hier zum Beispiel an die Professoren McKay und G. F. Thomas von Princeton. Dann würde die Erklärung eine bestimmte Strömung in Amerika zum Ausdruck bringen, was meiner Meinung nach völlig genügen würde. Auf diese Weise könnten wir immer noch die wesentliche Idee der ganzen Unternehmung realisieren, nämlich den Versuch, Vernunft und Gewissen zu mobilisieren, um zu sehen, wieviele Menschen derzeit darauf positiv reagieren. Zweifellos würde das Fehlen von Namen von Industriellen und anderen die Wirkung der Erklärung verringern, aber nicht notwendigerweise in einem Ausmaß, daß die Erklärung ihrer Wirkung beraubt würde. Machen wir doch die Erklärung im Kern zu einer Gewissenserklärung, die das Gewissen unserer Mitbürger ansprechen soll! Sprechen wir es aus und warten wir, zu welchem Ergebnis ein solcher Aufruf führen wird.

Ich glaube nicht, daß wir die Erklärung an die Mitbürger zu einem Brief an den Präsidenten umadressieren sollten. Wir bringen in der Erklärung unseren Respekt für den Präsidenten zum Ausdruck, und unser Anliegen ist es, uns an die Menschen zu wenden und diese zu mobilisieren. Wenn wir die Erklärung zu einem Brief an den Präsidenten umschreiben, dann müssen wir die Erklärung ändern und am Ende der Erklärung hinzufügen, daß wir darum bitten, die Zustimmung zu diesem Brief mitzuteilen; dies aber würde den jetzigen Schlußabsätzen wieder ihre Kraft nehmen.

Ich schlage vor, entweder die längere oder die (beigefügte) kürzere Fassung der Erklärung zu benutzen und sie zusammen mit der Liste all jener, die ihre Bereitschaft zu unterschreiben bekundet haben, an diese zu schicken und sie zu fragen, ob sie auch bereit sind, die Erklärung zu unterschreiben, wenn der Kreis der Unterzeichner kleiner ist. Zuvor wäre es gut, wenn man die, die mehr informell erreicht werden können und die, an die diese Anmerkungen gerichtet sind, um ihre Entscheidung anfragen könnte, bevor der Brief an Bischof Dun und einige anderen geht. Ich bin sicher, daß wir Albert Einsteins Unterschrift benutzen können, auch wenn er jetzt nicht mehr gefragt werden kann [Einstein starb am 18. April 1955].

Stimmen die meisten der Befragten einer Unterzeichnung zu, dann bin ich dafür, daß wir die Erklärung mit dieser kleineren Liste von Unterschriften veröffentlichen. Wenn sich unter diesen Umständen die meisten oder doch eine beträchtliche Minderheit weigern würde zu unterzeichnen, dann würde ich das Fehlschlagen zugeben, wenn auch mit großem Bedauern. Trotz der Verbesserung der [politischen] Situation empfinde ich diese als immer noch gefährlich, so daß unsere Erklärung gerade deshalb wichtig ist, weil sie eine Entwicklung verstärken kann, die gerade begonnen hat. Auch finde ich, daß die Äußerung derer, die bisher unterschrieben haben, dokumentiert werden sollte.

Konkret schlage ich vor, daß die, an die diese Anmerkungen adressiert sind, sich in New York treffen sollen, um die hier gemachten Vorschläge zu erörtern und zu entscheiden.

(3) Zur Frage der Kosten der Anzeige:

Ich kann keinen Grund sehen, warum wir die Erklärung nicht in einer halbseitigen Anzeige veröffentlichen sollten, vor allem, wenn abzusehen ist, daß doch weniger als erhofft unterschreiben werden. Dies würde meiner Schätzung nach etwa 2 300 US-Dollar kosten, und ich bin auch sicher, daß wir diesen Betrag zusammenbekommen könnten. Ich habe schon früher zugesagt, daß ich aus verschiedenen Quellen für 1 500 US-Dollar garantieren kann, so daß die restlichen 800 US-Dollar ziemlich sicher auch aufgebracht werden können, sei es, daß wir acht weitere Personen finden, die jeweils 100 US-Dollar beisteuern, sei es, daß wir vier weitere finden, die jeweils 200 US-Dollar geben.

Ich glaube, wir sollten nicht noch länger warten. Ich bitte Sie sehr eindringlich, noch in dieser Woche ein Treffen zu machen, die Vorschläge dieser Anmerkungen zu erörtern und zu einer Entscheidung zu kommen. Erich Fromm

3. Warum ich für McCarthy bin (1968)

Das letzte große politische Engagement Fromms war sein Eintreten für den demokratischen Präsidentschaftskandidaten Eugene McCarthy im Jahre 1967/1968. Fromm sah in McCarthy die Personifizierung des Humanismus, einen Hoffnungsträger für eine grundlegende Veränderung des geschichtlichen Laufs. Fromm schrieb für McCarthy Wahlreden, schickte ihm Argumentationshilfen, fuhr selbst kreuz und quer durch die Vereinigten Staaten, um bei Massenveranstaltungen für McCarthy und sein Programm der Beendigung des Vietnamkrieges zu sprechen. – Das nachfolgend abgedruckte Dokument aus den vielfältigen Aktivitäten

Fromms für die Wahl McCarthys zum Präsidentschaftskandidaten der Demokraten ist eine Zeitungsanzeige aus der Los Angeles Times *vom 29. Mai 1968, die in besonderer Weise zeigt, daß Fromm die damals bevorzugten Wahlkampfstrategien und -argumentationen aufnimmt. – Den Text übersetzte Rainer Funk.*

Für einen Kandidaten wegen seines tadellosen bisherigen Abstimmungsverhaltens zu sein oder auf Grund der Weisheit seiner Wahlkampfäußerungen, ist naiv. Wenn ich nur nach dem Abstimmungsverhalten ginge, müßte ich für Vizepräsident Humphrey sein; und sollte ich mich an dem orientieren, was Senator Robert Kennedy und Senator Eugene McCarthy in ihren Reden sagen, wäre es schwierig, mich allein auf Grund der Vorzüge ihrer Äußerungen zu entscheiden.

Als Psychoanalytiker, der seit Jahren die politischen Persönlichkeiten und Bewegungen beobachtet, bin ich weniger daran interessiert, was jemand gerade sagt, als vielmehr an dem, was jemand vermutlich in der Zukunft tun wird. Eine bloße Meinung, auch wenn sie heute ganz ernsthaft vertreten wird, kann sich morgen schon ändern, wenn es der Betreffende für angebracht hält. Eine Meinung aber, die in der Charakterstruktur oder – wenn Sie so wollen – in den „Eingeweiden" wurzelt, ist eine Überzeugung; wer auf Grund einer Überzeugung handelt, bleibt in seinen Handlungen konsistent.

Es wird heute viel davon gesprochen, daß von innen heraus [wörtlich: aus den Eingeweiden] gewählt wird, und man meint damit eine unreflektierte, rein emotionale Reaktion vor allem bei jungen oder weniger gebildeten Menschen, die sich von der magnetischen Anziehungskraft eines Rattenfängers von Hameln faszinieren lassen. Es gibt noch eine andere Art des Wählens von innen heraus, wenn Menschen spüren, daß ein Kandidat Überzeugungen hat: Seine Worte kommen nicht nur vom Kopf her, sondern von innen heraus; in ihm gibt es einen Kern, der den Versuchungen des Opportunismus widerstehen kann. Einen solchen Kern spüre ich bei Senator McCarthy.

Die psychologischen Überlegungen begründen jedoch nur zum Teil, warum ich für McCarthy bin. Dies ist notwendigerweise schon deshalb so, weil auch der ein Mensch mit Überzeugungen sein könnte, dessen politische Überzeugungen den meinen genau entgegengesetzt sind. Es kommt also sehr darauf an, welche Überzeugungen McCarthy zum Ausdruck bringt.

Um diese Frage zu beantworten, reicht es nicht aus, in Begriffen von Parteidoktrinen oder gar der Äußerungen zu denken, die während des Wahlkampfs gemacht werden. Man muß den derzeitigen Zustand von Amerika analysieren und darüber hinaus den der industriellen Gesellschaft. Wir bewegen uns auf eine völlig neue Form der Gesellschaft zu, in der der Mensch zu einem Teil der Maschine wird und nach diesen Prinzipien programmiert wird: (1) Man muß alles tun, was technisch möglich ist; (2) die höchsten Werte sind größtmögliche Produktionseffizienz und größtmöglicher Konsum bei minimaler menschlicher Reibung – und das heißt, bei minimaler Individualität. Der technische Fortschritt wird zum Ursprung aller Werte. Lewis Mumford hat diese Gesellschaft in seinem kürzlich erschienenen, ausgezeichneten und tiefgründigen Buch mit dem Titel *Der Mythos der Maschine* „Megamaschine" genannt. Zbigniew Brzezinski (1968, S. 19) spricht in einem jüngst erschienenen Artikel von einem technotronen Zeitalter: „In der technotronen Gesellschaft scheint ein Trend zu bestehen, den individuellen Lebensunterhalt von Millionen unkoordinierter Bürger anzuhäufen, die von Persönlichkeiten mit besonderer Anziehungskraft mit Leichtigkeit in ihr Magnetfeld gezogen werden können, indem diese die neuesten Kommunikationstechniken zur Manipulation der Gefühle und zur Kontrolle der Vernunft ausbeuten."

Es gibt viele Amerikaner – quer durch alle politischen und religiösen Gruppen – die mehr oder weniger klar die Gefahr nicht nur eines Atomkrieges sehen, sondern der völligen Entfremdung und Dehumanisierung des Menschen. Sie spüren, daß die humanistischen Werte, die unserer Zivilisation die Lebendigkeit gegeben haben, als Wirklichkeit verschwunden sind und nur noch als Slogans dienen, um die Konsumentenkultur zu manipulieren. In diesen Menschen wächst die Empörung gegen den drohenden Verlust der Individualität, gegen das zunehmende Beherrschtwerden von Slogans, gegen die wachsende Passivität des einzelnen, der glaubt, aktiv zu sein, wenn er geschäftig ist, und gegen das Fehlen von Freude und Interesse am Leben jenseits des Interesses an materiellen Anreizen.

Diese Amerikaner protestieren dagegen, zu Automaten zu werden; sie bestehen darauf, daß der Trend wieder umgedreht werden muß, weg vom automatisierten Menschen und hin zur Stärkung des einzelnen, der Vernunft, der Objektivität, der Integrität, des Mutes – nicht des Mutes zu sterben, sondern zu leben. Sie verlangen, daß die Gesellschaft sich nach den Bedürfnissen des Menschen richten solle, statt daß der Mensch sich an die technischen Bedürfnisse der Gesellschaft anpaßt. Sie sind sich dessen bewußt, daß unser Problem heute nicht so sehr ist, ob Gott, sondern ob der Mensch tot ist.

Diese große Zahl von Amerikanern, zu denen humanistische Konservative und humanistische Radikale gehören, bilden eine neue Front, und Senator McCarthy ist ein Symbol für ihre Vision einer humanen Gesellschaft. Sie spüren, daß er ein Mann ist, der seine Individualität behauptet, indem er gegen die Maschine Front macht und das anscheinend Unmögliche fertigbringt: Er wartet nicht auf das Wunder, das eine Änderung hervorbringt, sondern ändert mit einer kühnen Entscheidung die Umstände, so daß es zu einem Wunder kommen kann. Er symbolisiert genau das

Gegenteil der neuen, blitzenden, computergesteuerten Superorganisation, die die Stimmung von quirliger Aufregung verbreitet und eine Art zu leben, bei der ruhelose Aktivität zum Selbstzweck wird und Aufregung und Nervenkitzel zum Wertvollsten wird, was das Leben bieten kann.

Wer sich für McCarthy begeistert, weil seine Wahl allen humanen Kräften in Amerika die Möglichkeit eröffnen würde, sich zu verbünden und grundlegende und produktive Änderungen in unserer Außenpolitik wie in unserer Innenpolitik vorzunehmen, wird nicht auf die Bedenken hereinfallen und sich – mit Bedauern – von McCarthy abwenden, wenn ein anderer Kandidat eine bessere Chance zu siegen hat. McCarthys Anhänger wagen es, ihrem eigenen Urteil mehr zu trauen als statistischen Wahrscheinlichkeiten. Sie sind davon überzeugt, daß sich eine Kandidatenwahl grundsätzlich von einer Wette bei einem Pferderennen unterscheidet – vor allem dann, wenn das Leben und die Zukunft der Vereinigten Staaten und der Welt zu einem großen Teil davon abhängt, wer der nächste Präsident sein wird.

Literatur

Brzezinski, Z. K., 1960: *The Soviet Bloc*, Cambridge 1960 (Harvard University Press); deutsch: *Der Sowjetblock. Einheit und Konflikt*, Köln/Berlin 1962 (Kiepenheuer & Witsch).

Brzezinski, Z. K., 1968: „The Technotronic Society", in: *Encounter*, Vol. 30 (Januar 1968), S. 19.

Carnegie, D., 1936: *How to Win Friends and Influence People*, New York 1936 (Simon and Schuster).

Chruschtschow, N., 1962: „Rede Chruschtschows vor dem Obersten Sowjet der UdSSR im Dezember 1962", in: *The Current Digest of the Soviet Press*, published by The Joint Committee on Slavic Studies, Band 14 (Nr. 52: 23 Januar 1963; übersetzt aus der Prawda vom 13. Dezember 1962.

Fromm, E.: *Gesamtausgabe* (GA), herausgegeben von Rainer Funk, Stuttgart 1980/81 (Deutsche Verlags-Anstalt); München 1989 (Deutscher Taschenbuch Verlag):
– 1941a: *Die Furcht vor der Freiheit* (*Escape from Freedom*). GA I, S. 215-392.
– 1955a: *Wege aus einer kranken Gesellschaft* (*The Sane Society*), GA IV, S. 1-254.
– 1961a: *Es geht um den Menschen! Eine Untersuchung der Tatsachen und Fiktionen in der Außenpolitik* (*May Man Prevail? An Inquiry into the Facts and Fictions of Foreign Policy*), GA V, S. 43-197.
– 1964a: *Die Seele des Menschen. Ihre Fähigkeit zum Guten und zum Bösen* (*The Heart of Man. Its Genius for Good and Evil*), GA II, S. 159-268.

Hassel, K.-U. von, 1964: „Détente Through Firmness", in: *Foreign Affairs*, Band 42 (Nr. 2, Januar 1964), S. 184-194; hier zitiert nach der deutschen Fassung des Beitrags: „Entspannung durch Entschiedenheit", in: ders., *Verantwortung für die Freiheit. Auszüge aus Reden und Veröffentlichungen in den Jahren 1963/64*, Boppard am Rhein (Harald Boldt Verlag).

Heilbronner, R. L., 1962: *The Great Ascent*, New York 1962 (Harper and Row).

Hilger, G., und Meyer, A. G., 1953: *The Incompatible Allies*, New York 1953 (The Macmillan Co.).

Kennan, G., 1960: *Sovjet Policy 1917-1941*, Princeton 1960 (D. van Nostrand Co., Inc.).

Kennan, G., 1964: „Polycentrism and Western Policy," in: *Foreign Affairs*, Band 42 (Nr. 2, Januar 1964), S. 171-183.

Mumford, L., 1967: *The Myth of the Machine, Techniques and Human Development*, New York 1967 (Harcourt Brace Jovanovich); deutsch: *Mythos der Maschine*, Wien 1974 (Europaverlag).

Oppenheimer, M., 1968: „Resistance: Rebellion or Reform?", in: *Fellowship*, January 1968.

Peale, N. V., 1952: *The Power of Positive Thinking*, New York 1952 (Prentice Hall); deutsch: *Die Kraft positiven Denkens*, Thalwil 1952 (Emil Ösch Verlag).

Wünsche, A., 1886: *Der Babylonische Talmud in seinen haggadischen Bestandtheilen*, 1. Halbband, Leipzig 1886 (Otto Schulze). – Im amerikanischen Originalmanuskript benützt Fromm eine Übersetzung von „Berachot" aus dem Babylonischen Talmud, die I. Epstein 1958 bei The Soncino Press veröffentlicht hat.

Personen- und Sachregister

Internationale
ERICH FROMM Gesellschaft e.V.

Die Internationale ERICH FROMM Gesellschaft ist eine eingetragene, gemeinnützige, wissenschaftliche Vereinigung. Sie dient der Erhaltung, Erforschung, Weiterentwicklung und Vermittlung der Erkenntnisse und Ideen Erich Fromms.

Die Internationale ERICH FROMM Gesellschaft fördert Aufbau, Ausbau und Pflege des Erich-Fromm-Archivs. Dieses ist am Sitz der Gesellschaft und enthält Erich Fromms Bibliothek und seinen wissenschaftlichen Nachlaß.

Die Internationale ERICH FROMM Gesellschaft unterstützt die Vermittlung der wissenschaftlichen Erkenntnisse und Ideen Erich Fromms durch Veranstaltungen auf nationaler und internationaler Ebene sowie durch Publikationen.

Wenn Sie Interesse an der Mitgliedschaft haben, das Erich-Fromm-Archiv zum Studium nutzen wollen, die Arbeit der Internationalen ERICH FROMM Gesellschaft durch eine steuerlich absetzbare Spende fördern wollen, wenden Sie sich bitte an:

Internationale ERICH FROMM Gesellschaft e.V.
Ursrainerring 24, D-72076 Tübingen
Konto: Kreissparkasse Tübingen (BLZ 641 500 20)
Kontonummer: 254 313

Erich Fromm

SCHRIFTEN AUS DEM NACHLASS

In einer achtbändigen Edition bei Beltz

Band 1
Vom Haben zum Sein

Band 2
Das jüdische Gesetz

Band 3
Die Entdeckung des gesellschaftlichen Unbewußten

Band 4
Ethik und Politik

Band 5
Von der Kunst des Zuhörens

Band 6
Die Pathologie der Normalität

Band 7
Vorlesungen zur Psychoanalyse

Band 8
Humanismus als reale Utopie